La régulation économique et financière face aux défis de l'information

Logiques Juridiques

Fondée par Gérard Marcou

Dirigée par Jean-Claude Némery et Thomas Perroud

Le droit n'est pas seulement un savoir, il est d'abord un ensemble de rapports et pratiques que l'on rencontre dans presque toutes les formes de sociétés. C'est pourquoi il a toujours donné lieu à la fois à une littérature de juristes professionnels, produisant le savoir juridique, et à une littérature sur le droit, produite par des philosophes, des sociologues ou des économistes notamment.

Parce que le domaine du droit s'étend sans cesse et rend de plus en plus souvent nécessaire le recours au savoir juridique spécialisé, même dans des matières où il n'avait jadis qu'une importance secondaire, les ouvrages juridiques à caractère professionnel ou pédagogique dominent l'édition, et ils tendent à réduire la recherche en droit à sa seule dimension positive. À l'inverse de cette tendance, la collection « Logiques juridiques » des éditions L'Harmattan est ouverte à toutes les approches du droit. Tout en publiant aussi des ouvrages à vocation professionnelle ou pédagogique, elle se fixe avant tout pour but de contribuer à la publication et à la diffusion des recherches en droit, ainsi qu'au dialogue scientifique sur le droit. Comme son nom l'indique, elle se veut plurielle.

Dernières parutions

Adil MOUSSEBBIH, *Le contentieux électoral dans la jurisprudence du Conseil constitutionnel marocain, Étude comparative*, 2018.

CLUB MARC BLOCH, *Citoyen !*, 2018.

Lamine TIRERA, *L'État stratège*, 2018.

Léa CASTELLON, *La place de la victime dans le procès pénal*, 2018.

Soror BAHBOUHI, *Le conflit d'intérêts du banquier*, 2018.

Tenile MASCOLO GIL, *Les droits de l'homme dans le Mercosur*, 2018.

Sous la direction de
Gabriel ECKERT et Jean-Philippe KOVAR

LA REGULATION ECONOMIQUE ET FINANCIERE FACE AUX DEFIS DE L'INFORMATION

De la régulation par l'information à la régulation de l'information

L'Harmattan

5-7, rue de l'École-Polytechnique ; 75005 Paris
http://www.editions-harmattan.fr
ISBN : 978-2-343-15145-8
EAN : 9782343151458

PRÉFACE

Cet ouvrage réunit une série de contributions présentées lors d'un colloque organisé par l'Institut de recherches Carré de Malberg (EA 3399) de l'Université de Strasbourg, avec le soutien de la Fédération de recherche « L'Europe en mutation », qui s'est tenu à la Faculté de droit, de sciences politiques et de gestion de Strasbourg, les 2 et 3 mars 2017, dans le cadre de la septième édition des Journées européennes de la régulation.

Les Journées européennes de la régulation rassemblent, chaque année, des enseignants-chercheurs spécialistes de la régulation économique et financière et des professionnels des secteurs régulés. Ces Journées, créées en 2009, ont pour objet d'étudier les principales questions du droit de la régulation des marchés, au travers des analyses croisées de praticiens et d'universitaires. Elles reposent sur une triple comparaison des autorités de régulation, des secteurs régulés et des droits nationaux et européens de la régulation.

Les précédentes éditions des Journées européennes de la régulation ont ainsi eu pour thèmes :

- La responsabilité des autorités de régulation économique et financière (2009) ;
- Les autorités de régulation économique et financière face aux garanties du procès équitable (2010) ;
- Les autorités de régulation économique et financière : convergence ou divergences ? (2011) ;
- L'indépendance des autorités de régulation économique et financière : une approche comparée (2012) ;
- L'interrégulation (2013) ;
- Les objectifs de la régulation économique et financière (2016).

Les actes de ces colloques ont été publiés dans des revues scientifiques[1] ou sous forme d'ouvrages collectifs[2].

Le choix du sujet de cet ouvrage, et du thème du colloque dont il est issu, procède du constat que dans les secteurs des services en réseau (électricité et gaz, communications électroniques, transports ferroviaires, etc.) ou des services financiers (banque, finance et assurance), les marchés régulés se caractérisent par d'importants problèmes d'information. Il s'agit d'abord de l'asymétrie d'information existant traditionnellement entre le régulateur et les opérateurs régulés. Cette asymétrie d'information, qui créé un risque de « capture » du régulateur par l'opérateur régulé, se manifeste particulièrement en matière tarifaire. L'une des principales missions des autorités de régulation intervenant dans les secteurs des services en réseau consiste, en effet, à déterminer le prix d'accès aux réseaux en vue de permettre aux nouveaux entrants de concurrencer effectivement l'opérateur historique. Le régulateur doit donc disposer d'informations que seule l'entreprise régulée détient. Il s'agit ensuite de l'avantage informationnel dont bénéficient certains opérateurs par rapport à leurs concurrents. Tel est le cas des entreprises verticalement intégrées qui, dans les secteurs des services en réseau, sont présentes aux différents stades de la chaîne de valeur et agissent, à la fois, sur des marchés monopolistiques et des marchés concurrentiels. Ces entreprises peuvent être tentées d'utiliser les informations obtenues dans l'exercice de leurs activités sous monopole (par exemple, le transport ou la distribution de gaz et d'électricité) pour en retirer un avantage

---

[1] Les actes de la première et de la deuxième édition des Journées européennes de la régulation ont été publiés dans la Revue de droit bancaire et financier (2/2009 et 3/2010). Les actes de la troisième édition sont parus dans la Revue de droit bancaire et financier (4/2011) et la Revue juridique de l'économie publique (692/2011). Les actes de la quatrième édition des Journées européennes de la régulation ont fait l'objet d'une publication dans la Revue française d'administration publique (143/2012).

[2] Les actes des cinquième et sixième éditions ont donné lieu à la publication en 2015 et 2017 d'ouvrages collectifs aux éditions L'Harmattan dans la collection « Logiques Juridiques ».

sur les marchés ouverts à la concurrence (par exemple, la production ou la fourniture de gaz et d'électricité). De tels avantages concurrentiels, qui ne relèvent pas d'une concurrence par les mérites, sont susceptibles de constituer des abus de position dominante. Il s'agit encore de l'imperfection d'information caractéristique des relations entre les agents économiques sur les marchés de biens et de services en situation de concurrence imparfaite. Mais l'information est également l'un des moyens d'action des autorités de régulation sectorielle. Celles-ci privilégient souvent la persuasion à la contrainte par souci de légitimité et d'efficacité. La diffusion d'informations par les régulateurs sectoriels, sous les formes les plus diverses (rapports et études, communiqués, observatoires des marchés, analyses sectorielles, indicateurs de performance, etc.), leur permet d'influencer, voire d'orienter, le comportement des opérateurs et des consommateurs. L'information a ainsi une « vertu disciplinante » qui s'avère parfois plus efficace que la sanction pécuniaire ou professionnelle, comme l'illustrent la *sunshine regulation*, ou régulation par la transparence, et les mécanismes « d'incitation réputationnelle ». La nouvelle stratégie affichée par l'Autorité de régulation des communications électroniques et des postes, et dans une certaine mesure par l'Autorité de régulation des activités ferroviaires et routières, visant à réorienter leur action vers une *data-driven regulation*, ou régulation éclairée par les données, témoigne également de l'utilisation de l'information en tant qu'instrument de régulation des marchés.

L'ouvrage est organisé en deux parties, conformément au programme du colloque, intitulées « L'information moyen de la régulation » et « L'information objet de la régulation ».

La première partie porte à la fois sur l'obtention de l'information par le régulateur sectoriel et son utilisation par celui-ci en vue de réaliser les missions qui lui sont imparties par la loi. La présentation raisonnée des pouvoirs d'information à la disposition des autorités de régulation (collecte périodique, obligations déclaratives, pouvoirs d'investigation, consultations, etc.) se prolonge par une réflexion sur leur nécessaire encadrement par des règles procédurales ou substantielles.

L'utilisation de l'information en tant qu'incitation, au travers du recours aux actes de droit souple (communiqués de presse, communications, positions, etc.), et en tant que sanction (la publication des sanctions pécuniaires et professionnelles étant elle-même qualifiée de sanction par le juge) permettent de considérer que l'information est véritablement devenue un acte de régulation.

La seconde partie repose sur le constat que certaines informations – sensibles, privilégiées, personnelles ou secrètes – font l'objet d'une régulation sectorielle. Il s'agit de s'interroger sur la manière dont les autorités de régulation sectorielle confrontées aux mêmes problèmes (circulation d'informations commercialement sensibles au sein d'entreprises verticalement intégrées intervenant à la fois sur des marchés monopolistiques et des marchés concurrentiels dans le secteur des services en réseau, utilisation d'informations privilégiées sur les marchés financiers ou les marchés de gros de l'énergie, diffusion d'informations personnelles dans les secteurs de l'énergie ou des communications électroniques, etc.) pensent leur pratique décisionnelle.

Tous les intervenants au colloque organisé à Strasbourg les 2 et 3 mars 2017 n'ont pas souhaité, ou n'ont pas pu, publier leur communication dans cet ouvrage. Nous tenons néanmoins à les remercier pour la qualité et la pertinence de leurs interventions. Nous adressons également nos plus vifs remerciements au Professeur Thomas Perroud, qui a inspiré le thème de ce colloque, à M. Jean Cattan, qui a contribué par ses réflexions à la conception du programme scientifique, ainsi qu'à M. Julien Mouchette qui assuré la mise en page du présent ouvrage.

Gabriel ECKERT[3] et Jean-Philippe KOVAR[4]

---

[3] Professeur à l'Université de Strasbourg, Directeur de l'Institut de recherches Carré de Malberg, Directeur de l'Institut d'études politiques de Strasbourg.
[4] Professeur à l'Université de Strasbourg.

SOMMAIRE

Première partie : L'information moyen de la régulation

Le recueil de l'information par les autorités de régulation

Julien MOUCHETTE[1]

S'intéresser à la question du recueil de l'information par les autorités de régulation appelle quelques remarques préalables sur ce que recouvrent les deux expressions qui composent le titre de cette présentation, tant au regard de leur caractère polysémique que des enjeux visant à les singulariser dans le champ du droit public.

Contrairement à la catégorie des autorités administratives indépendantes et des autorités publiques indépendantes qui, depuis l'entrée en vigueur de la loi du 20 janvier 2017 relative à leur statut général[2], s'épuisent désormais dans une liste exhaustive en annexe de ladite loi, la catégorie des « autorités de régulation » ne bénéficie à ce jour d'aucune consécration définitive indiquant de façon précise les institutions concernées[3]. Les nombreuses études consacrées à ces

---

[1] Docteur en droit public de l'Université de Strasbourg, membre de l'Institut de recherches Carré de Malberg (IRCM EA 3399).

[2] Loi n°2017-55 du 20 janvier 2017 portant statut général des autorités administratives indépendantes et des autorités publiques indépendantes, *JORF*, n°18, 21 janvier 2017, texte n°2.

[3] Dans sa récente jurisprudence sur la recevabilité d'un recours pour excès de pouvoir contre des actes non décisoires, le Conseil d'État fait de la notion d'« autorité de régulation » un critère limitant l'accès au prétoire. Toutefois, cette restriction s'avère contingente et donc non définitive. Comme le souligne Thomas Perroud dans son commentaire de ces décisions, si le Conseil maintient ce critère, il prend le risque de fonder son revirement « sur

institutions montrent d'ailleurs qu'il est impossible de postuler une identité parfaite entre la catégorie des autorités administratives et publiques indépendantes et les autorités de régulation[4]. Ce constat déplace la discussion des caractéristiques institutionnelles propres à ces institutions à l'identification d'une mission censée les singulariser. S'il n'est pas question d'apporter ici une réponse argumentée à ce débat[5], on ne peut nier l'émergence d'un modèle d'institution qui par leur domaine d'intervention – principalement économique[6], technique et financier – et leur mode d'action – situé entre le contrôle permanent et l'expertise – caractérise une forme particulière de régulation qui justifie l'attribution du qualificatif distinctif d'« autorité de régulation » ou de « régulateur ». De

---

du sable » par une référence à une notion, en contentieux, difficile à cerner (T. Perroud, note, *JCP G*, n°22, 30 mai 2016, 623, p. 1075 ; voir également : H. Pauliat, « La contribution du droit souple au désordre normatif », *RDP*, 2017, p. 67).

[4] Si la référence aux « autorités de régulation » désigne le plus souvent un organe public participant à la régulation d'une activité économique ou financière, il convient de constater, comme avait déjà pu le relever Martine Lombard, que l'indépendance n'est pas une condition de la régulation au risque, dans le cas contraire, « d'adopter une approche « trop réductrice » incompatible avec la définition matérielle de la régulation » (M. Lombard, « Institutions de régulation économique et démocratie politique », *AJDA*, 2005, p. 532).

[5] L'absence de consensus, aussi bien sur le contenu que sur le champ et les critères de la régulation invite à ne pas mobiliser cette notion comme un concept singulier dans la perspective d'une étude en droit public. Les significations du mot « régulation » varient d'un auteur à l'autre en fonction des intentions poursuivies. Dès lors, les références à ce terme dans le cadre de notre étude de droit public se limiteront à deux acceptions, l'une générale – action de régler, de rendre régulier un mouvement ou un débit – et l'autre réduite au secteur économique, c'est-à-dire à une mission administrative spécifique qui « n'a de sens véritable en droit administratif que comme une activité d'intérêt général et de puissance publique à objet économique » (D. Truchet, *Droit administratif*, 5e éd., coll. « Thémis », Paris, PUF, 2013, p. 369).

[6] La régulation économique est entendue comme celle portant sur les services publics en réseaux et, plus largement, sur tous les secteurs économiques autres que ceux de la banque, de l'assurance et de la finance (G. Eckert, « L'indépendance des autorités de régulation économique à l'égard du pouvoir politique », *RFAP*, 1er octobre 2012, n° 143, n°3, p. 630).

façon générale, une autorité de régulation est une institution publique – dotée ou non de la personnalité juridique – chargée d'établir et de préserver, dans un secteur d'activité donné (le plus souvent économique et financier), un certain équilibre entre les droits et libertés protégés gouvernant un secteur et d'autres objectifs d'intérêt général déterminés par le législateur[7]. Partant, toute autorité publique considérée comme associée à une telle mission dite de « régulation » peut se voir désignée par la locution « autorité de régulation ». Cela comprend aussi bien des autorités ministérielles que des autorités indépendantes chargées d'une mission de régulation sectorielle ou spécialisée[8].

La singularité de ces institutions tient avant tout dans l'idée que leur action est permanente, là où celle des juridictions est « par nature saccadée, au gré des procès successifs »[9]. Elles ne sont pas des organes de contrôle au sens classique ni même des juridictions[10]. Leur intervention ne consiste pas uniquement à vérifier la légalité des comportements et des situations suite à une plainte, mais, plus largement, à « veiller » au respect des objectifs d'une politique publique déterminée et à assurer la « surveillance » d'un secteur d'activité donné[11]. Ces termes font écho à l'idée de la régulation telle qu'elle résulte de sa signification originelle empruntée à la théorie générale des systèmes[12], c'est-à-dire à l'action constante de mécanismes

---

[7] Cette définition est inspirée de celle proposée par le professeur Gabriel Eckert dans G. Eckert, « L'indépendance des autorités de régulation économique à l'égard du pouvoir politique », art. cit., p. 630.

[8] P. Idoux, « Régulateurs nationaux et régulateurs européens », *RDP*, 2014, n°2, p. 290.

[9] M.-A. Frison-Roche, étude Bilan, §10.0.

[10] S. Braconnier, « Quelle théorie des sanctions dans le domaine de la régulation économique ? », *RDP*, 2014, n°2, p. 261 et s.

[11] Ces termes se retrouvent dans la plupart des textes constitutifs des autorités administratives et publiques indépendantes en charge d'une mission de régulation.

[12] J.-Ch. Jobart, « Essai de définition du concept de régulation : de l'histoire des sciences aux usages du droit », *Revue de la Recherche Juridique, Droit*

correcteurs qui maintiennent un système en existence[13]. Or, pour assurer de façon continue leurs missions, les autorités doivent acquérir une connaissance pointue des thématiques propres au secteur d'activité dont elles ont la charge, développer une expertise à la fois globale et concrète. Cela implique qu'elles disposent d'une capacité autonome de collecte des données et des informations utiles leur permettant de connaître des difficultés et des dysfonctionnements du secteur en question soumis à leur autorité. Pour le dire autrement, quelles que soient leurs attributions, c'est d'abord la détention d'une information originale, pertinente, crédible et complète qui permet le bon accomplissement des missions qui leur sont imparties ; au point qu'il est permis de considérer « que le principal pouvoir juridique porte de l'information et que les autres pouvoirs juridiques, dont on vante la puissance, comme le pouvoir de sanction, n'en sont que la conséquence, voire l'accessoire »[14].

À ce stade, la dissociation des compétences d'information – nécessaires au recueil de l'information – des compétences d'enquête proprement dites revient à distinguer l'usage de l'information selon que la régulation est *ex ante* ou *ex post*[15]. Si les pouvoirs d'information s'apparentent parfois à ceux mobilisables dans le cadre d'une enquête, ils ne s'inscrivent pas dans un processus équivalent[16]. En effet, les pouvoirs d'enquête

---

Prospectif, 2004, pp. 33-3 ; M.-A. Frison-Roche, « Le droit de la régulation », *D.*, 2001, chron. 610.

[13] M. Crozier, *État modeste, État moderne. Stratégie pour un changement*, Paris, Fayard, 1987, p. 123.

[14] M.-A. Frison-Roche, « Étude dressant un bilan des AAI » *in Rapport de l'Office parlementaire d'évaluation de la législation n°404* (2005-2006) de P. Gélard, fait au nom de l'Office parlementaire d'évaluation de la législation, 15 juin 2006, Sénat, vol. II, annexes, § 8.1.2.

[15] M.-A. Frison-Roche, « Le couple *ex ante-ex post*, justification d'un droit propre et spécifique de la régulation » *in Droit et économie de la régulation. 4. Les engagements dans les systèmes de régulation*, Paris, Presses de Sciences Po (P.F.N.S.P.), « Hors collection », 2006, pp. 33-48.

[16] En effet, les pouvoirs juridiques mis en œuvre se confondent parfois, même si les finalités diffèrent, ainsi que les garanties qui y sont attachées. Voir : F.

attachés – directement ou indirectement – à une procédure de contrôle répressif, soumis à ce titre à un encadrement strict, consistent à réunir les preuves utiles à l'établissement des faits d'infraction[17]. Dans le cadre de cette présentation, nous nous intéresserons plus particulièrement aux dispositifs de renseignement, de collecte de données ou d'information en amont d'une procédure d'enquête.

Le recueil de l'information comprend dès lors plusieurs finalités : la surveillance d'un secteur d'activité qui consiste à rechercher les indices d'un manquement au droit[18] ; et, de façon plus originale, le suivi des évolutions d'un secteur d'activité dans le but, entre autres, de développer une expertise originale permettant notamment d'anticiper des difficultés plutôt qu'à « débusquer » des comportements illicites.

L'amplification des dispositifs de régulation *ex ante* a conduit le législateur et le juge administratif à expliciter tant les fondements que les contours des pouvoirs d'information (I). Toutefois, des incertitudes persistent quant aux droits des personnes en ce qui concerne la procédure au cours de laquelle l'information est recueillie ainsi que l'usage de pouvoirs d'investigation dans le cadre d'une activité de recueil de l'information telle que nous l'avons défini (II).

Brunet, « De la procédure au procès : le pouvoir de sanction des autorités administratives indépendantes », *RFDA*, 2013, p. 118.

[17] Même si les pouvoirs d'enquête ne sont pas cantonnés aux recherches de faits liées à la commission d'une infraction pénale, la constante est qu'ils sont généralement appliqués à des faits précis ou à la recherche de faits précis conduisant directement à la mise en œuvre d'autres compétences décisionnelles ou répressives, généralement le premier stade du processus répressif. Pour une proposition de définition, voir : M. Murbach-Vibert, *Les pouvoirs d'investigation en droit français: essai d'une théorie générale*, Thèse de doctorat, Université Jean Moulin, Lyon, France, 2010, pp. 25-26.

[18] Ce type de contrôle est le plus souvent organisé au stade de la loi qui consacre expressément des obligations de transmission périodique au régulateur d'informations nécessaires.

I. Le renforcement des bases juridiques du recueil de l'information par les autorités de régulation

En 2001, le Conseil d'État se bornait à constater dans son étude sur les autorités administratives indépendantes que la formulation des textes constitutifs relative aux moyens d'investigation de ces dernières était le plus souvent extensive[19], sans pour autant opérer de distinction entre les pouvoirs d'information et les pouvoirs d'enquête proprement dits. Toutefois, le développement de la régulation *ex ante* par l'information repose désormais sur un fondement juridique distinct (A) dont la spécificité trouve une illustration concrète dans la jurisprudence du juge administratif (B).

A. La consécration législative d'une compétence générale de recueillir l'information

Le recueil de l'information repose principalement sur une compétence générale d'accès à l'information dont l'étendue s'apprécie au regard de ce qui est utile à l'accomplissement des missions des autorités de régulation. Cela implique que le législateur ne limite pas l'accès à l'information de manière contraire aux nécessités de leurs missions, et ce quelles que soient les modalités de leur intervention, c'est-à-dire que celles-ci sont fondées sur une magistrature d'influence ou sur une action répressive. Par exemple, la Commission de régulation de l'énergie (CRE) dispose depuis sa création, aux termes de l'article L. 134-18 du Code de l'énergie, d'une compétence de recueillir, auprès de l'ensemble des acteurs concernés par son action (limitativement énumérés), toutes les informations nécessaires pour l'accomplissement de ses missions[20].

---

[19] Conseil d'État, *Les autorités administratives indépendantes*, *op. cit.*, p. 311.
[20] C. énergie, art. L. 134-18.

L'absence de mention quant aux modalités concrètes du recueil de l'information laisse à l'autorité le choix du dispositif adéquat. En effet, la recherche d'une information originale, fiable et utile à l'accomplissement de sa mission implique un fonctionnement souple et ouvert. Sur ce fondement, la CRE peut mettre en place des collectes mensuelles de données auprès des fournisseurs d'électricité et de gaz naturel sur le fonctionnement du marché de détail, les consulter ponctuellement, ainsi que les auditionner individuellement[21]. On observe une diversification importante des procédés et des techniques de collecte des données, favorisant l'information en réseau. La référence à une information « utile » ou « nécessaire » à l'accomplissement de ses missions marque en retour l'étendue et les limites de cette compétence. En d'autres termes, comme le soulignait Marie-Anne Frison-Roche, la logique qui préside au recueil de l'information tient dans l'idée qu'il est plus « efficace de prévoir d'une façon générale cette panoplie de prérogatives, qui converge vers l'essentiel, l'information »[22], que de prévoir au cas par cas des compétences spécifiques.

À l'inverse, l'énumération exhaustive de prérogatives spécifiques liées à l'accès à l'information dans le texte constitutif des autorités de régulation ne s'apprécie pas comme un équivalent, mais, au contraire, comme l'incapacité pour l'autorité d'exiger la transmission d'informations, de documents ou de données, en dehors des cas prévus par la loi. Les autorités ne peuvent dès lors s'appuyer sur aucun texte pour motiver leurs demandes d'informations adressées aux acteurs qu'elles surveillent. Il en allait ainsi de l'Autorité des marchés financiers (AMF) avant la loi du 26 juillet 2013 qui a introduit un nouvel article au Code monétaire et financier consacrant une telle

---

[21] Voir CRE, *Rapport sur le fonctionnement des marchés de détail français de l'électricité et du gaz naturel en 2014-2015*, novembre 2015, p. 144.

[22] M.-A. Frison-Roche, « Étude dressant un bilan des AAI » *in Rapport de l'Office parlementaire d'évaluation de la législation* n°404 (2005-2006) de P. Gélard, fait au nom de l'Office parlementaire d'évaluation de la législation, 15 juin 2006, Sénat, vol. II, annexes, §. 8.1.2.2.

compétence[23]. Antérieurement à cette réforme, aucune disposition, ni dans le Code monétaire et financier ni dans le Règlement de l'Autorité, ne permettait à cette dernière d'obtenir, en amont d'une procédure d'enquête ou de contrôle, des informations ou des réponses de prestataires de services d'investissement, de sociétés de gestion de portefeuille ou de toute autre personne ou entité qu'elle est amenée à réguler[24]. Ne pouvant effectuer une surveillance efficace dans ces domaines, l'AMF a parfois dû renoncer à certaines propositions d'enquête ou de contrôle ; ou encore le secrétaire général de l'Autorité a dû prendre parfois « le risque d'ouvrir une enquête ou un contrôle dont l'enjeu est mal mesuré faute de disposer des éléments matériels les plus tangibles »[25].

L'absence de base textuelle n'exclut pas la mise en place d'un dispositif de recueil de l'information par le régulateur pour remplir tant sa mission de surveillance que d'expertise. Rien n'interdit à l'autorité de solliciter – sur une base volontaire – des renseignements auprès des personnes soumises à sa régulation, mais cette demande ne peut se faire que sur le fondement d'une demande informelle, c'est-à-dire sans la possibilité de contraindre les personnes récalcitrantes. Le régulateur doit dès lors compter sur la collaboration et la bonne volonté des opérateurs qu'il régule. D'ailleurs, la bonne réception des dispositifs informels de collecte des informations permet de relativiser l'impact d'une telle consécration sur les relations entre les autorités et les opérateurs, parfois jugée « mineur »[26]. Néanmoins, dans ce contexte, il n'est pas difficile d'imaginer que certains professionnels puissent renâcler à l'idée

---

[23] Art. L. 621-8-4 du C. mon. fin. créé par l'article 36 de la loi n°2013-672 du 26 juillet 2013 de séparation et de régulation des activités bancaires, *JORF* n°173 du 27 juillet 2013, p. 12530, texte n°1.

[24] Th. Bonneau et F. Drummond, *Droit des marchés financiers*, éd. Economica, 2010, 3ᵉ éd., n°290 ; J. Lasserre Capdeville, « Les pouvoirs d'enquête de l'AMF », *AJ pénal*, février 2015, n°2, pp. 67-69.

[25] Étude d'impact sur le projet de loi de séparation et de régulation des activités bancaires, 18 décembre 2012, p. 31.

[26] Étude d'impact sur le projet de loi de séparation et de régulation des activités bancaires, 18 décembre 2012, p. 31.

de communiquer les informations demandées en ce qu'elles pourraient conduire à l'identification de possibles manquements à ses obligations imposées par le législateur[27] et qu'ils ne disposeraient d'aucune garantie quant à l'utilisation des informations ainsi qu'au respect des garanties attachées aux droits de la défense.

Lorsque cette compétence ne fait l'objet d'aucune mention dans le texte de l'autorité de régulation, elle a été généralement omise par le législateur au moment des discussions sur les compétences de l'autorité. Il s'agit tout au plus d'un vide législatif[28], et non d'un refus de permettre à l'autorité de mettre en place des dispositifs d'information contraignants. D'ailleurs, on observe depuis quelques années un travail législatif de réajustement au niveau des textes constitutifs des autorités qui consiste soit à consacrer cette compétence lorsque le texte est muet ou à lever les limites à sa mise en œuvre lorsque la formulation du texte s'avère trop restrictive par rapport à la réalité du secteur d'activité soumis à la surveillance de l'autorité. Par exemple, depuis la loi du 2 juillet 2013, l'AMF dispose désormais d'un droit de communication à l'égard des professionnels soumis à son contrôle[29] portant sur « tous documents ou informations, quel qu'en soit le support, utiles à l'exercice de sa mission de veille et de surveillance »[30]. Ces dispositions permettent à l'AMF d'apprécier plus facilement

[27] Toutefois, de façon générale, l'observation démontre que les opérateurs ou plus largement les organismes professionnels sont rarement réticents à fournir les informations sollicitées ou, dans le cas des avis de l'Autorité de la concurrence, à expliciter le fonctionnement du secteur visé (M. de Drouas, P. Hubert et C. Faurant, « Les entreprises face au pouvoir consultatif renforcé de l'Autorité de la concurrence », *Concurrences*, n°3, 2011, p. 230).

[28] Voir : N. Jalabert-Doury, « Nouvelles formes d'intervention des autorités de concurrence : le point de vue des entreprises », *Contrats Concurrence Consommation*, n°5, mai 2013, dossier 8, p. 46.

[29] Ce qui concerne les personnes ou entités mentionnées au II de l'article L. 621-9 du Code monétaire et financier.

[30] C. mon. fin., art. L. 621-8-4. Elle a conduit à la modification du Règlement général en vigueur le 19 décembre 2016 aux articles relatifs OPCVM et à la composition des FIA.

l'opportunité d'ouvrir l'une des procédures d'enquête ou de contrôle ; mais également de suivre les tendances et les évolutions du marché dans l'optique d'adapter sa stratégie de régulation ou de renforcer son expertise dans le cadre d'exercice d'une magistrature d'influence. Par exemple, c'est sur ce fondement que l'Autorité impose aux prestataires de services d'investissement de lui faire parvenir chaque année un rapport qui prend la forme d'un questionnaire officiel, et ce avant une date déterminée. Il va sans dire que la non-communication des informations demandées dans ce cadre se trouve sanctionnée en application des dispositions de l'article L. 642-2 du Code monétaire et financier consacrant le délit d'entrave à l'action de l'Autorité, ce qui peut aller jusqu'au prononcé d'une peine de 2 ans d'emprisonnement et 300 000 euros d'amende.

B. La reconnaissance jurisprudentielle d'une compétence réglementaire de recueillir l'information

La formulation large de cette compétence interroge sur l'étendue et la nature précise des prérogatives à la disposition des autorités de régulation. En effet, la consécration d'une telle compétence suffit-elle à habiliter l'autorité à prendre toute décision adaptée en vue de recueillir les données nécessaires à sa mission ?

Dans un arrêt de Section *AT&T Global Network Services France AS et Verizon France* du 10 juillet 2013[31], le Conseil d'État a eu l'occasion de préciser la portée de la compétence d'accès à l'information de l'Autorité de régulation des communications électroniques et des postes (ARCEP). En l'espèce, l'ARCEP a adopté une décision réglementaire

[31] CE, Sect., 10 juillet 2013, Sté AT et T Global Network Services France e. a., n°360397 et n°360398, *Rec.* p. 737 ; *RJEP*, avril 2014, p. 22, concl. D. Botteghi ; *AJDA*, 2013, p. 1953, étude M. Lombard, S. Nicinski et E. Glaser ; *Droit Administratif*, janvier 2014, n°1, comm. 7, p. 53, M. Bazex.

imposant aux exploitants de réseaux et aux personnes fournissant des services de communication en ligne la collecte périodique des informations nécessaires à la connaissance et au suivi des marchés des prestations d'interconnexion afin de s'assurer du respect du principe de neutralité. Toutefois, il n'existe pas dans le Code des postes et des communications électroniques de base textuelle attribuant explicitement une compétence réglementaire permettant à l'ARCEP de mettre en place un tel suivi.

Pour comprendre les enjeux de cette décision, il convient de rappeler brièvement que celle-ci intervient dans un contexte de vive tension entre les différents acteurs de l'internet concernant la portée et l'effectivité du principe de neutralité de l'internet[32], tel qu'il découle de la liberté de communication et d'expression[33]. Or la neutralité des réseaux peut être remise en question, au-delà de motifs plus ou moins légitimes d'ordre public[34], par certains acteurs pour des considérations techniques ou économiques. C'est à ce titre que les marchés des prestations d'interconnexion et d'acheminement de données font l'objet d'une attention particulière des régulateurs européen et français. Or, contrairement à d'autres activités des opérateurs de réseaux

[32] Sur le principe de neutralité d'Internet : N. Curien, W. Maxwell, *La neutralité d'Internet*, coll. « Repères », Paris, La Découverte, 2011, 128 p.

[33] Dans sa décision n°2009-580 DC du 10 juin 2009 sur la loi favorisant la diffusion et la protection de la création sur internet, le Conseil constitutionnel estime qu'« en l'état actuel des moyens de communication et eu égard au développement généralisé des services de communication au public en ligne ainsi qu'à l'importance prise par ces services pour la participation à la vie démocratique et l'expression des idées et des opinions, ce droit implique la liberté d'accéder à ces services » (consid. 12). Le droit d'accès à internet fait donc partie des libertés garanties par l'article 11 de la Déclaration des droits de l'homme et du citoyen. Ce principe implique le traitement égalitaire de tous les flux de données, qui doivent être acheminés de manière neutre, sans distinction selon leur nature, leur contenu, leur expéditeur ou leur destinataire (ARCEP, *Rapport au Parlement et au gouvernement sur la neutralité de l'internet*, coll. « Les actes de l'ARCEP », Paris, ARCEP, septembre 2012, pp. 12 et 13).

[34] La restriction pour motifs d'ordre public correspond à l'intervention de l'État pour contrôler les contenus.

de communications électroniques encadrées à l'échelon national, elles sont fondées sur des usages et des contrats partiellement non écrits et souvent non publics[35]. Le régulateur, avant même de mettre en œuvre les outils de la régulation, doit mieux connaître et mieux comprendre ces marchés qui constituent en l'état une « boîte noire des réseaux numériques »[36]. La mise en place par l'autorité de régulation d'un suivi périodique des marchés concernés doit donc permettre « en amont d'une éventuelle intervention réglementaire [...] une meilleure connaissance des modalités d'interconnexion de données »[37] ou encore de « lever l'opacité existant sur les marchés de l'interconnexion de données et disposer des informations utiles au bon exercice des pouvoirs dont elle dispose »[38]. Toutefois, au regard de sa portée et de ses suites potentielles, cette décision de collecte périodique des données adoptée par l'Autorité a fait l'objet d'une contestation devant le juge de l'excès de pouvoir par les deux plus grandes sociétés de communications électroniques exerçant une activité transitaire.

D'abord, les requérants soutenaient qu'aucune disposition n'habilitait l'ARCEP à réglementer la matière. En effet, la décision a été prise sur le fondement de l'article L. 32-4 du Code des postes et des communications électroniques (CPCE)

---

[35] ARCEP, décision n°2012-0366 relative à la mise en place d'une collecte d'informations sur les conditions techniques et tarifaires de l'interconnexion et de l'acheminement de données, 29 mars 2012, p. 3.

[36] D. Botteghi, concl. sur CE, 10 juillet 2013, Sté AT et T Global Network Services France SAS et Verizon France, n° 360397 et n° 360398, *RJEP*, avril 2014, p. 23.

[37] ARCEP, *Neutralité de l'internet et des réseaux. Propositions et recommandations*, coll. « Les actes de l'ARCEP », Paris, ARCEP, septembre, p. 41.

[38] ARCEP, *Neutralité de l'internet et des réseaux. Propositions et recommandations*, coll. « Les actes de l'ARCEP », Paris, ARCEP, septembre, p. 36 ; ARCEP, *Rapport au Parlement et au gouvernement sur la neutralité de l'internet*, coll. « Les actes de l'ARCEP », Paris, ARCEP, septembre 2012, p. 76.

qui, certes, prévoit la possibilité pour l'autorité compétente[39] de « recueillir auprès des personnes physiques ou morales exploitant des réseaux de communications électroniques ou fournissant des services de communications électroniques les informations ou documents nécessaires pour s'assurer du respect par ces personnes des principes définis aux articles L. 32-1 et L. 32-3 (...) » ; mais uniquement « sur la base d'une décision motivée ». En d'autres termes, si l'ARCEP est en droit d'intervenir dans ce domaine, il était permis, à la lecture de l'article L. 32-4, d'avoir un doute sur la possibilité pour l'Autorité d'intervenir par voie de réglementation générale. La mention d'une motivation fait davantage référence à une décision individuelle que réglementaire qui n'est par définition jamais astreinte à une obligation de motivation[40]. Néanmoins, dans le prolongement des propositions du Rapporteur public, le Conseil d'État a lu cet article en lien avec l'article L. 36-13 qui consacre une compétence générale d'accès aux données nécessaires à l'exercice de ses missions[41]. De la sorte, le Conseil constate l'existence d'une délégation législative implicite d'une compétence réglementaire de collecte des données au profit de l'Autorité, et ce conformément aux limites consacrées par la célèbre jurisprudence du Conseil constitutionnel[42]. Pour le formuler autrement, le caractère cardinal de cette compétence dans l'économie des pouvoirs des autorités permet d'envisager l'hypothèse de l'application de la

---

[39] Cet article remonte à 1990. Uniquement le ministre d'abord, puis à partir de 1996 de manière concurrente le ministre et l'autorité de régulation des télécoms (ART) et enfin à compter de 2005 le ministre et l'ARCEP.

[40] D. Botteghi, concl. sur CE, 10 juillet 2013, Sté AT et T Global Network Services France SAS et Verizon France, n° 360397 et n° 360398 ; *RJEP*, avril 2014, p. 24.

[41] Aux termes de l'article L. 36-13 CPCE, l'ARCEP « recueille les informations et procède aux enquêtes nécessaires à l'exercice de ses missions, dans les limites et conditions fixées par l'article L. 32-4 ».

[42] Cons. const., décision n°88-248 DC, 17 janvier 1989, Loi modifiant la loi n°86-1067 du 30 septembre 1986 relative à la liberté de communication, consid. 15 ; *RDP*, mars-avril 1989, n° 2, p.429, note L. Favoreu ; *D.*, 1994, p. 137, note M. Dobkine ; *RFDA,* 1989, p. 215, B. Genevois ; *GDCC*, 2009, p. 554, L. Philip et L. Favoreu ; *RA*, 1989, p. 223, J.-L. Autin.

théorie des compétences implicites dans le cas de l'accès aux informations[43]. Emmanuel Glaser, dans son commentaire, souligne le caractère opportun de cette solution. Selon lui, le Conseil d'État « a été sensible au fait que si l'ARCEP tenait des textes la possibilité de demander individuellement aux opérateurs concernés, par des décisions motivées, le cas échéant répétées tous les six mois, de lui fournir les informations en cause, il était plus expédient d'autoriser cette autorité à formaliser cette obligation générale dans un texte réglementaire »[44]. Cette solution participe à renforcer les fondements et la portée de la compétence générale d'accès à l'information de l'ARCEP, et par analogie, ceux de l'ensemble des autorités de régulation[45].

Ensuite, le second moyen soulevé par les requérants, à savoir la méconnaissance par la décision de collecte de l'objectif de dérégulation du f) du 5 de l'article 8 de la directive 2002/21/CE de 2002, donne l'occasion au juge d'affirmer la finalité singulière de cette compétence vis-à-vis d'autres compétences juridiques de régulation ou d'investigation. Alors

---

[43] Selon cette théorie, lorsque l'habilitation à agir n'est pas expressément prévue par les textes, son existence se déduit des attributions formelles par un lien de nécessité qui veut qu'« un organe qui participe à l'action de l'administration, doit se voir reconnaître l'ensemble des pouvoirs nécessaires à l'accomplissement de sa mission ». L'identification de ce lien relève de l'office du juge. Cette théorie a donc pour principal intérêt de fonder la juridicité d'un pouvoir alors même qu'il ne repose sur aucune compétence explicitement établie (J.-C. Venezia, « Les pouvoirs implicites dans la jurisprudence administrative » *in Mélanges Waline*, Paris, LGDJ, 1974, p. 795 cité par N. Decoopman, « La Commission des opérations de bourse et le droit des sociétés », *RIDC*, 1980, vol. 32, n°2, p. 125 ; P. Combeau, *L'activité juridique interne de l'administration : contribution à l'étude de l'ordre administratif interieur*, Thèse de doctorat de droit public, Université Montesquieu-Bordeaux IV, France, 2000, p. 250).

[44] E. Glaser, étude sous CE, 10 juillet 2013, Sté AT et T Global Network Services France SAS et Verizon France, n° 360397 et n° 360398, *AJDA*, 2013, p. 1960.

[45] Cette solution est logiquement transposable à d'autres autorités de régulation telle que l'ARAFER ou encore l'AMF dont la formulation des textes est sensiblement la même.

que le simple fait de recueillir des informations suffit, aux yeux des requérants, à caractériser l'établissement d'une régulation *ex ante*, le Conseil d'État estime au contraire que « la décision attaquée [...] se borne à organiser une collecte d'informations relatives aux conditions techniques et tarifaires d'interconnexion et d'acheminement de données [et] n'a ni pour objet ni pour effet [...] de mettre en place une régulation *ex ante* des marchés d'interconnexion et d'acheminement de données ». Dans ce cas, l'étape du recueil de l'information ne permet pas de préjuger des suites. L'ARCEP n'impose aucune obligation technique ou financière aux sociétés au titre de ses pouvoirs de régulation « symétrique »[46] ou de régulation « asymétrique » concurrentielle[47]. Le Régulateur n'a donc pas mis en place un dispositif de régulation, mais une simple collecte d'informations[48].

Enfin, le juge n'en examine pas moins les conditions au vu desquelles la décision de collecte des données est déclarée conforme aux dispositions en question. Rappelons qu'aux termes de l'article L. 32-4 du CPCE, l'ARCEP ne peut procéder qu'au recueil des informations « utiles » c'est-à-dire de manière proportionnée aux besoins liés à l'accomplissement de ses missions. En toute logique, le juge considère que la collecte des données trouve une limite d'abord dans la gravité de la charge qui pèse sur les entreprises et enfin sur ce qui est jugé « utile » à

---

[46] CPCE, art. L. 34-8, I et L. 36-6.

[47] CPCE, art. L. 37-1 et art. L. 38, I.

[48] Tel qu'il apparaît dans les motifs de sa décision (ARCEP, décision n°2012-0366 relative à la mise en place d'une collecte d'informations sur les conditions techniques et tarifaires de l'interconnexion et de l'acheminement de données, 29 mars 2012, p. 4), l'ARCEP se contente pour l'heure d'une veille active. Tant dans la décision attaquée que dans les précédentes analyses publiées (ARCEP, *Neutralité de l'internet et des réseaux. Propositions et recommandations*, coll. « Les actes de l'ARCEP », Paris, ARCEP, septembre, p. 19), l'ARCEP souligne que « les risques d'atteinte à la neutralité de l'internet portant davantage sur des évolutions potentielles des pratiques que sur des dysfonctionnements actuels du marché, la démarche générale que retient l'Autorité est avant tout préventive et vise à promouvoir un internet neutre et de qualité ».

la mission de l'autorité. Ce second aspect n'est pas toujours évident à déterminer en ce qu'il repose sur un contrôle de proportionnalité *in concreto*. En l'espèce, le Conseil d'État a estimé que les informations demandées l'étaient « en nombre limité », et enfin qu'elles étaient « simples à renseigner pour les personnes concernées, et exigées selon une fréquence semestrielle »[49]. De plus, l'ARCEP avait accepté, à la suite d'une consultation publique relative à cette collecte, d'en réduire la fréquence et le périmètre[50].

II. Les incertitudes juridiques autour du recueil de l'information par les autorités de régulation

Le recueil de l'information se fait au terme d'une procédure dont l'encadrement – législatif ou réglementaire – est le plus souvent inexistant. Pour autant, les conditions du recueil de l'information sont d'autant plus importantes que l'information fonde l'ouverture d'une procédure d'enquête ou, dans le cadre de l'exercice d'une magistrature d'influence, l'adoption d'avis ou de recommandations (A). Par ailleurs, la confusion entre les pouvoirs d'information et les compétences d'enquête dans le cadre d'une procédure de collecte des données peut, dans certains cas, mettre en cause l'impartialité de l'autorité de régulation (B).

---

[49] CE, Sect., 10 juillet 2013, Sté AT et T Global Network Services France e. a., n° 360397 et n° 360398, consid. 11.

[50] ARCEP, « Projet de modification de la décision 2012-0366 relative à la mise en place d'une collecte d'informations sur les conditions techniques et tarifaires de l'interconnexion et de l'acheminement de données », coll. « Les actes de l'ARCEP », Paris, décembre, 2013, 10 p.

A. La formalisation relative du recueil de l'information

Lors de la mise en œuvre des pouvoirs d'enquête, tant lors de la phase préliminaire d'enquête que lors de celle d'instruction proprement dite, il existe des garanties procédurales rigoureuses permettant de sauvegarder les droits de la défense et de faire valoir les intérêts des particuliers[51]. À l'inverse, les procédures de recueil de l'information, c'est-à-dire en amont d'une procédure d'enquête ou de contrôle, quels que soient leur finalité ou leurs effets, sont le plus souvent ignorées du droit positif. Or, qu'il s'agisse de développer une expertise ou plus simplement de maintenir un niveau élevé de connaissance du secteur que régule l'autorité, l'information recueillie, son interprétation ou les suites données peuvent néanmoins porter atteinte aux intérêts des personnes ou entités qui sont directement ou indirectement concernées[52]. Dès lors, le constat selon lequel les personnes concernées par l'expertise développée par une autorité de régulation n'auraient pas leur mot à dire fait apparaître une distorsion entre le faible nombre des dispositions juridiques encadrant le recueil de l'information et le préjudice susceptible d'en résulter.

Lorsque le recueil de l'information s'opère dans le cadre d'une procédure d'émission de recommandations ou d'avis qui revêtent un caractère inquisitoire[53], le législateur renforce systématiquement les garanties procédurales sur le modèle des droits de la défense. Cela concerne l'information préalable des

[51] G. Roussel, « Les multiples pouvoirs d'enquête des administrations », *AJ Pénal*, février 2015, pp. 64-66 ; J. Lasserre Capdeville, « Les pouvoirs d'enquête de l'AMF », *AJ Pénal*, février 2015, pp. 67-69 ; E. Daoud et M. Pugliese, « Existe-t-il une stratégie des droits de la défense devant les autorités administratives indépendantes ? », *AJ Pénal*, mars 2015, pp. 126-129 ; voir également le dossier spécial « Les AAI : pouvoirs d'enquêtes et respect des droits de la défense » *in RLDA*, n° 93, mai 2014, p. 85 et s.

[52] Voir P. Idoux, « Débat contradictoire et régulation économique », *Revue juridique de l'économie publique*, 2013, n° 713, étude 15, paragr. 23.

[53] P. Crocq, « Élaboration et diffusion des avis » *in* Th. Revet (dir.), *L'inflation des avis en droit*, Paris, Economica, 1998, p. 68.

personnes concernées, la consultation du dossier, le délai raisonnable pour organiser sa réponse, l'assistance de toute personne ou encore le droit d'être entendu. Si dans le cas d'une procédure d'expertise de nature inquisitoire, l'absence de disposition légale manifeste une lacune dans la garantie des droits, il n'en va pas ainsi lorsque l'expertise développée l'est sur un sujet d'intérêt général. Néanmoins, certaines AAI développent une pratique soucieuse d'associer les personnes intéressées par la transmission de leurs observations afin de développer une expertise sur la base d'informations exhaustives et pertinentes. En effet, à défaut d'imposer le débat contradictoire ou la participation aux procédures de recueil de l'information, la loi ne l'interdit pas[54]. Cette formalisation des procédures de collecte des informations est une revendication des acteurs concernés afin de « garantir que toutes les pierres auront été soulevées et que l'avis rendu reposera ainsi sur des bases factuelles incontestables et exhaustives »[55]. Ainsi, hormis l'information collectée auprès des personnes soumises à leur surveillance, certaines autorités organisent les conditions d'une remontée critique et pertinente de l'information par toute personne susceptible d'être concernée par leur activité régulatrice ou de détenir l'information qu'elle considère pertinente. Pour ce faire, elles mettent en place des dispositifs favorisant la remontée spontanée de l'information tant par les acteurs d'un marché que par les personnes non directement mises en cause devant l'autorité. Cette remontée se fait en amont et en aval de la collecte d'information à proprement parler. Elle permet, en amont, de recueillir une information originale et exhaustive sur un sujet donné en délimitant le périmètre des collectes d'information. L'ARCEP n'hésite pas à mettre en consultation publique un projet de décision relatif à la

---

[54] Lorsque de telles exigences légales existent, les autorités peuvent s'imposer le respect de garanties procédurales plus strictes.

[55] C. Champalaune, « Nouvelles formes d'intervention des autorités de concurrence : procédure des avis de l'Autorité », art. cit., p. 43.

mise en place d'une collecte d'informations[56]. On peut citer également l'Autorité de la concurrence qui, bien qu'aucun texte ne prévoie la publicité de la saisine pour avis, rend systématiquement publique sa décision de saisine lorsqu'elle se saisit d'office pour avis. De la sorte, cette publication permet aux entreprises de prendre toutes les mesures possibles dès qu'elles ont connaissance de cette procédure les intéressant en transmettant leurs observations[57].

Enfin, en aval, cette formalisation doit permettre de corriger ou mettre en perspective l'information recueillie. À cet égard, l'Autorité de la concurrence a décidé de procéder à une consultation publique – qualifiée d'« innovation processuelle »[58] – dans le cadre de l'instruction d'une saisine pour avis[59]. Cette pratique du contradictoire à toutes les étapes de la collecte de l'information et de son interprétation manifeste la volonté de l'autorité d'assurer la meilleure réceptivité de son expertise. L'autorité sera donc appelée à adapter et renforcer ces garanties dès que le besoin s'en fera sentir[60].

---

[56] ARCEP, Consultation publique sur un projet de décision mettant en place une collecte trimestrielle d'informations sur les conditions techniques et tarifaires d'interconnexion et d'acheminement de données, fiche projet de collecte et interconnexion, 11 janvier 2012.

[57] C. Champalaune, « Nouvelles formes d'intervention des autorités de concurrence : procédure des avis de l'Autorité », *Contrats Concurrence Consommation*, mai 2013, n° 5, dossier 7, p. 28.

[58] C. Champalaune, « Nouvelles formes d'intervention des autorités de concurrence : procédure des avis de l'Autorité », art. cit., p. 41.

[59] Voir Aut. conc., *Rapport annuel synthèse 2012*, Paris, 2013, p. 57. Le communiqué de presse diffusé à l'occasion de cette consultation précise que ce premier diagnostic doit permettre à l'ensemble des acteurs de faire valoir de nouveaux éléments. Un délai d'un mois est accordé pour permettre aux tiers intéressés de présenter leurs observations. Il est notamment fait mention en fin de page publiant l'avis résultat de l'enquête sectorielle que l'autorité « invite toute personne intéressée à réagir aux développements et conclusions exposés dans le document de consultation publique avant le 16 septembre 2013 ».

[60] Par exemple, la procédure d'avis pourra donner lieu à l'établissement de procès-verbaux, voire à la communication systématique d'un avis brouillon permettant à toute personne intéressée de s'exprimer ou de fournir des

En définitive, la formalisation se fait au regard de deux principes : la transparence du recueil de l'information et la critique (contradictoire) de l'information recueillie. L'intérêt de ces remontées est double. Elles agissent à la fois comme un complément et un contrepoids de leurs pouvoirs juridiques d'information. La possibilité pour les intéressés de faire valoir des observations permet de limiter les risques liés à l'omission d'un fait ou à une interprétation faussée.

B. L'usage incertain des prérogatives d'investigation

Un des traits distinctifs des autorités de régulation est qu'elles cumulent plusieurs pouvoirs de nature différente. Ainsi, les autorités de régulation disposent-elles du pouvoir d'adopter une réglementation, de prononcer des sanctions telles que des retraits d'autorisation ou d'agrément voire parfois des sanctions pécuniaires en parallèle ou de manière alternative à celui d'adresser des observations, des recommandations ou des mises en garde. Dans ce contexte, l'indétermination des frontières entre les compétences liées au recueil de l'information et les pouvoirs d'enquête, tels que précédemment définis, pose la question du statut de l'information recueillie, des acteurs qui participent à la collecte ou à l'instruction et, plus largement, celle de la séparation des fonctions au sein de l'autorité en question. En effet, si le cumul des pouvoirs ne contrevient pas aux exigences rappelées par l'article 6 §1 de la CEDH, il n'en demeure pas moins conditionné au respect du principe de l'impartialité.

Il n'est pas question ici de remettre en cause l'idée selon laquelle des prérogatives d'investigation soient utiles en amont d'une procédure de contrôle ou d'enquête. Dans le cadre d'une activité de veille, de surveillance ou d'expertise, les autorités

---

éléments complémentaires ou rectificatifs (Y. Utzschneider, « La procédure consultative devant l'autorité de la concurrence : regard critique », *consultable sur le site de la revue Concurrences*, 10 juillet 2013).

peuvent rencontrer des difficultés à obtenir un renseignement ou encore peuvent juger nécessaire d'évaluer la fiabilité d'une information par une vérification sur place notamment[61]. Néanmoins, dans l'hypothèse qui nous concerne, les autorités de régulation peuvent avoir à connaître à deux reprises, de façon approfondie, des pratiques d'un opérateur qui ne seraient pas conforme aux dispositions légales en vigueur : au moment de la constitution d'une expertise d'une part et au moment du contrôle de conformité d'autre part. Or, il convient de signaler que l'usage de prérogatives d'enquête au stade de l'expertise conduit, non plus à trouver des indices de la commission d'une infraction, mais déjà à mener une enquête circonstanciée qui s'apparente, en pratique, à un pré-examen du comportement d'un opérateur. À ce titre, cet examen, ainsi que l'interprétation qui nécessairement en découle, peut devenir la référence lors de l'examen de ces pratiques dans le cadre d'une procédure de contrôle. Ce risque est d'autant plus problématique que l'organe en question chargé du recueil de l'information est le même que celui en charge de l'instruction. Cette situation expose l'autorité de régulation concernée au risque d'une remise en cause de ces décisions par le juge en raison de l'existence d'un « préjugement »[62].

Sur ce point, l'Autorité de la concurrence offre une illustration concrète des risques d'un tel cumul. L'Autorité dispose à la fois de la compétence d'infliger de lourdes

---

[61] Philippe Belin observe, dans les premiers temps d'activité de la CADA, que l'administration se retranche généralement, pour fonder son refus de donner suite à une requête, derrière le motif de l'inexistence des documents administratifs demandés. Or, la CADA ne pouvait qu'acter cette inexistence après avoir obtenu de l'administration une confirmation écrite. Cette solution n'était évidemment pas satisfaisante, mais la commission ne disposait pas des effectifs lui permettant de faire procéder à des vérifications sur place (P. Belin, « CADA : procédure et jurisprudence » *in Information et transparence administratives*, Paris, PUF, 1988, p. 47).

[62] En effet, la procédure appliquée, si elle ne respecte pas la séparation des fonctions au stade de l'instruction, peut, au regard de la théorie des apparences, « mettre en cause l'impartialité structurelle de l'institution » (CEDH, 28 sept. 1995, Procola c/ Luxembourg, 14570/89, § 45).

sanctions pécuniaires[63] en parallèle d'importantes attributions consultatives à l'adresse des pouvoirs publics, des juridictions ainsi que des opérateurs économiques. Or, en ce qui concerne le recueil de l'information par l'Autorité, longtemps relégué au rang de pratiques informelles, le législateur a fait le choix, dans la loi du 17 mars 2014 relative à la consommation[64], d'étendre l'usage des pouvoirs d'enquête dits « simples » prévus à l'article L. 450-3 du Code de commerce à l'ensemble des missions de l'Autorité, comprenant ainsi ses missions de conseil[65]. À l'instar des autres autorités de régulation, l'objectif de cette réforme était de donner un fondement juridique au recueil de l'information opéré par l'Autorité de la concurrence – généralement fait sous la forme de questionnaire – dans le cadre du développement de son expertise[66]. Toutefois, on peut s'étonner que le législateur, plutôt que de consacrer une compétence générale d'accès à l'information distincte des prérogatives d'investigation mobilisées dans le cadre d'une

[63] En vertu de l'article L. 464-2 du Code du commerce, l'Autorité de la concurrence peut imposer des sanctions pécuniaires aux organismes et aux entreprises ayant enfreint les articles L. 420-1 ou L. 420-2 du Code de commerce. Le montant maximum de la sanction est, pour une entreprise, de 10 % du chiffre d'affaires hors taxes mondial, et de 3 millions d'euros si le contrevenant n'est pas une entreprise.

[64] Art. 108 de la loi n°2014-344 du 17 mars 2014 relative à la consommation, *JORF* n°65 du 18 mars 2014, p. 5400, texte n°1. Ensuite, la loi n°2015-990 du 6 août 2015 pour la croissance, l'activité et l'égalité des chances économiques (loi dite « Macron ») a introduit quelques modifications supplémentaires afin de préciser que le droit de demander la communication de documents vaut pour les documents « entre quelques mains qu'ils se trouvent » et que les enquêteurs « peuvent exiger la mise à leur disposition des moyens indispensables pour effectuer leurs vérifications ».

[65] Cette réforme tire son inspiration en partie du modèle de la Commission européenne (Règlement n°1/2003/CE du 16 déc. 2002, préc. *supra*, n°4, art. 17). En revanche, les agents de l'Autorité ne peuvent pas procéder à des perquisitions, saisies ou auditions, comme c'est le cas dans les enquêtes dites « lourdes » sur la base de l'article L. 450-4 du Code de commerce.

[66] Rapport n°1156 de M. R. Hammadi et Mme A. Le Loch, fait au nom de la commission des affaires économiques sur le projet de loi relatif à la consommation déposé le 13 juin 2013, A.N., p. 388.

procédure de contrôle, fasse le choix d'un unique fondement[67]. En effet, depuis cette réforme, les agents des services d'instruction de l'Autorité de la concurrence peuvent, dès lors qu'ils sont habilités à cet effet par le rapporteur général, procéder à tout acte d'enquête nécessaire à l'appréhension globale du fonctionnement concurrentiel d'un marché, et non plus, comme c'était le cas auparavant, en préparation ou en complément d'une enquête « lourde » pour constater des infractions. Autrement dit, non seulement, en l'état du droit, le collège de l'Autorité de la concurrence ne dispose toujours pas de la compétence juridique de mettre en place une collecte périodique et systématique de données utiles au développement d'une expertise globale sur le fonctionnement concurrentiel d'un marché, mais cette extension du champ d'application des pouvoirs d'enquête, en dehors de toute plainte ou dénonciation, conforte les risques pesant sur l'impartialité de l'Autorité. En effet, même si les pouvoirs d'enquête, adaptés à la régulation, s'avèrent peu intrusifs, le rapporteur général de l'Autorité ne devrait pouvoir les initier qu'à la suite de l'identification de comportements suspects lors d'un signalement ou par un dispositif de contrôle permanent de l'activité des opérateurs agréés et des données mises à disposition par ces opérateurs[68],

---

[67] Si la proposition d'un fondement distinct a été formulée au motif précisément qu'il apparaissait « disproportionné de renvoyer à l'ensemble des pouvoirs d'enquête (relevés d'identité, perquisitions, etc.) dont disposent les agents » (Avis n°792 (2012-2013) de Mme N. Bonnefoy, fait au nom de la commission des lois sur le projet de loi relatif à la consommation, déposé le 23 juillet 2013, Sénat, p. 100), le Gouvernement a fait adopter en séance publique un amendement de sécurisation juridique prévoyant que les pouvoirs d'enquête mis en œuvre dans le cadre défini par l'article 50 se limitent aux pouvoirs simples prévus à l'article L. 450-3 du Code de commerce, à l'exclusion des opérations de visites et de saisies, c'est-à-dire des inspections inopinées qui ne peuvent être autorisées que par le juge des libertés et de la détention en application du premier alinéa de l'article L. 450-4 du même code (Rapport n°1574 de M. R. Hammadi et Mme A. Le Loch, fait au nom de la commission des affaires économiques sur le projet de loi relatif à la consommation, déposé le 21 novembre 2013, A.N., p. 243).

[68] Ch. Gendre et A. Pibault, « L'ARJEL, une jeune AAI sectorielle aux pouvoirs en développement », *RLDA*, n°93, mai 2014, p. 116.

et non dans le cas d'enquêtes dites « exploratoires » qui portent sur des questions politiques et économiques générales. Car si les premières analyses circonstanciées issues de cette phase « exploratoire » le justifient, le rapporteur général peut proposer au collège de l'Autorité de s'autosaisir pour qualifier les pratiques en cause dans le cadre d'une procédure contentieuse, sans que l'opérateur n'ait été informé des intentions de l'Autorité. Le risque de « pré-jugement » est sensiblement plus élevé[69]. Ce point renforce l'idée selon laquelle les avis généraux, dans l'économie des pouvoirs de l'Autorité, constituent « une manière nouvelle de traiter les problèmes concurrentiels par une sorte de « premier avertissement sans frais »[70]. L'Autorité oscille dès lors, même si elle s'en défend, entre la veille informative et la pré-enquête, entre la recherche d'un indice et l'examen détaillé du non-respect des dispositions luttant contre les pratiques anti-concurrentielles. Pour pallier ce risque, seule la distinction de l'habilitation du recueil de l'information de celle de l'instruction dans le cadre d'une enquête permet le respect du principe d'impartialité[71].

---

[69] Les agents sont tenus généralement de faire connaître clairement aux personnes visées l'objet de leur enquête, et ce en application des principes consacrés à l'article 6 de la CEDH. Toutefois, la mise en œuvre de ces pouvoirs bénéficie d'une interprétation ancienne à l'avantage de l'Autorité par la Chambre commerciale de la Cour de cassation. Ainsi, notamment, si la Cour a pu rappeler dans un arrêt du 4 février 1997 que la demande de communication d'information doit être formulée de façon précise et porter sur des documents dont les enquêteurs connaissent l'existence et qu'ils sont en mesure d'identifier, la Cour de cassation a estimé qu'aucune disposition législative ou réglementaire n'impose à l'Administration de justifier des motifs pour lesquels elle procède à une enquête sur le fondement de l'article 47 de l'ordonnance du 1er décembre 1986, désormais codifié à l'article 450-3 du Code de commerce (Cass. com, 4 février 1997, n°95-10.486, Bull. civ. IV, n°40, *BOCCRF*, 25 mars 1997, p. 184 ; *D. Affaires*, 1997, p. 304 ; *JCP E*, 1997, p. 280).

[70] D. Bosco, « Google dans le viseur de l'Autorité de la concurrence », *Contrats Concurrence Consommation*, 2011, comm. 36.

[71] Dans la mesure où l'Autorité se prononce sur les pratiques d'un opérateur, le recueil de l'expertise doit être confié à des personnes qui n'auraient pas connaissance ultérieurement de l'affaire dans le cas de l'ouverture d'une enquête. La distinction des fondements permet d'obvier au risque de partialité

De plus, la confusion entre des prérogatives d'information spécifiques et des pouvoirs d'enquête se prolonge sur le terrain contentieux en ce qui concerne la critique des actes d'enquête. En effet, à l'inverse des compétences de collecte – réglementaire ou individuelle – de données reconnues aux autres autorités de régulation, aucun recours direct n'existe à l'encontre des actes d'enquête adoptés par l'Autorité de la concurrence tel que prévu par l'article L. 450-3 du Code de commerce. Cet état du droit trouve une justification précisément dans la souplesse revendiquée du cadre procédural des enquêtes administratives[72]. Il en ressort que le déroulé d'une enquête administrative (ou les procès-verbaux) ne peut être contesté que dans des hypothèses limitées, uniquement par voie d'exception. Ce constat revêt une signification particulière si l'Autorité ouvre une enquête dite « exploratoire ». Dans ce cas, la contestation du déroulé de l'enquête devient quasiment impossible dès lors que le juge administratif ne reconnaît pas le caractère détachable des mesures d'instruction nécessaires à l'adoption de l'avis, lui-même difficilement contestable.

Sans surprise, le Conseil constitutionnel a été saisi d'une question prioritaire de constitutionnalité relative à la conformité aux droits et libertés que la Constitution garantit des articles L. 450-3 et L. 464-8 du Code de commerce qui fixent les pouvoirs d'accès et de communication des agents de l'Autorité de la concurrence et du ministère de l'Économie en matière d'enquêtes simples. La société requérante soutenait entre autres que ces dispositions, en n'instaurant aucune voie de recours directe contre les actes d'enquête, portaient atteinte au droit à un recours juridictionnel effectif, aux droits de la défense, au droit à un procès équitable, ainsi qu'au droit de ne pas s'auto-

---

dans le cas où le collège viendrait à se positionner quant aux pratiques d'un opérateur. En effet, le respect du principe d'impartialité n'est respecté que si les agents des services d'instruction de l'Autorité qui mènent l'enquête dans le cas d'une procédure de manquement n'ont participé d'aucune manière à l'instruction de l'avis en question.

[72] Cons. const., commentaire de la décision n°2016-552 QPC du 8 juillet 2016, Sté Brenntag SA, p. 6.

incriminer. Cette question avait pour fondement l'idée selon laquelle que le juge constitutionnel ne peut admettre « qu'un citoyen, même une personne morale, doive être poursuivi, condamné et objet de voies d'exécution pour pouvoir faire valoir l'illégalité d'un acte d'administration »[73]. Malgré cela, le Conseil constitutionnel, limitant son analyse de constitutionnalité au 4e alinéa de l'article L. 450-3 du Code de commerce relatif au droit de communication, a rejeté l'ensemble des motifs d'inconstitutionnalité soulevés par la société *Brenntag*, s'en tenant aux solutions de ces décisions antérieures relatives des pouvoirs d'enquête de l'administration. Néanmoins, à plusieurs égards, cette jurisprudence entraîne un décalage significatif entre l'usage que l'Autorité est susceptible de faire de ses pouvoirs d'enquête et les spécificités attachées à la régulation par l'information.

Pour rappel, le Conseil constitutionnel fait découler le droit à un recours juridictionnel effectif et le droit à un procès équitable de l'article 16 de la Déclaration des droits de l'homme et du citoyen de 1789, lequel énonce que « toute société dans laquelle la garantie des droits n'est pas assurée, ni la séparation des pouvoirs déterminée, n'a point de Constitution »[74]. Ces droits ne sont pas absolus et ne concernent pas l'ensemble des décisions adoptées par l'administration. Ainsi, dans sa jurisprudence, le Conseil opère une distinction fondée sur la nature de la mesure, c'est-à-dire que le caractère non coercitif de la mesure d'instruction suffit à justifier l'absence de voie de recours[75].

D'abord, le Conseil constitutionnel se borne à constater que les agents des services d'instruction de l'Autorité de la concurrence ne peuvent saisir que les « documents

---

[73] Commentaire de la décision n°2016-552 QPC du 8 juillet 2016, Sté Brenntag SA, p. 15.

[74] Cons. const., déc. n°96-373 DC du 9 avril 1996, Loi organique portant statut d'autonomie de la Polynésie française, § 83.

[75] Cons. const., commentaire de la décision n°2016-552 QPC du 8 juillet 2016, Sté Brenntag SA, p. 12.

volontairement communiqués » par l'entreprise et qu'ils ne disposent pas d'« un pouvoir d'exécution forcée pour obtenir la remise de ces documents, ni [d']un pouvoir général d'audition ou [d']un pouvoir de perquisition »[76]. Constatant ainsi le caractère non coercitif des actes d'enquête, les dispositions contestées, qui ne prévoient pas de voie de recours contre ces mesures, ne sont pas sanctionnées. Le Conseil refuse ainsi de considérer que l'existence de sanctions administratives ou pénales, ainsi que de mesures d'injonction, puisse changer la nature de ce pouvoir. Selon lui, les « demandes de communication d'informations et de documents formulées sur le fondement des dispositions contestées ne sont pas en elles-mêmes des actes susceptibles de faire grief »[77]. La volonté de l'entreprise sollicitée par l'Autorité n'est plus libre dès lors que la loi prévoit que la non-remise volontaire aux agents habilités des documents, dont ces derniers sollicitent la communication, conduit au prononcé d'une injonction sous astreinte voire au prononcé d'une sanction[78]. Sur ce point, on s'étonne que le Conseil ne tienne pas compte des évolutions apportées par la loi relative à la consommation. Cette dernière a considérablement augmenté les peines encourues en cas d'obstruction, auparavant de six mois d'emprisonnement et de 7 500 euros d'amende, portée à deux ans d'emprisonnement et 300 000 euros d'amende[79]. Force est de constater que la simplicité de ces pouvoirs ne vaut ici que pour les enquêteurs qui, « au regard de la jurisprudence de la Cour de cassation, évoluent dans un formalisme procédural allégé »[80], plutôt qu'aux entreprises qui y sont soumises.

---

[76] Cons. const., déc. n°2016-552 QPC du 8 juillet 2016, Sté Brenntag SA, § 7.
[77] Cons. const., déc. n°2016-552 QPC du 8 juillet 2016, Sté Brenntag SA, § 9.
[78] Voir G. Decocq, *Contrats Concurrence Consommation*, 2016, n°10, comm. 221, p. 38.
[79] Art. 112, III de la loi n°2014-344 du 17 mars 2014 relative à la consommation, *JORF* n°65, 18 mars 2014, p. 5400, texte n°1.
[80] S. Albertin et E. Daoud, « L'Autorité de la concurrence : les pouvoirs d'enquête au crible des droits de la défense », *RLDA*, n°93, mai 2014, p. 104.

Si on peut s'accorder sur l'idée que les droits de la défense ne s'appliquent pas aux phases d'enquête préalable dès lors qu'aucun fait précisément n'est reproché aux intéressés, l'appréciation retenue de l'effectivité par le Conseil est pour le moins peu favorable aux personnes enquêtées. En effet, le recours est déclaré être effectif alors même qu'il nécessite, pour être exercé, que la société requérante ait commis une faute. Certes, le droit au recours effectif ne revêt pas un caractère absolu. À cet égard, la jurisprudence du Conseil constitutionnel[81] est constante[82]. Néanmoins, en pratique, la voie de l'exception, telle que suggérée dans ce cas, s'apparente à une illusion bien fondée. Dans le domaine de l'information, un recours tardif et indirect est susceptible d'occasionner des dommages bien plus importants qu'une condamnation au paiement d'une amende[83]. Enfin, le Conseil termine par le constat suivant lequel le préjudice résultant de mesures d'enquêtes illégales peut être réparé par un recours indemnitaire. Or ce dernier est inadapté aux attentes des entreprises. Il ne permet ni d'écarter du dossier les pièces illégalement reçues par les agents de l'administration ni de contrecarrer les effets négatifs liés à la diffusion ultérieure (par celle de l'avis notamment ou de la sanction) des informations recueillies.

* * *

Le recueil de l'information, par ses modalités et ses usages, est devenu en quelques années la pierre angulaire des missions

---

[81] Cons. const., décision n°2010-15/23 QPC du 23 juillet 2010, Région Languedoc-Roussillon e. a. (Article 575 du Code de procédure pénale).

[82] Le Conseil tient compte de l'existence d'autres voies de droit permettant de préserver le droit en question. Il « apprécie également la place et le rôle de la personne qui se prétend privée du droit au recours et le but poursuivi par le législateur » (Cons. const., commentaire de la décision n°2016-552 QPC du 8 juillet 2016, Sté Brenntag SA, p. 12).

[83] De plus, l'effectivité du recours par voie d'exception repose sur l'hypothèse incertaine que les membres du collège de l'Autorité de la concurrence, sans ouvrir une nouvelle enquête, adoptent une posture critique à l'égard de leurs propres enquêteurs (G. Decocq, art. cit., p. 38).

des autorités de régulation. Cela s'explique tant par les exigences d'une régulation juridique continue que par le développement rapide d'une régulation par l'information (*sunshine regulation*, régulation par la donnée, etc.). Tous les dispositifs de collecte dans ce cas posent, dans un avenir proche, la question du statut des informations collectées tant lors d'une procédure informelle que contraignante.

La sanction par l'information

Arnaud SÉE[1]

La sanction administrative. La sanction administrative est « une mesure qui vise à punir un comportement » contraire aux lois et règlements[2]. La sanction inflige ainsi une peine sanctionnant une infraction, elle a « le caractère d'une punition »[3]. La plupart des autorités chargées d'une fonction de régulation disposent d'un tel pouvoir de sanction. Cette compétence a été conférée au CSA[4], à l'Autorité de la concurrence[5], à l'AMF[6], à l'ARCEP[7], à la CRE[8], à l'ARJEL[9], à l'ACPR[10], à l'ARAFER[11] ou encore à l'HADOPI[12]. Certains vont même jusqu'à considérer que « les exigences de la répression sont à l'origine de la création des autorités de régulation »[13]. La dévolution d'un pouvoir de sanction à

---

[1] Professeur à l'Université Paris Nanterre, Centre de recherches sur le droit public (EA 381).

[2] M. Delmas-Marty, C. Teitgen-Colly, *Punir sans juger*, Economica, 1992 ; Conseil d'État, *Le pouvoir de l'administration dans le domaine des sanctions*, La documentation française, 1995, p. 3 ; M. Degoffe, *Droit de la sanction non pénale*, Economica, 2000.

[3] Cons. const., décision n°88-248 DC du 17 janvier 1989, Loi modifiant la loi relative à la liberté de communication, *Rec.* p. 18.

[4] Loi n°86-1067 du 30 septembre 1986, art. 42.

[5] C. com., art. L. 464-2.

[6] C. mon. fin., art. L. 621-15.

[7] CPCE, art. L. 36-11.

[8] C. énergie, art. L. 135-25.

[9] Loi n°2010-476 du 12 mai 2010, art. 41.

[10] C. mon. fin., art. L. 612-38.

[11] C. transp., art. L. 2135-7.

[12] CPI, art. L. 331-32.

[13] M. Guyomar, « La sanction administrative », *LPA*, 12 janvier 2006, p. 8. Voir aussi, du même auteur, *Les sanctions administratives*, Paris, LGDJ Lextenso éditions, 2014.

certaines autorités de régulation a conduit à une extension quantitative du champ des sanctions, du fait d'une diversification de leurs auteurs et de leurs destinataires[14]. Le juge constitutionnel admit depuis longtemps la constitutionnalité d'un tel pouvoir de sanction administrative, « dès lors, d'une part, que la sanction susceptible d'être infligée est exclusive de toute privation de liberté et, d'autre part, que l'exercice du pouvoir de sanction est assorti par la loi de mesures destinées à sauvegarder les droits et libertés constitutionnellement garantis »[15]. Les sanctions prononcées sont susceptibles de faire l'objet d'un recours de pleine juridiction objectif devant la Cour d'appel de Paris ou le Conseil d'État. Ce pouvoir de sanction, on le sait, a été progressivement encadré sous l'influence de l'article 6§1 CEDH, conduisant a adapter les standards juridictionnels à l'exercice d'un pouvoir de décision administrative[16].

Sanction et information. Les liens entre le pouvoir de sanction des autorités de régulation et l'information sont bien connus. L'information est l'action de donner la connaissance d'un fait ou de la rechercher. Une information est une nouvelle, un renseignement, une documentation sur quelque chose ou sur quelqu'un, portés à la connaissance de quelqu'un. L'information ici visée renvoie à la transparence, transparence des opérateurs, mais aussi celle du régulateur.

Dans ce cadre, l'information est toujours un préalable à la sanction administrative, dont le déclenchement nécessite une mise en demeure. En outre, l'information du régulateur aux opérateurs est exigée par le droit au procès équitable. Les droits de la défense impliquent tout à la fois l'information du

---

[14] M. Guyomar, A. Sée, voir « Pouvoir de sanction », *in Dictionnaire des régulations,* LexisNexis, 2015, p. 458.

[15] Cons. const., décision n°89-260 DC du 28 juillet 1989, Loi relative à la sécurité et à la transparence du marché financier, *Rec.* p. 71.

[16] M. Guyomar, A. Sée, voir « Pouvoir de sanction », préc.

déclenchement de la procédure[17], la notification des griefs et le respect du principe du contradictoire[18].

Plus encore, l'information est souvent nécessaire à la sanction. L'information, entendue comme une enquête, permet d'établir les faits susceptibles de donner lieu à une sanction. D'ailleurs, la sanction peut être prononcée en cas d'information irrégulière donnée ou communiquée par les opérateurs. Les opérateurs des marchés régulés sont souvent astreints à des obligations d'information, afin de garantir la transparence du marché. La violation de ces obligations peut conduire à une sanction. Parfois même, la communication de fausses informations peut avoir des conséquences sur le fonctionnement des marchés, comme en matière financière, matière dans laquelle est sanctionné le manquement à la bonne information du public[19].

Dans certains cas, l'information, communiquée par le régulateur, peut constituer un obstacle à la sanction. Le juge tient compte des prises de position de l'administration, et donc des informations qu'elle communique aux opérateurs, pour apprécier la légalité d'une décision sanction. Il n'admet pas qu'un opérateur soit sanctionné alors même qu'il avait respecté les informations demandées à l'administration[20]. Cette solution résulte de l'application du principe de légalité des délits et des peines, applicable aux sanctions administratives, qui empêche le

[17] CE, Sect., 26 juillet 1978, Auguste, *Rec.* p. 336.
[18] Cons. const., décision n°89-260 DC du 28 juillet 1989, préc.
[19] Ainsi, l'AMF veille à ce que les sociétés cotées en bourse communiquent le plus tôt possible au public, par un communiqué de presse, toute information significative susceptible d'avoir un impact sur les cours de bourse : c'est le suivi de l'information permanente. Elle contrôle, par ailleurs, le respect de l'obligation de publication dans les délais réglementaires, des rapports financiers et du chiffre d'affaires trimestriel : c'est le suivi de l'information périodique. En cas de défaut de publication, elle publie sur son site internet la liste des sociétés retardataires et, en cas de retard avéré, saisit le président du tribunal de grande instance aux fins d'injonction de publier assortie d'une astreinte.
[20] CE, 16 décembre 2016, Groupement d'employeurs Plusagri, n°390234, *AJDA*, 2017, p. 268, note L. Dutheillet de Lamothe et G. Odinet.

prononcé de sanctions imprévisibles et implique que les éléments constitutifs du manquement soient définis avec précision et clarté[21]. Il semble en résulter qu'une prise de position, respectée par la personne sanctionnée, mais par la suite abandonnée par l'administration sans information des opérateurs ne permette pas le prononcé d'une sanction administrative.

Problématique. Mais la question qui se pose aujourd'hui n'est pas celle-là. Il convient de se demander si l'information communiquée par l'autorité de régulation, le porté à connaissance d'un fait par le régulateur peut permettre l'exercice du pouvoir de sanction administrative.

Les sanctions administratives « dures » ne présentent en effet pas que des avantages. Elles sont parfois ineffectives, du fait de leur trop faible montant ou de leur intégration en comptabilité comme un coût par les opérateurs du marché. C'est pour cette raison que les autorités de régulation l'utilisent souvent comme un ultime recours. Il n'est pas anodin de remarquer, à ce titre, que la CRE n'a pour l'heure jamais fait usage de ce pouvoir de sanction. Le régulateur lui préfère en effet souvent une réponse plus nuancée, passant par la dissuasion, moins contraignante et paradoxalement plus efficace.

L'information permet en effet aux AAI d'exercer leur « magistrature d'influence », par le biais d'un « pouvoir de stigmatiser »[22]. Le régulateur peut par ce biais « stigmatiser

---

[21] Voir CE, 30 mai 2012, B., n°357694 ; CE, 18 février 2011, Banque d'Orsay et autres, n°322786, *Rec. t.* p. 788. Ainsi, pour le Conseil d'État, « le principe de légalité des délits et des peines, qui s'étend à toute sanction ayant le caractère d'une punition, fait obstacle à ce que l'administration inflige une sanction si, à la date des faits litigieux, la règle en cause n'est pas suffisamment claire, de sorte qu'il n'apparaît pas de façon raisonnablement prévisible par les professionnels concernés que le comportement litigieux est susceptible d'être sanctionné » (CE, 16 décembre 2016, Groupement d'employeurs Plusagri, n°390234).

[22] J. Mouchette, *La magistrature d'influence des autorités administratives indépendantes,* Thèse Strasbourg, 2016.

publiquement le comportement d'une administration ou d'une personne mise en cause en raison d'un comportement non conforme aux dispositions en vigueur ou jugé incompatible avec les valeurs promues par l'autorité. »[23]. Cela revient à porter atteinte à la réputation, par la technique du « naming and shaming », ce « système de blâme »[24] consistant en une « mise au pilori »[25]. Cette technique rejoint ce qu'un auteur dénomme la « publicité-exemplarité », qui « sert à la fois à prévenir, à porter à la connaissance de tiers une information qui ne leur est pas nommément destinée, et à servir de leçon par la menace, explicite ou non, de sanction »[26]. Pour Jean-François Kerléo, la publicité-exemplarité « consiste à diffuser un modèle de comportement dans une optique bien particulière, qui relève du registre de la crainte, de l'avertissement, de la sévérité ». L'objectif est évidemment de dissuader toute personne de reproduire le comportement réprimé[27].

Son intérêt est en tout état de cause certain. Comme le relevait déjà Jacques Mourgeon il y a plusieurs décennies, la stigmatisation produit des « effets plus redoutables que l'éventuelle amende prononcée par le juge pénal à l'issue d'un processus nécessairement long »[28]. Ceci s'explique certainement par le fondement moral d'une telle mesure, censée susciter la honte, la culpabilité ou l'embarras de la personne

---

[23] J. Mouchette, *op. cit.*, p. 273.

[24] M. Foucault, « La redéfinition du judiciable », intervention au séminaire du Syndicat de la Magistrature, 1977, Vacarme, 2004/4, p. 57.

[25] S. Slama, « Premier rapport spécial de la HALDE : une mise au pilori bien inoffensive » *Blog Droit administratif*, 15 novembre 2006 (blogdroitadministratif.net/2006/11/15/premier-rapport-special-de-la-halde-une-mise-au-pilori-bien-inoffensive/).

[26] J.-F. Kerléo, « La publicité-exemplarité. Le nouveau droit de la publication des sanctions administratives et juridictionnelles », *RFDA*, 2015, p. 751.

[27] M. van de Kerchove, *Sens et non-sens de la peine, entre mythe et mystification*, Facultés Universitaires Saint-Louis, Bruxelles, 2009.

[28] J. Mourgeon, *La répression administrative*, LGDJ, 1967, p. 129.

visée[29]. Il est constaté encore aujourd'hui que « l'action sur la réputation est parfois plus efficace que l'action par le droit pour lutter contre certains phénomènes difficiles à appréhender au travers d'actes juridiques précis. »[30]. L'information peut alors constituer le complément d'une sanction administrative (I). Elle peut en outre se présenter comme une alternative à la sanction administrative (II).

I. L'information comme complément à la sanction

Les sanctions administratives prononcées par certaines autorités de régulation peuvent être accompagnées d'une obligation de diffuser la décision de sanction, aux frais de la personne sanctionnée. Il s'agit d'une sanction originale, qui n'a plus depuis longtemps son équivalent en droit américain[31]. L'obligation de publication est une sanction complémentaire, accessoire à la sanction principale[32]. À ce titre, la décision de publication n'a pas à faire l'objet d'une motivation distincte de la motivation de la sanction principale[33].

La décision de publication de la sanction vise d'ailleurs une pluralité d'objectifs. Elle tend évidemment à renforcer le caractère dissuasif des sanctions administratives pécuniaires, en portant une atteinte à la réputation des opérateurs. Elle permet

---

[29] A. Flückiger, « Pourquoi respectons-nous la soft law ? Le rôle des émotions et des techniques de manipulation », RESS, 1er mai 2009, n° XLVII-144, pp. 73-103.

[30] J. Mouchette, *op. cit.*, p. 274.

[31] C. Faure-Mossmann, « Les peines complémentaires de publicité, publication-sanction, en droit boursier et en droit de la concurrence : une approche comparée en droit américain, français et européen », *Petites affiches*, 23 avril 2012, n°81 – p. 5.

[32] CE, 9 novembre 2007, SA Bourse direct, n°298911 ; CE, 12 mars 2014, Dpt des Hauts-de-Seine, n°354829.

[33] CE, 17 novembre 2006, Sté CNP Assurances, n°276926, *Rec.* p. 473 ; CE, 14 décembre 2006, SA Bourse Direct, n°298912.

ensuite de garantir la transparence des marchés, en rendant accessibles au public, mais aussi aux autres opérateurs les sanctions. Pour le juge administratif, la publication des décisions de sanction en matière boursière satisfait les « exigences d'intérêt général relatives au bon fonctionnement du marché, à la transparence des opérations et à la protection des épargnants »[34]. Elle permet enfin de garantir la sécurité juridique, en rendant accessibles aux autres opérateurs la pratique décisionnelle en matière de sanctions administratives du régulateur, et donc l'interprétation des règles que doivent observer les opérateurs[35]. La publication des décisions de sanction permet ainsi de garantir la « sécurité juridique de l'ensemble des opérateurs à ce que ceux-ci pussent, en ayant accès à ses décisions, connaître son interprétation des règles qu'ils doivent observer »[36].

Reste que la publication des décisions de sanction est d'une mise en œuvre délicate (A) et fait pour l'heure l'objet d'un contrôle juridictionnel inadapté (B).

A. La mise en oeuvre délicate des décisions de publication des sanctions

La publication de la décision de sanction est souvent prévue dans les domaines économiques de la régulation. L'AMF ordonne systématiquement la publication de ses décisions de sanctions dans les journaux ou supports qu'elle détermine[37]. La publication des décisions de sanctions de l'AMF était pendant longtemps facultative et quand elle était ordonnée, la décision était diffusée uniquement sur le site internet de l'Autorité et dans le recueil des décisions de la Commission des sanctions. La publication de la sanction est depuis 2010 obligatoire et s'effectue aux frais de la personne

---

[34] CE, 17 décembre 2008, Sté Oddo et Cie, n°316000.

[35] Rapport annuel AMF 2010, La documentation Française, 2011.

[36] AMF, comm. sanct., 19 janvier 2017, Dexia Securities France.

[37] C. mon. fin., art. L. 621-15.

sanctionnée. L'Autorité de la concurrence peut elle aussi ordonner la publication, la diffusion ou l'affichage de sa décision ou d'un extrait[38]. L'Autorité peut aussi demander l'insertion de la décision dans le rapport établi sur les opérations de l'exercice par les organes d'administration et de direction, et ce toujours aux frais de la personne intéressée. La publication des décisions de sanction est d'ailleurs conférée, au-delà du domaine économique, à d'autres autorités indépendantes. Ainsi, le CSA peut rendre publiques les mises en demeure adressées aux opérateurs du secteur[39]. La Commission des sondages peut « à tout moment » ordonner à une personne ayant violé la loi « de publier ou de diffuser une mise au point », présentée comme émanant de la commission, et mentionnant les informations non publiées ou diffusées[40]. L'article 18 de la loi du 17 juillet 1978, modifié par l'ordonnance n°2005-650 du 6 juin 2005, permet à la Commission d'accès aux documents administratifs de publier ses décisions de sanction en cas de réutilisation illégale des données publiques.

Si la constitutionnalité du pouvoir de décider de la publication de la sanction administrative a été très tôt admise dans son principe[41], c'est dans un premier temps à condition qu'une telle publication ne soit pas automatique, car « une telle automaticité pourrait conduire, dans certaines hypothèses, à infliger une sanction non proportionnée aux faits reprochés »[42]. Mais le juge constitutionnel semble avoir assoupli sa position et considère désormais « qu'en instituant une peine obligatoire de

---

[38] C. com., art. L. 442-2.

[39] Art. 42 de la loi n°86-1067 du 30 septembre 1986 relative à la liberté de communication, *JORF* du 1er octobre 1986, p. 11755.

[40] Art. 9 de la loi n°77-808 du 19 juillet 1977 relative à la publication et à la diffusion de certains sondages d'opinion, *JORF* du 20 juillet 1977, p. 3837.

[41] Cons. const., décision n°88-248 DC du 17 janvier 1989, Loi modifiant la loi n° 86-1067 du 30 septembre 1986 relative à la liberté de communication, préc..

[42] Cons. const., décision n°2000-433 DC du 27 juillet 2000, Loi modifiant la loi n° 86-1067 du 30 septembre 1986 relative à la liberté de communication, consid. 48-52.

publication et d'affichage des sanctions (...), les dispositions contestées visent à renforcer la répression de ces infractions en assurant à ces sanctions une publicité tant à l'égard du public qu'à celui du personnel de l'entreprise »[43]. Dans ces conditions, « la possibilité offerte au juge de moduler la durée de la publication et de choisir les supports appropriés permettent d'adapter la publicité-exemplarité en fonction des circonstances propres à chaque cas »[44]. Est ainsi respecté le principe d'individualisation des peines, qui « implique que la mesure de publication de la sanction administrative ne puisse être appliquée que si l'administration, sous le contrôle du juge, l'a expressément prononcée, en tenant compte des circonstances propres à chaque espèce », car ce principe « ne saurait toutefois interdire au législateur de fixer des règles assurant une répression effective des infractions ».

Comme toute sanction, la décision de publication doit respecter les principes constitutionnels encadrant le pouvoir répressif : la légalité des délits et des peines, et l'individualisation de ces dernières. Ainsi, « le principe de responsabilité personnelle fait obstacle à ce que l'autorité disciplinaire ordonne la publication de la sanction infligée à une société en raison des manquements commis par une autre société qu'elle a entre-temps absorbée »[45]. Comme toute sanction, la décision de publication doit être proportionnée, même si la loi ne le prévoit pas expressément[46]. La proportionnalité s'apprécie au regard du support de diffusion retenu, et le cas échéant de la durée pendant laquelle la publication est accessible de façon libre et continue. Une sanction de publication qui ne prévoirait pas de durée maximale de consultation est ainsi considérée comme excessive.

---

[43] Cons. const., déc. n°2013-329 QPC du 28 juin 2013, Sté Garage Dupasquier.
[44] J.-F. Kerléo, *op. cit.*
[45] CE, 17 décembre 2008, Sté Oddo et Cie, préc.
[46] CE, 28 septembre 2016, Théâtre National de Bretagne, n°389448.

Se posent alors plusieurs difficultés. La première est celle du suivi de l'exécution de la sanction, délicate notamment pour l'AMF. L'ADLC contrôle plus étroitement l'exécution de l'injonction de publication. Elle a déterminé le format à respecter (taille, couleur des caractères), et impose l'insertion du résumé des décisions de l'autorité. Les personnes condamnées doivent transmettre à l'Autorité une copie de la publication[47].

La seconde difficulté tient à la protection de l'anonymat. Les textes prévoient souvent que la décision peut être anonymisée si le préjudice qui en résulte pour la personne condamnée risque d'être disproportionné. L'anonymisation est de droit pour les personnes physiques mises hors de cause, et est possible pour les personnes morales mises hors de cause. L'anonymisation est obligatoire pour les personnes physiques ayant la qualité de tiers. En outre, la publication peut être anonymisée, voire même écartée par l'AMF, « lorsque la publication serait de nature à perturber gravement la stabilité du système financier, de même que le déroulement d'une enquête ou d'un contrôle en cours. ». Mais la publicité des séances de la Commission de sanctions de l'AMF atténue évidemment la portée pratique de cette anonymisation.

Au demeurant, la mise en œuvre de ce pouvoir n'est pas la seule source d'insatisfaction. Le contentieux des décisions de publication présente lui aussi des faiblesses.

B. Le contentieux insatisfaisant des décisions de publication des sanctions

En tant que sanction complémentaire, la décision de publication est en elle-même un acte administratif de sanction susceptible d'un recours de pleine juridiction. Une décision de

[47] Aut. conc., Rapport annuel 2010.

publication illégale pourrait encourir l'annulation, mais aussi engager la responsabilité de la puissance publique[48].

Ces recours contentieux ouverts à l'encontre des décisions de publication ne sont pas satisfaisants. La publication de la sanction peut porter une atteinte à la réputation de l'opérateur. Or, si la publication est immédiate, le recours juridictionnel n'intervient que bien plus tard. Plus encore, et surtout, les procédures de référé ne semblent pas adaptées pour permettre une contestation effective de la décision de publication. L'affaire Google est révélatrice de cette difficulté[49].

Cette affaire fait suite à la fusion par Google en 2012 de ses politiques de protection des données personnelles de l'ensemble de ses services, jusqu'alors régis par des régimes disparates. Les enquêtes diligentées par la CNIL ont conclu que l'entreprise ne fournissait pas assez d'informations aux utilisateurs sur l'utilisation qui était faite de leurs données, que ces derniers n'avaient pas un contrôle suffisant sur cet usage et que la rétention des données collectées manquait d'être limitée dans le temps[50]. Suite à une mise en demeure restée sans effet[51] la formation restreinte de la CNIL a sanctionné la société par une délibération du 3 janvier 2014[52]. La sanction prononcée est triple : paiement d'une amende de 150 000 euros, publication de la décision de la CNIL sur son site et insertion d'un communiqué sur la page Google.fr pendant 48 h. Cette triple sanction est « maximale »[53]. Si la sanction financière,

---

48 CE, 13 juillet 2011, Sté Edelweiss gestion, n°327980.
49 CE, ord. réf., 7 février 2014, Google, n°374595.
50 CNIL, « Google's new privacy policy : incomplete information and uncontrolled combination of data across services », 16 octobre 2012 (cnil.fr/english/news-and-events/news/article/googles-new-privacy-policy-incomplete-information-and-uncontrolled-combination-of-data-across-ser/).
51 CNIL, décision n°2013-025 du 10 juin 2013 mettant en demeure la société Google Inc.
52 CNIL, délibération n°2013-340 du 3 janvier 2014 de la formation restreinte prononçant une sanction pécuniaire à l'encontre de la société Google Inc.
53 J. Cattan, « La triple sanction de Google », *Droit administratif*, 2014, chron. 5.

maximale, est certes sans effet sur Google, la décision de publication n'a pas les mêmes conséquences. C'est d'ailleurs la première application de l'article 46 de la loi du 6 janvier 1978 aux termes duquel « la formation restreinte peut rendre publiques les sanctions qu'elle prononce. Elle peut également ordonner leur insertion dans des publications, journaux et supports qu'elle désigne aux frais des personnes sanctionnées ». Cette affaire manifeste un durcissement de la CNIL à l'égard de Google, de par le renforcement de la publication de la sanction sur le site internet de l'opérateur, « compte tenu du caractère massif des données collectées par la société, du nombre important et indéterminé des personnes concernées, qui pour nombre d'entre elles ne sont pas en mesure de s'y opposer ni même d'en être informées ».

Considérant que la publication portait une atteinte « irréversible » à sa réputation, la requérante avait demandé sa suspension en référé. Elle estimait que même si le juge du fond faisait ultérieurement droit à sa demande d'annulation, le préjudice subi ne pourrait être réparé. Mais le juge du référé-suspension est resté insensible à cet argument. Il refuse de voir la condition d'urgence remplie, en raison de l'absence d'atteinte démontrée aux intérêts de la société, « à la poursuite des activités de Google ou à ses intérêts financiers ».

Le Conseil d'État semble même inviter la société à réagir à la publication de la sanction et à provoquer une sorte de bataille de communication : pour le Conseil d'État, Google peut « faire connaître aux utilisateurs de ses services, à l'occasion de la publication prescrite par la Commission, son désaccord avec les griefs retenus » ainsi que la saisine du Conseil d'État. En outre le juge des référés rappelle à Google qu'ultérieurement, si le juge venait à annuler la sanction au fond, Google sera en mesure d'informer les utilisateurs : il pourra ainsi le cas échéant redorer son blason.

L'information permet ainsi de compléter la sanction. Elle permet parfois de l'éviter.

II. L'information comme alternative à la sanction

L'information du régulateur aux acteurs du marché peut parfois se révéler être une alternative à la sanction juridique. Elle est alors contenue dans une norme de droit souple. Le droit souple « correspond à une normativité non prescriptive qui oriente le comportement de ses destinataires sans pour autant les contraindre »[54]. Il s'agit d'actes qui se situent « aux confins du droit »[55] et qui « ne cré[ent] de droit ou d'obligation juridiques pour quiconque », de normes « qui n'ont aucun effet juridique » : les administrés, et plus particulièrement les acteurs du marché dans le cadre de la régulation économique, « ne sont nullement tenus de suivre la position de ces autorités d'un point de vue juridique »[56]. Le droit souple est certes une norme, un modèle de comportement ; mais cette norme ne produit aucun effet juridique.

Le droit souple peut être utilisé comme une alternative à la punition, pour éviter de mettre en oeuvre une procédure de sanction contraignante tout en atteignant l'objectif économique visé par l'autorité. L'autorité de régulation peut préférer édicter une norme de droit souple, comme une mise en garde, ou une recommandation. Dans ce cas, elle n'est pas une sanction au sens juridique du terme, n'étant pas une « punition ». Mais il s'agit d'une sanction déguisée, qui produit des effets sur le marché. Le droit souple permet alors d'éviter la sanction juridique, en édictant une sanction qui ne sera pas juridique,

---

[54] B. Lavergne, V° *Droit souple, in Dictionnaire des régulations,* M. Bazex, G. Eckert, R. Lanneau, C. Le Berre, B. du Marais, A. Sée (dir.), LexisNexis, 2015, p. 598.

[55] G. J. Guglielmi, « Le droit s'écrit-il dans les communiqués de presse ? », *Mél. A. Fenet*, Litec, 2008, p. 675.

[56] Communiqué de presse du Conseil d'État sous l'affaire « Fairvesta ».

mais économique (A). Or, si cette « sanction souple » peut désormais faire l'objet d'un recours contentieux, ce dernier est encore largement insatisfaisant en raison de son inadaptation au temps de l'information (B).

A. L'évitement de la sanction par l'information

L'information permettant le bon fonctionnement du marché. Pour rétablir un comportement conforme au droit du marché ou du secteur, le régulateur peut préférer édicter une norme de droit souple à la sanction dure. Il s'agit alors de modifier un comportement par l'incitation, sans passer par la sanction, et ce dans l'intérêt du bon fonctionnement du marché et donc de la garantie de l'ordre public économique. Dans ce sens, et par exemple, le CSA a décidé, le 25 juin 2014, d'envoyer aux responsables des services de télévision un courrier les « invitant » à mieux veiller à l'avenir à ne plus diffuser certains messages ambigus au sein d'écran publicitaire – il s'agissait en l'espèce d'un spot qui « présentait un point de vue positif sur la vie des jeunes atteints de trisomie et encourageait la société à œuvrer à leur insertion et à leur épanouissement ». Certes, un recours a été formé ; mais, dans l'intervalle, les opérateurs se sont pliés à la demande du régulateur.

Il serait presque possible, dans ces conditions de parler de « nudge »[57] administratif : les nudges permettent alors d'inciter leurs destinataires à prendre une « bonne », sinon une meilleure décision que celle qu'ils auraient prise sans. L'absence de contrainte est d'ailleurs une condition de réussite de ces normes souples. Les travaux de la psychologie comportementale nous montrent que c'est précisément parce que le droit souple

[57] R. Thaler, C. Sunstein, *Nudge : la méthode douce pour inspirer la bonne décision*, Vuibert, 2010 ; A. Sée, « Le droit administratif à l'épreuve des nudges », Le Havre, 16 novembre 2017, à paraître.

préserve la liberté des individus, qui restent libres de faire ce qu'ils veulent, que ces normes sont respectées en pratique.

Une telle démarche présente l'avantage de la rapidité. L'édiction d'une norme de droit souple est immédiate et permet au régulateur d'éviter de passer par une procédure de sanction lourde et contraignante. Elle permet surtout d'obtenir rapidement une modification du comportement de son destinataire. Le droit souple présente en outre l'avantage de l'effectivité. De tels actes « influencent fortement, dans les faits, les acteurs du marché », en raison « de leur publicité et la qualité de leur auteur »[58]. En réalité, comme le relève G. Guglielmi, « le but de la communication (...) n'est pas de produire des effets de droit, au sens formel du terme, mais d'obtenir le même résultat qu'une norme : influencer les comportements »[59]. Le respect du droit souple par les opérateurs économiques - et donc l'effectivité de ces normes - s'expliquent par la théorie des actes de langage[60]. Cette analyse sociologique tend à montrer que ce n'est pas le contenu de la norme qui confère à l'acte son caractère obligatoire, mais le statut de la personne qui a édicté l'acte. Ainsi, alors même qu'elles ne sont pas intrinsèquement obligatoires, les propositions formulées au travers des divers instruments sont suivies à la lettre par des opérateurs soucieux de ne pas voir leurs opérations remises en cause. La doctrine s'accorde à voir dans ces normes non impératives une forme de contrainte morale qui se substitue à la contrainte juridique.

L'information permet ainsi de garantir le bon fonctionnement du marché, en assurant la transparence de ce dernier. Mais elle permet aussi de stigmatiser un opérateur du

---

[58] Communiqué de presse du Conseil d'État sous l'affaire « Fairvesta ».

[59] G. J. Guglielimi, *op. cit.*

[60] J. Langshaw Austin, *Quand dire, c'est faire*, Seuil, 1970 ; A. Searle, *Les actes de langage*, Hermann, 1972 ; P. Amselek, (dir.), *Théorie des actes de langage, Éthique et droit*, PUF, 1986.

marché, quand elle est nominative et vise à blâmer cet opérateur[61].

L'information comme sanction non juridique (réputationnelle, économique). Le droit souple permet d'éviter la sanction. Il permet aussi de prononcer des sanctions non juridiques, mais simplement réputationnelles ou économiques. Les normes de droit souple produisent des effets concrets, et non juridiques : elles produisent « des effets notables, notamment de nature économique », du fait de leur respect par leurs destinataires. Les normes de droit souple peuvent ainsi parfois s'apparenter à des sanctions économiques. Il en va ainsi quand l'AMF émet un communiqué qui met en garde les investisseurs sur tel ou tel produit financier proposé par une société : « la publication (…) a eu pour conséquence une diminution brutale des souscriptions des produits de placement qu'elle commercialisait en France ». Il en va ainsi quand l'ADLC prend une position qui précise une injonction déjà prononcée : cette dernière a « pour objet de modifier le comportement des opérateurs sur le marché de l'acquisition de droits de distribution de chaînes de télévision ». Un tel pouvoir est d'ailleurs parfois explicitement conféré par la loi à l'autorité indépendante. Ainsi, en cas de non-respect de ses injonctions, le Défenseur des droits peut établir et rendre public un rapport spécial, préalablement communiqué à la personne[62]. Dans le même sens, le Contrôleur général des lieux de privation de liberté peut publier un rapport spécial lorsqu'il constate une violation grave des droits fondamentaux des personnes privées de liberté[63].

---

[61] J. Mouchette, *op. cit.*, p. 276.

[62] Art. 25 al. 4 de la loi organique n°2011-333 du 29 mars 2011 relative au Défenseur des droits, *JORF* n°75 du 30 mars 2011, p. 5497.

[63] Art. 9 de la loi du 30 octobre 2007. Il est à noter que la loi prévoit dans ce cas le respect d'une procédure contradictoire. Le Contrôleur doit saisir les autorités responsables afin qu'elles présentent leurs observations. Le Contrôleur peut rendre publiques ses observations ainsi que les réponses obtenues s'il constate qu'il n'a pas été mis fin à la violation.

Dans ces conditions, l'information n'a plus une portée seulement informative. Comme le relève Julien Mouchette, « il n'est plus seulement question d'encourager à adopter un comportement plus conforme à des objectifs que l'institution est chargée de poursuivre, mais bien de stigmatiser un comportement considéré comme non conforme aux normes juridiques en vigueur ou aux normes éthiques dont l'institution est chargée d'assurer l'application »[64]. L'information véhiculée par le droit souple est alors un « moyen de pression »[65] susceptible de porter atteinte à la réputation des acteurs du secteur.

Et si le droit souple est respecté spontanément par ses destinataires, malgré son absence de juridicité, le juge va considérer qu'il fait grief.

B. Le contentieux inadapté de l'information

L'information comme alternative à la sanction présente certes l'avantage de la commodité pour le régulateur. Ce dernier dispose d'une compétence générale pour édicter des normes de droit souple, compétence fondée directement sur sa mission de police spéciale[66]. En outre, n'étant pas qualifiées de

---

[64] J. Mouchette, *op. cit.*, p. 354.

[65] *Ibid.*

[66] Ainsi, en vertu de sa mission de protection de l'épargne évoquée à l'art. L. 621-1 du Code monétaire et financier, « il appartient à l'Autorité des marchés financiers de publier des communiqués invitant les épargnants ou investisseurs à faire preuve de vigilance vis-à-vis de certains types de placements ou de pratiques financières risqués » (arrêt Fairvesta). Concernant l'Autorité de la concurrence, sa compétence pour édicter une prise de position est fondée sur la mission de l'autorité en matière de contrôle des concentrations (art. L. 430-7 du Code de commerce), aux termes de laquelle « il appartient à l'Autorité de la concurrence de veiller à la bonne exécution des engagements pris par les parties (...) des injonctions dont elle a assorti aux mêmes fins l'autorisation de l'opération, ou des prescriptions ». Ces dispositions permettent à l'autorité de modifier ou supprimer les engagements, injonctions ou prescriptions. Le juge en déduit que l'autorité « peut également, dans les mêmes conditions, modifier la portée pratique de ces

sanctions administratives, car n'étant pas considérées comme une « punition » au sens de la jurisprudence constitutionnelle[67], les « sanctions souples » ne sont pas encadrées par les droits de la défense applicables aux sanctions administratives. Aucune procédure contraignante – et même pas le respect du contradictoire – ne s'impose à l'autorité.

L'absence de garanties juridictionnelles encadrant l'édiction de « sanctions souples » rendait particulièrement nécessaire l'exigence d'un contrôle juridictionnel rigoureux. Or, le principal écueil du droit souple tenait pendant longtemps à son absence de justiciabilité : il pouvait être illégal sans subir d'annulation juridictionnelle. Cet état du droit, on le sait, a largement évolué. Le Conseil d'État a d'abord admis l'engagement de la responsabilité de la puissance publique du fait d'une norme de droit souple irrégulière[68]. Il a ensuite admis la recevabilité d'un recours dirigé contre la décision de publier une norme de droit souple, alors même que cette dernière norme demeurait exclue du recours contentieux[69]. Cette solution s'expliquait par le fait que la publicité donnée à une mesure de sanction était assimilée à une sanction complémentaire, l'acte de publication aggravant les effets de l'acte de droit souple. Le juge a finalement accepté de contrôler certains actes de droit souples, ceux précisément des autorités de régulation, dès lors qu'ils produisent des effets notables « notamment de nature économique », ou quand ils « ont pour objet d'influer de manière significative sur les comportements des personnes

---

engagements, injonctions ou prescriptions » par le biais d'une prise de position.

[67] TA de Paris (7e Section – 2eChambre), 28 janvier 2010, Sté anonyme d'habitations à loyer modéré le logement Alpes-Rhône, n°0715942. La publication de la recommandation par l'autorité, même au Journal officiel, « ne constitue pas une sanction mais un moyen de pression afin d'obtenir que soit mis fin à une discrimination potentielle » (cité par J. Mouchette, *op. cit.*, p. 275).

[68] CE, Sect., 31 mars 2003, Laboratoires Bergaderm, n°188833.

[69] CE, 16 janvier 2006, Fédération du Crédit mutuel Centre Est Europe, n°274721 ; voir déjà CE, Sect., 21 octobre 1988, Église de scientologie de Paris, n°68638.

auxquelles ils s'adressent »[70]. En d'autres termes, si le droit souple est respecté spontanément par ses destinataires, malgré son absence de juridicité, le juge va considérer qu'il fait grief. D'ailleurs, le recours en excès de pouvoir contre les actes de droit souple est largement ouvert. Le juge apprécie souplement les conditions de recevabilité du recours, concernant tant l'acte attaqué[71], que le requérant ou encore le délai de recours[72].

Pour autant, la nature même du recours révèle ses limites, et le recours en annulation contre les actes de droit souple présente plusieurs difficultés rédhibitoires.

Les difficultés liées à l'office du juge de l'excès de pouvoir. La première tient à la limitation du contrôle au fond opéré par le juge de l'excès de pouvoir. L'opportunité d'édicter un acte de droit souple relève en effet de la détermination de sa politique par le régulateur. Dans ces conditions, la souplesse du procédé induit nécessairement une souplesse du contrôle au fond du juge de l'annulation. C'est ce qui résulte des arrêts Fairvesta Numericable, et de leurs premières mises en œuvre. Le recours en excès de pouvoir contre les actes de droit souple est adapté pour tenir compte « du pouvoir d'appréciation dont dispose l'autorité de régulation ». Il semble en effet que la souplesse de la norme induise une souplesse du contrôle au fond ; en d'autres termes, moins l'acte est rigide, moins le

---

[70] CE, Ass., 21 mars 2016, Fairvesta et Numericable (deux espèces).

[71] Le juge semble apprécier largement le critère tiré de effets de l'acte dans ses premières décisions, et alors même que les rapporteurs publics avaient invité la juridiction à apprécier strictement ces critères. Ces effets sont reconnus presque systématiquement. Sur six contentieux, le juge n'a dénié qu'une seule fois les effets concrets d'une délibération pour déclarer le recours irrecevable (CE, 22 juillet 2016, Syndicat Alliance française des industries du numérique (AFNUM), n°297015).

[72] CE, 13 juillet 2016, Sté GDF-Suez, n°388150. Le délai de recours de deux mois court à compter de la publication de l'acte, sur le site internet de l'autorité, concernant un recours du destinataire de l'acte. Mais ce délai n'est pas vraiment contraignant. En effet, « lorsque le justiciable n'a pas contesté cet acte dans ce délai, il lui reste loisible, s'il s'y croit fondé, de demander son abrogation à l'autorité qui l'a adopté et, le cas échéant, de contester devant le juge de l'excès de pouvoir le refus que l'autorité oppose à cette demande ».

contrôle est rigoureux[73]. Tout laisse à penser que le Conseil, par son contrôle, veille à ne pas brouiller la communication des autorités. La souplesse du contrôle au fond permet au juge de contrôler le régulateur sans pour autant lui dicter sa conduite. D'ailleurs, à ce jour, un seul acte de droit souple a fait l'objet d'une censure contentieuse sur six recours[74]. Une telle approche est compréhensible au regard de l'analyse économique. Comme le relève R. Lanneau, « un contrôle poussé engendrerait des coûts supplémentaires pour les autorités de régulations qui verront leur pouvoir d'incitation et d'orientation réduit là où une régulation moderne prêche davantage l'incitation sur l'obligation, le droit souple sur le droit dur. Le contraire reviendrait à les forcer à n'agir que de façon « dure » et donc bien plus coûteuse alors que les effets pourraient être atteints de façon plus efficiente »[75].

Les difficultés liées au moment de l'intervention du juge de l'excès de pouvoir. Mais la véritable difficulté liée à l'office du juge de l'excès de pouvoir concerne le moment de son intervention : le juge de l'annulation intervient trop tard, à un moment où les effets de l'information se sont déjà produits. La publication de l'information peut porter une atteinte à la réputation de l'opérateur. Et, si la publication est immédiate, le recours juridictionnel n'intervient que plus tard. Le temps du juge n'est pas celui de la communication, de l'information. En outre, et toujours d'un point de vue temporel, le juge de l'excès de pouvoir examine l'acte attaqué au jour de son édiction, et non au jour où il statue, ce qui l'empêche de prendre en compte une éventuelle évolution de la situation de fait.

Les procédures de référés d'urgence ne sont pas d'un grand secours pour le requérant. Il n'est pas possible de faire suspendre en référé la décision de publication dans le cadre d'un référé suspension ou d'un référé-liberté. La plupart du

---

[73] Voir notre note, avec R. Lanneau, sous CE, 10 novembre 2016, n°384691, « souplesse du droit, souplesse du juge », *Droit administratif*, 2017, comm. 9.
[74] CE, Sect., 13 juillet 2016, GDF-Suez, n°388150.
[75] R. Lanneau, note préc.

temps, le juge considérera que la condition d'urgence n'est pas remplie, en raison de l'absence d'atteinte suffisamment grave et immédiate aux intérêts du requérant[76].

En outre, le juge de l'excès de pouvoir ne peut pas compenser l'éventuelle atteinte réputationnelle causée par l'information, éventuellement erronée ou irrégulière. Le juge de l'annulation ne dispose pas d'un pouvoir de réformation, et ne pourra donc pas substituer sa propre norme souple - sa propre information - à celle du régulateur. Le pouvoir d'injonction ne lui est pas non plus d'un grand secours. Il ne lui permet d'ordinaire pas d'ordonner à une personne publique de communiquer par voie de presse. Le juge administratif considère que son pouvoir d'injonction ne l'autorise pas à ordonner la publication de sa décision de suspension ou d'annulation aux frais de la personne publique[77]. L'injonction

---

[76] Dans l'affaire Fédération chrétienne des témoins de Jéhovah, la requérante demandait au juge de suspendre l'exécution de la décision de la mission interministérielle de vigilance et de lutte contre les dérives sectaires (Miviludes) de mettre en ligne sur son site Internet un extrait de la 4ème couverture du livre de M. Nicolas A. intitulé « Nicolas, 25 ans, rescapé des témoins de Jéhovah ». Le juge considère que la condition d'urgence du référé suspension n'est pas remplie, car la décision ne porte pas d'atteinte suffisamment grave et immédiate aux intérêts de la requérante, « eu égard à la publicité qui a été faite par ailleurs de cet ouvrage, qui est notamment mentionné sur plusieurs autres sites Internet, aux modalités indirectes d'accès à l'information contestée sur le site de la mission et au caractère limité de l'audience de ce site » (CE, ord. réf., 22 novembre 2007, Fédération chrétienne des témoins de Jéhovah, n°310221. L'affaire « Google » en est tout autant révélatrice de cette tendance (CE, ord. réf., 7 février 2014, Google, n°374595). Dans cette affaire, la CNIL avait prononcé, à titre de sanction complémentaire, l'obligation de publier la sanction sur le site internet « google.fr » pendant 48 h. Souhaitant réagir rapidement, la société Google a entamé une procédure de référé suspension, considérant que la décision de publication portait une atteinte irréversible à sa réputation. Mais le juge est resté insensible à cet argument. Il a rejeté la demande de suspension pour défaut d'urgence, en raison de l'absence d'atteinte aux intérêts de la société.

[77] CE, ord. réf., 19 mars 2005, M. B. Gollnisch, n°278435. Le requérant se plaignait de violation de sa présomption d'innocence par le président d'université, qui avait pris position publiquement sur une affaire disciplinaire en cours le concernant. Le requérant demandait au juge du référé liberté qu'il

de prendre un communiqué de presse « n'entre pas dans les prévisions de l'article L. 911-1 CJA »[78]. Peut-être que les décisions d'assemblée de 2016 feront évoluer cet état du droit. En cas d'annulation de la norme de droit souple, le juge pourrait faire usage de ses pouvoirs d'injonction pour enjoindre à la personne publique de la modifier ou la retirer. Vincent Daumas, dans ses conclusions sur l'affaire Numericable, proposait à l'assemblée du contentieux de « faire preuve de créativité » pour éventuellement enjoindre à l'autorité de publier sur son site la décision juridictionnelle d'annulation. Reste qu'une telle solution, si elle permettait effectivement de supprimer les effets que l'acte de droit souple aurait pu produire, n'a jamais été mise en oeuvre pour l'instant.

Dans ces conditions, la seule issue contentieuse est celle de l'action en responsabilité. Le caractère non décisoire de l'acte n'est pas un obstacle à l'engagement de la responsabilité administrative si celui-ci est à l'origine d'un préjudice[79].

---

enjoigne à la personne publique de publier par voie de presse. Si le Conseil d'État relève effectivement une atteinte à la présomption d'innocence du requérant, qualifiée d'atteinte grave et manifestement illégale à une liberté fondamentale, il n'ordonne pas les insertions par voie de presse sollicitées. Il se contente d'enjoindre aux autorités compétentes en matière disciplinaire « de s'abstenir de prendre des positions publiques, au sujet tant de la procédure disciplinaire que des poursuites pénales consécutives aux propos tenus le 11 octobre 2004 par l'intéressé, dans des conditions qui seraient contraires au principe de la présomption d'innocence ».

[78] CE, ord. réf., 11 février 2005, M. Olivier X., n°276376. Dans le cadre d'une demande suspension d'une décision de sanction en référé, le requérant demandait au juge qu'il enjoigne à l'AMF de retirer la décision de son site internet et de publier un communiqué de presse faisant état de la suspension prononcée. Si le juge enjoint bien à l'API d'insérer sur son site internet la mention indiquant que la décision de la commission des sanctions a été suspendue, « en revanche, une injonction faite à l'AMF de publier un communiqué de presse faisant état de la suspension ordonnée par la présente ordonnance n'entre pas dans les prévisions de l'article L. 911-1 du Code de justice administrative ».

[79] D. Chavaux, concl. sous CE, 31 mars 2003, SA Laboratoires pharmaceutiques Bergaderm, *RFDA*, 2003, p. 1189. Comme le relevait le commissaire du gouvernement Chavaux, « lorsque le pouvoir de recommandation a de telles répercussions, il n'est sans doute pas souhaitable

Le juge a depuis longtemps admis qu'une norme de droit souple fautive – c'est-à-dire essentiellement illégale – puisse conduire à l'engagement de la responsabilité de la puissance publique dans le cadre d'un recours de plein contentieux[80]. Le juge retient un régime de responsabilité pour faute simple quand le préjudice trouve sa source dans une norme non impérative, comme une recommandation[81]. Mais une telle procédure est nécessairement insuffisante, et il y a lieu de souhaiter que le juge fasse rapidement évoluer le contentieux du droit souple.

---

qu'il s'exerce à l'abri d'une immunité, même partielle, à l'égard des actions en responsabilité ».

[80] CE, Sect., 31 mars 2003, Ministre de l'Économie, des Finances et de l'Industrie c/ Laboratoires Bergaderm, n°188833, à propos d'une recommandation de la Commission de sécurité des consommateurs ; voir déjà CE, 30 juillet 1997, Boudin, n° 118521, à propos d'un communiqué du ministre de la Santé ; CE, Ass., 21 mars 2016, préc.

[81] CE, Sect., 1er février 1952, Martin, *Rec.* p. 237 (action en responsabilité fondée sur avis d'un conseil municipal) ; CE, Sect., 9 juin 1978, Spire, *Rec.* p. 80 (action en responsabilité fondée sur une mesure d'ordre intérieur concernant un fonctionnaire) ; CE, Sect., 31 mars 2003, Ministre de l'Économie c/ SA Laboratoires pharmaceutiques Bergaderm, *RFDA*, 2003, p. 629.

L'incitation par l'information

Aurore LAGET-ANNAMAYER[1]

L'information est aujourd'hui une évidence sur laquelle il est bien difficile de réfléchir, tant elle est omniprésente. Au sens strict, l'information correspond à l'action d'informer ou, inversement, de s'informer. Il s'agit de donner des renseignements fiables, d'avertir, d'instruire d'une façon aussi objective que possible sur la réalité, de manière à laisser le libre arbitre au public concerné. Du moins, est-ce un certain idéal de l'information.

Quoi qu'il en soit, l'information s'est imposée comme une notion incontournable dans toutes les matières du droit[2], au point d'être présentée par certains comme la 3e génération des droits de l'homme[3]. On peut dire que « l'empire communicationnel ne cesse de s'étendre et que le système juridique en est affecté, exigeant par réaction un contrôle démocratique de l'information »[4]. L'un des grands défis de la démocratie dans notre société des techniques est devenu le

---

[1] Maître de conférences en droit public HDR, Université Paris Descartes, Centre Maurice Hauriou.

[2] Il n'est besoin que de citer la liberté de l'information en droit de la presse ou encore la multiplication des obligations d'information.

[3] G. Braibant, « Droit d'accès et droit à l'information », *in Service et libertés, Mélanges offerts au professeur Charlier*, éd. Émile-Paul, 1981, pp. 703 et s. Cette prise de conscience a correspondu d'ailleurs à la période dans laquelle se situe le célèbre roman d'anticipation de George Orwell, *1984*, qui démontre que le totalitarisme se base sur le secret et la falsification des données publiques et, simultanément, la transparence de la vie privée. À l'inverse, on peut donc supposer qu'une information à caractère publique fiable est une condition de la démocratie.

[4] V. Lasserre, *Le nouvel ordre juridique. Le droit de la gouvernance*, LexisNexis, Paris, 2015, p. 120.

contrôle, la qualité et la diffusion de l'information, et la distinction entre information et communication. Certes, communiquer requiert d'informer, mais ceci implique aussi de soupeser la qualité de l'information, la manière dont elle est diffusée et l'objectif que l'on veut atteindre. Or, la communication par l'information est désormais un vecteur essentiel du commerce, et ne peut dès lors être vue comme un simple acte d'information. On informe pour permettre au public de choisir, on informe aussi pour lui dicter un choix. La frontière entre les deux pose problème tant la communication par l'information est devenue une stratégie à part entière, tout comme un objet « scientifique » étudié en tant que tel.

Les économistes ont sans doute été les premiers à mettre en évidence l'importance de l'information dans la régulation[5]. Ils ont pointé, particulièrement dans le cadre de la théorie des monopoles naturels, les asymétries d'information existant entre le régulateur et le régulé. On pense notamment aux travaux de Jean Tirole[6], Prix Nobel d'économie en 2014, et à sa nouvelle théorie des marchés oligopolistiques dans laquelle l'information est un élément essentiel[7]. Il a plus généralement étudié les divers mécanismes d'incitation au cœur de la régulation, en démontrant notamment que la plupart des crises financières seraient liées à des problèmes d'informations.

Dire que l'information est au cœur de la fonction de régulation relève donc de l'évidence. Les autorités de régulation ne s'y sont pas trompées, l'idée d'un régulateur « data cruncheur », collecteur et diffuseur de données s'impose désormais largement en France[8], ce que résume bien la formule

---

[5] J. Stiglitz, « Information and the change in the paradigm in Economics », *The American Economic Review*, vol. 92, n°3, juin 2002 p. 460.

[6] J.-J. Laffont et J. Tirole, *Théorie des incitations et réglementation*, Economica, Paris, 2012.

[7] Théorie qui repose sur la théorie des jeux et la théorie des contrats et qui s'appuie principalement sur les secteurs des communications électroniques et de l'énergie.

[8] Voir à cet égard la réorientation stratégique de l'ARCEP engagée fin 2016 ou la conception de son rôle par l'ARAFER, *infra*.

d'Anne Yvrande Billon, lorsqu'elle venait d'être nommée Vice-Présidente de l'ARAFER en 2014 : « C'est par la transparence et par la qualité des données qu'il recueille, agrège et retravaille pour les diffuser aux usagers que le régulateur éclaire la connaissance, jette la lumière sur les résultats de l'opérateur historique par rapport aux autres entreprises du marché, et l'incite à se discipliner ».

Au-delà de l'actualité prégnante du sujet, et même si l'intérêt pour l'appréhension juridique de la diffusion de l'information par les autorités de régulation est plus récent, on constate que l'information a toujours été de l'essence même de la régulation. Ainsi, dans l'histoire administrative américaine, on trouve déjà au 19e siècle un modèle de Commissions reposant sur la régulation par l'information, c'est-à-dire sur la transparence et l'information publique[9], ce que l'on nomme la « *Sunhine regulation* », la régulation par coups de projecteur. Mac Craw qui analysa ce type de régulation en 1984, disait pour résumer la démarche du régulateur que « la Commission a été conçue comme une sorte de lentille par laquelle les rayons de l'opinion publique, sans elle dispersés dans toutes les directions, pouvaient être focalisés et braqués sur un point donné »[10].

Aujourd'hui, l'importance de l'information va de pair avec le développement des exigences de la transparence et de la démocratie administrative[11]. L'utilisation de l'information n'est donc pas une technique propre aux autorités de régulation, mais celles-ci lui ont donné une ampleur nouvelle. Il est vrai que les

[9] L'exemple le plus frappant fut la *Massachussets Board of Railroad Commissionners* créée en 1869 pour réguler les chemins de fer de l'époque. Cette commission était d'un type original car elle n'avait pas de réels pouvoirs juridiques. Elle ne pouvait que recommander, publier des analyses et des avis, et organisait régulièrement des auditions publiques destinées à faire la lumière publiquement sur les pratiques des compagnies ferroviaires.

[10] Th. Mac Craw, *Prophets of regulation,* Cambridge (Mass), Harvard University Press, 1984.

[11] P.-Y. Chicot, « La démocratie administrative : essai de conceptualisation », *Rev. adm.*, mars 2011, pp. 138 et s.

autorités de régulation ne bénéficiant pas de légitimité *a priori*, doivent conquérir leur légitimité pour s'imposer. De ce fait, l'information est un point central dans la conduite de l'action des régulateurs. Ainsi l'efficacité des régulateurs suppose qu'ils aient la capacité à mobiliser et diffuser de l'information, ce qui implique qu'ils détiennent dès l'origine des prérogatives extra-juridiques tendant soit à infléchir les comportements des opérateurs - via des recommandations par exemple - ou à sensibiliser l'opinion à travers les médias notamment - via la publicité de leurs décisions et la transparence. La logique de la régulation s'appuie donc également sur la communication.

Il en est allé ainsi au point que les autorités de régulation en matière économique au niveau national, mais aussi et peut-être plus encore au niveau européen[12], ont pris l'habitude, progressivement, d'utiliser la puissance de l'information pour exercer une régulation par la pédagogie, influencer et orienter le comportement des acteurs. Le développement de l'internet, facteur essentiel de circulation de l'information, a sans aucun doute à cet égard constitué un tournant décisif. Or, autant le législateur puis les juges ont été vigilants concernant l'attribution des pouvoirs réglementaires, de règlement des différends et de sanction aux autorités de régulation, autant les textes n'avaient pas prévu de contrôle s'agissant de la possibilité pour les régulateurs d'utiliser l'information pour influencer et inciter les acteurs de ce secteur.

L'information est par conséquent un instrument essentiel de la fonction de régulation dont l'impact est croissant (I). Et c'est finalement lorsque les effets de l'usage de cet instrument ont commencé à se révéler particulièrement efficaces et visibles que le juge a entendu contrôler juridiquement l'information. La

---

[12] Ce qui s'explique juridiquement par le fait qu'au départ les agences de régulation n'avaient quasi exclusivement que des prérogatives extra-juridiques, A. Laget-Annamayer, « Regard d'une interniste sur la *soft* au sein des « agences européennes » en matière de régulation économique », *in Regards croisés sur la soft law en droit interne, européen et international*, LGDJ, coll. Contextes, 2018.

question se pose dès lors de savoir si l'information, « fait » par excellence, ne peut être aujourd'hui considérée comme « un acte d'information » au sens juridique (II).

I. Instruments et impact de l'information dans la régulation

Pour étudier le phénomène de l'incitation par l'information d'un point de vue juridique, il convient d'identifier les vecteurs de circulation de l'information utilisés par les autorités de régulation en matière économique (A). La question se pose une fois que l'information est entre les mains du régulateur, c'est la raison pour laquelle ne seront pas évoqués ici ses pouvoirs d'information, c'est-à-dire la façon dont il peut se procurer l'information[13]. Néanmoins, les procédés en eux-mêmes ne peuvent être signifiants que si l'on en mesure l'impact, cet élément étant variable selon de nombreux paramètres (B).

A. Les vecteurs de circulation de l'information dans la régulation

Les autorités de régulation ont développé leurs propres canaux d'échanges d'information avec les acteurs du marché et leurs propres signaux afin de renforcer l'efficacité de leur action. La création de sites internet dans chaque secteur concerné a favorisé la communication des informations en temps réel et a renforcé la publicité donnée à l'activité du régulateur.

[13] Voir communication de J. Mouchette « Les pouvoirs d'information ». Il s'agit notamment de la multiplication des obligations déclaratives pour la publication des données ou encore du renforcement des pouvoirs d'investigation des autorités de régulation. Pour l'ARCEP, la loi n°2016-1321 pour une République numérique du 7 octobre 2016 (*JORF* n°235 du 8 octobre 2016, texte n°1) renforçant ses pouvoirs d'enquête.

Plusieurs procédés permettant aux régulateurs d'inciter par l'information peuvent dès lors être identifiés, distincts à la fois dans leur forme, leur contenu et leurs destinataires (les professionnels, les opérateurs, les consommateurs) et dont chaque autorité ne fait pas le même usage. Sans avoir pour objectif d'être exhaustif, il est possible d'en citer les principaux.

1 - On peut tout d'abord citer les pouvoirs consultatifs des autorités de régulation. Si les avis rendus par les autorités de régulation sont une catégorie bien connue, c'est leur usage renouvelé qui est marquant ces dernières années.

Juridiquement, ces avis n'ont guère posé de problèmes lors de la création des autorités de régulation en France, alors même qu'ils se sont avérés rapidement très importants. Ainsi, la fonction consultative a été historiquement le premier pilier de la régulation concurrentielle promue dès 1953 en France par la Commission des ententes, lointain précurseur de l'Autorité de la concurrence. Depuis lors, l'importance de la fonction consultative de l'Autorité de la concurrence ne s'est pas démentie. Cette compétence a d'ailleurs été renforcée avec la loi de modernisation de l'économie du 4 août 2008 qui, outre la possibilité d'être sollicitée par diverses autorités pour donner son avis, lui a conféré la possibilité de s'autosaisir au titre de l'article L. 462-4 du Code de commerce, ceci provoquant des avis spontanés qui ont réellement pour effet de modifier le comportement des destinataires. Ainsi, l'Autorité de la concurrence que l'on qualifie couramment de « gendarme de la concurrence » a développé une véritable fonction d'*advocacy*[14]. À cet égard, la multiplication de la saisine facultative de cette autorité par d'autres instances montre qu'elle est devenue une

[14] Voir B. Lasserre, « Advocacy », *in Dictionnaire des régulations*, M. Bazex, G. Eckert, R. Lanneau, C. Le Berre, B. du Marais, A. Sée (dir.), LexisNexis, Paris, 2016, Fiche n°1.

source d'expertise reconnue et la publication de ses avis a évidemment renforcé leur influence[15].

2 - Les techniques recommandatoires constituent un second canal d'échange d'informations typique des autorités de régulation. Celles-ci sont très variées et vont de la recommandation à destination des opérateurs au communiqué de presse via des sites internet, en passant par la prise de position ou mise en garde à destination du public ou des professionnels. On peut regrouper cet ensemble sous l'appellation de *procédés doctrinaux* très utilisés par les autorités de régulation en matière économique.

Le secteur financier et bancaire est particulièrement topique de ces techniques recommandatoires et en a certainement été le précurseur. On retrouve avec force ces techniques au niveau européen. Ainsi, l'AEMF est chargée d'émettre des orientations et des recommandations à l'intention des autorités compétentes ou des acteurs des marchés financiers qui devront les appliquer ou s'expliquer sur leur refus de les appliquer[16]. Au niveau interne, l'existence de ces instruments n'est pas non plus nouvelle. Dès les premiers temps de la création de la COB, et avant même la reconnaissance explicite à son profit d'un pouvoir réglementaire[17], celle-ci avait développé l'usage de ces pratiques et les avait systématisées, ce qui fut à l'origine d'un corpus de règles, qui, sans force juridique contraignante, la conduisit à participer substantiellement à l'élaboration du droit, notamment du droit des sociétés[18]. L'AMF a poursuivi ce mouvement, et elle s'est

---

[15] En vertu de l'article L. 462-4 du Code de commerce les avis rendus sur auto-saisine sont publiés mais l'Autorité de la concurrence a généralisé cette pratique aux avis sur demande.

[16] Règlement n°1095/2010 du Parlement européen et du Conseil instituant une autorité européenne des marchés financiers, art. 16, *JOUE* L 331 du 15 décembre 2010, p. 84.

[17] COB créée en 1967 et dont le pouvoir réglementaire a été généralisé par la loi du 14 décembre 1985.

[18] Y. Guyon, « Le rôle de la COB dans l'évolution du droit des sociétés commerciales », *RTDE*, 1975, p. 449.

même lancée dans une politique d'extériorisation de sa doctrine initiée par un document de consultation du 6 avril 2010 intitulé « Faciliter l'accès à la doctrine de l'AMF »[19]. Cette doctrine a clairement pour objectif de faire connaître sa position et son interprétation des textes réglementaires et législatifs. Elle recouvre tant les instructions, positions, pratiques de marché que de simples recommandations. Les recommandations sont ainsi « une invitation à adopter un comportement ou à se conformer à une disposition que l'AMF considère comme susceptible de faciliter la réalisation des objectifs des normes ou principes généraux relevant de son domaine de compétence. Néanmoins, l'AMF précise que la recommandation n'exclut pas que d'autres comportements ou dispositions soient également compatibles avec ses normes ou principes généraux »[20]. Ceci lui permet néanmoins d'encadrer les comportements des émetteurs et autres acteurs de marché dans les domaines non soumis aux règles dites de « droit dur ».

La rédaction des rapports annuels des autorités de régulation s'apparente également à un procédé de type doctrinal. Grâce à ces derniers, l'organe se justifie, met en corrélation des décisions, dessine par avance l'esprit dans lequel les prochaines décisions seront adoptées. La qualité de ces rapports concourt à la légitimité du régulateur, notamment lorsque se dégage une ligne directrice claire, une « doctrine » au sens strict, qui sera suivie au fil des rapports. C'est ce qu'avait déjà compris le journaliste Charles Adams, directeur de la Commission de régulation des chemins de fer au Massachussets

---

[19] Dans un communiqué de presse, elle a déclaré le 7 décembre 2010 poursuivre ses travaux de clarification de sa doctrine, s'efforcer de la systématiser et de mieux en organiser la publication, structurer son processus d'élaboration et définir un format de publication adapté.

[20] Pour être exhaustif, il faudrait néanmoins souligner que la définition de la recommandation peut varier selon les secteurs. Ainsi l'ACPR considère que lorsqu'elle adopte et publie une recommandation, les bonnes pratiques prennent une portée générale pour l'ensemble des personnes concernées par le champ d'application qu'elle mentionne, cf. Politique de transparence de l'ACPR, publiée sur son site internet (acpr.banque-france.fr), p.1.

au 19e siècle. Il faisait très attention au style dans lequel étaient rédigés ces rapports et à leur publicité. Il décida ainsi de faire publier un de ses rapports annuels dans le *Chicago Herald Tribune* qui se vendit à 10.000 exemplaires.

Le simple communiqué a lui aussi désormais toute sa place dans l'ensemble des procédés doctrinaux de la régulation, même si ce procédé n'est pas tout à fait nouveau[21]. Là encore, le secteur financier peut être cité en exemple, car l'AMF a particulièrement développé ce procédé. Ainsi, sur son site internet, une rubrique spécifique intitulée « mise en garde » diffuse des communiqués pour mettre en garde les épargnants contre certaines techniques financières[22]. Même si, juridiquement, il s'agit de simples « communiqués », l'impact économique est évident. Au niveau européen, la BCE en est d'ailleurs tout à fait consciente puisqu'elle a largement utilisé la technique du communiqué de presse lors de la crise débutée en 2008[23].

3 - Au-delà des avis et des divers types de recommandations, il faut sans doute aussi pointer la multiplication des observatoires qui publient des informations traitées et sélectionnées, à destination du grand public, dans le mouvement dit du *big data* rendant l'information de plus en plus accessible à tous. Deux autorités de régulation se distinguent en la matière en France, l'ARAFER[24] et

---

[21] Ainsi, un communiqué avait été publié par la COB dans le cadre de la bataille des OPA bancaires en 1999.

[22] En 2015, l'AMF a publié dans cette rubrique une vingtaine de mises en garde.

[23] On peut même parler de stratégie communicative de la BCE. Voir par exemple le communiqué de presse publié sur le site de la BCE le 6 septembre 2012 « Technical features of Outright Monetary transactions » qui a donné lieu à l'important arrêt de la CJUE, gde ch., 16 juin 2015, P. Gauweiler, e. a, aff. C-62/14 ; F. Martucci, comment. *Cahier de droit européen*, n°2-3/2015 pp. 493-533.

[24] La loi dite Macron du 6 août 2015 a conféré à l'ARAFER des pouvoirs importants de collecte avec une possibilité de sanction. Depuis l'ARAFER a pris un nouveau tournant en matière de régulation par la *data* et créé

l'ARCEP[25]. Dans le domaine des communications électroniques, outre l'observatoire des postes et communications électroniques, la mise en place d'un observatoire des déploiements mobiles en zone peu dense en février 2016, qui fait le point chaque trimestre sur une série d'obligations de déploiement que les opérateurs doivent respecter, va dans le même sens.

Tous ces procédés qui se veulent une nouvelle pédagogie à destination des opérateurs et du public s'apparentent finalement à une forme de pouvoir « d'opinion » des autorités de régulation et dont l'objet est d'influencer le comportement des destinataires. Il est donc important d'en saisir l'impact.

B. L'impact des procédés informatifs de la régulation

La mesure de l'impact et de l'efficacité de ces procédés informatifs n'est pas aisée, mais elle est essentielle pour comprendre l'importance de la régulation par l'information.

Les avantages de ces procédés informatifs sont nombreux dans une perspective utilitariste, en termes de réalisme et de réactivité. L'information donnée par le régulateur n'a pas, loin s'en faut, une teneur uniquement juridique. Elle a l'avantage d'intégrer des considérations de multiples natures : économiques, politiques et techniques, couvrant ainsi les caractéristiques de secteurs couverts par la régulation économique. Et c'est bien la raison pour laquelle bâtir une régulation par les données est devenu une des priorités de la

---

notamment en octobre 2015 un département des études et de l'observation des marchés.

[25] À titre d'exemple, depuis la loi pour une République numérique du 7 octobre 2016 préc., l'ARCEP met désormais à disposition les cartes numériques de couverture du territoire des opérateurs mobiles en *open data* (CPCE, art. L. 36-7-11).

stratégie de certains régulateurs en France[26]. L'information permet également au régulateur d'être plus réactif face à des questions très concrètes, et qui évoluent très rapidement. Alors que des opérations financières s'effectuent désormais à la nanoseconde, le secteur financier en est un exemple topique. L'AMF se doit d'être particulièrement réactive, en évitant la lourdeur d'une modification réglementaire[27]. Moins intrusive, mais plus efficace l'information peut se révéler une arme redoutable.

Ces procédés informatifs ont ainsi de réels effets, car ils se traduisent souvent par une forme d'adhésion volontaire des destinataires. Les procédures utilisées façonnent également l'adhésion à l'information transmise. Ainsi, les consultations préalables des parties prenantes sous forme de dialogues, de procédures contradictoires, ou de consultations publiques avant d'utiliser ces procédés informatifs (avis/ recommandations) invitent leurs destinataires à suivre leur contenu[28]. L'on peut ainsi distinguer les effets directs de ces procédés informatifs sur les destinataires par l'infléchissement de leurs comportements dans le sens évoqué par le régulateur, des effets indirects sur celui qui pose les règles du jeu, le législateur ou sur le juge[29], à la condition que le régulateur apparaisse comme une autorité incontestable dans son secteur.

---

[26] Voir à cet égard la réorientation stratégique de l'ARCEP en 2017 précitée qui a identifié ce thème comme un de ces champs prioritaires. Dès la fin de 2016, l'ARCEP a annoncé une régulation nouvelle génération qu'elle a par exemple appliquée pour la couverture des mobiles.

[27] La doctrine, instrument privilégié de l'AMF, en ainsi plus facile à modifier qu'un texte réglementaire.

[28] Ainsi, le plus souvent, avant de rendre des avis, l'ARCEP ou l'ARAFER organisent de telles procédures.

[29] Ainsi le législateur, qui consulte systématiquement l'Autorité de la concurrence avant de légiférer sur un secteur économique a-t-il tendance à la suivre. En ce qui concerne le juge, le procédé est plus rare devant le juge administratif. On peut néanmoins citer les avis rendus par l'Autorité de la concurrence servant au juge à établir les caractéristiques du marché soumis à son appréciation à l'occasion d'un litige, Voir CE, 24 juillet 2009, Sté Orange France, n°324642, *Rec.*, p. 299.

C'est donc plus largement « le capital confiance » des destinataires dans les autorités de régulation qui les incite à infléchir leur comportement en fonction de l'information donnée par le régulateur. Cette confiance repose elle-même sur des paramètres diversifiés qui ne sont pas faciles à mesurer et qui parfois relèvent plus de la compétence des sociologues. Elle découle tout d'abord de l'expertise des autorités de régulation composées de personnalités suffisamment diverses (économistes, juristes, techniciens, parties prenantes) pour à la fois « rassurer » sur leur indépendance, leur impartialité et leur compétence. En outre, elles se sont vues attribuer de larges pouvoirs d'investigation qui renforcent leur efficacité et leur connaissance du terrain dans leur domaine de compétence.

Cette magistrature d'influence, cette légitimité dépendra aussi de la façon dont l'autorité de régulation aura su s'imposer vis-à-vis du gouvernement, de l'opérateur historique et des autres acteurs, bref elle sera variable selon le positionnement du régulateur vis-à-vis de ceux à qui ils s'adressent. Le positionnement de l'ARAFER est à cet égard différent de celui de l'Autorité de la concurrence ou de l'ARCEP, car si les acteurs reconnaissent son efficacité, l'importance du poids de l'État dans le secteur ferroviaire et de son opérateur historique SNCF mobilités peuvent la fragiliser[30]. Enfin, la large couverture médiatique de certaines autorités peut être propice à renforcer leur légitimité. L'Autorité de la concurrence est sans doute le régulateur le plus écouté à cet égard et a acquis une capacité d'influence permanente sur les décisions des pouvoirs publics[31]. Ses avis sont souvent mentionnés par les médias,

---

[30] Voir A. Laget-Annamayer, « La régulation en question : à propos des avis de l'ARAF sur les décrets d'application de la loi portant réforme ferroviaire, aperçu rapide », *JCP A*, 11 mai 2015. Nombre de ses avis n'avaient pas été suivis par le gouvernement.

[31] Voir le Rapport annuel de l'Autorité de la concurrence pour 2015 dans lequel elle se félicite de l'influence de ses avis consultatifs sur le Gouvernement pour l'éclairer lors de réformes ou lors de la rédaction de projets de loi ou de décret. Est mis également en avant le rayonnement de l'Autorité de la concurrence qui se traduit par son activité intense au sein du

d'autant que sa fonction « englobante » lui permet une vision transversale de la concurrence.

Ces divers éléments conduisent le régulateur à acquérir un prestige, une renommée propice à son autorité et dont dépendra l'effectivité de ces instruments informatifs. Dans ce cadre, la sanction « réputationnelle » est une forme puissante d'incitation qui peut être plus efficace qu'une sanction juridique qui n'apparaît dès lors plus que comme l'ultime recours. Lorsque le régulateur est écouté, le fait de mettre en lumière les pratiques et les éventuelles carences conduit les acteurs à rectifier leurs comportements[32]. On atteint l'effectivité d'un comportement sans passer par la menace de la contrainte, mais grâce à des phénomènes d'imitation, de suivisme, de crainte par la réputation, d'image de marque, de respect d'une expertise, etc., qui sont autant de canaux diffus de persuasion[33]. Les autorités de régulation parviennent ainsi à « une autorégulation dirigée »[34].

Dès lors va se poser la question de savoir s'il est possible de contrôler la légalité de ces procédés informatifs. En d'autres termes, quelle est la nature de ces nouvelles normes, existe-t-il une juridicité de l'information dans la régulation ?

---

réseau européen de concurrence et par l'obtention le 6 juin 2016 de la meilleure note attribuée par la *Global Competition Review* pour la 5ème année consécutive.

[32] Ceci est beaucoup utilisé en France mais également aux États-Unis et au Royaume-Uni notamment en matière financière. La *Securities Exchange Commission* aux États-Unis ou la *Financial Conduct Authority* au Royaume-Uni se veulent diffuseur d'alertes.

[33] Selon J. Carbonnier, le droit post moderne « se fait par la persuasion d'un modèle, non par commandement sans réplique ; par la régulation, non point par la règle ». *Sociologie juridique*, PUF, Paris, 2004, p. 146.

[34] N. Decoopman, « À propos des autorités administratives indépendantes et de la déréglementation », *in* J. Clam et G. Marin (dir.), *Les transformations de la régulation juridique*, LGDJ, 1998, p. 252.

II. L'énigme de la juridicité de l'information dans la régulation

Les divers canaux de l'information cités *supra* qui incitent, invitent, recommandent, conseillent pour n'avoir en principe aucune valeur contraignante, constituent finalement l'exemple le plus incontestable de ce qu'il est convenu désormais d'appeler la *soft law* ou droit souple selon la terminologie consacrée par le Conseil d'État[35], même si ce phénomène est beaucoup plus large que le simple exemple des informations diffusées par les régulateurs.

On le sait, il s'agit d'un droit non contraignant, qui n'est pas susceptible par lui-même de créer des droits et obligations à la différence du droit « dur », mais susceptible néanmoins de produire des effets juridiques, à la différence du non droit. Ainsi, la *soft law* constitue « un ensemble de règles de conduite énoncées dans des instruments qui ne possèdent pas de force obligatoire, mais qui peuvent néanmoins produire certains effets juridiques – indirects - et dont l'objet est potentiellement de produire des effets pratiques »[36]. Or, lorsque l'autorité de régulation jouit d'un prestige suffisant, ces avis, recommandations et autres procédés se transforment rapidement en normes générales de comportement particulièrement suivies par les parties prenantes.

C'est la montée en puissance de la *soft law* dans la régulation, et l'incapacité de la conception traditionnelle du droit à en rendre compte, qui conduisent à s'interroger sur le renouvellement des sources du droit et l'encadrement juridique de cette technique juridique. En d'autres termes, comment le juge peut-il saisir l'information produite par les autorités de

---

[35] Voir Étude annuelle du Conseil pour 2013, *Le droit souple,* La documentation française. Notion utilisée depuis dans l'article fondateur de C. Thibierge, « Le droit souple », *RTDCiv*, 2003, p. 599.

[36] L. Senden, *Soft law, self -regulation and co-régulation in European law*, EJCL, vol. 9, 1er janv. 2015.

régulation ? Peut-il faire passer l'information d'un simple fait à un acte juridique ? Doit-il la considérer comme un simple acte recommandatoire, doit-il lui appliquer les outils qu'il utilise pour le droit « dur », ou doit-il faire évoluer sa « boîte à outils » juridiques pour prendre en compte l'information comme un acte juridique de la régulation ?

A. L'information, simple acte recommandatoire ?

La *soft law* n'est pas en soi un phénomène récent. Cette problématique est de longue date connue des internationalistes, et elle s'est imposée plus récemment en droit interne chez les privatistes[37] à propos de la présence et du statut « des petites sources du droit »[38] et chez les publicistes (qu'elle intriguait) avec l'essor, voire l'omniprésence de l'usage de ces instruments par les autorités de régulation. Le danger de voir les autorités de régulation être tentées d'échapper aux contraintes légales qu'impose par exemple l'exercice du pouvoir réglementaire ou du pouvoir de sanction ou même leur permettre de sortir un peu de leur domaine de compétence[39] est devenu de plus en plus prégnant au fur et à mesure du développement de l'usage de ces procédés d'incitation par l'information. Pour beaucoup, notamment dans la doctrine, ces nouveaux phénomènes normatifs soustraits à la contrainte doivent être encadrés et ne peuvent échapper à tout contrôle[40].

[37]Voir C. Thibierge (dir.), *La force normative. Naissance d'un concept*, LGDJ, Paris, 2009.

[38] S. Gerry-Vernières, *Les petites sources du droit : à propos des sources non contraignantes*, Economica, Paris, 2012.

[39] L'usage de ces instruments relève en effet parfois d'une stratégie délibérée des régulateurs pour échapper aux contraintes du cadre réglementaire. Voir pour l'AMF, H. Synvet, « Droits et Marchés financiers », *Bull. Joly Bourse*, 1er nov. 2014 n°11.

[40] La doctrine dès 1999 avait vu le communiqué comme une nouvelle source du droit. Voir J.-J. Daigre, « Une nouvelle source du droit, le communiqué ?

Pourtant, on a pendant longtemps pu considérer que les informations distillées par les régulateurs ne constituaient que de simples actes recommandatoires insusceptibles de troubler l'ordonnancement juridique traditionnelle. Le Conseil d'État, juge naturel de l'action des autorités de régulation économique[41], avait tendance traditionnellement à traiter la *soft law* comme des actes non décisoires. Ainsi le juge administratif avait considéré qu'une recommandation ne constituait pas une décision administrative faisant grief pouvant, à ce titre, être déférée au juge de l'excès de pouvoir[42], en raison de son caractère non contraignant[43].

Néanmoins, le doute est rapidement apparu et le juge administratif a pu reconnaître, dans quelques cas d'espèce, malgré leur caractère non contraignant, la justiciabilité de certaines recommandations, en raison de leur contenu et de leur formulation. C'est évidemment la jurisprudence *Duvignères* de 2002[44] à propos des circulaires impératives qui a influencé le traitement des recommandations des AAI[45].

On voit ainsi évoluer doucement les critères vers la prise en compte de la « magistrature d'influence » du régulateur, car, au-delà du contenu de la recommandation, c'est également le contexte qui est mis en avant dans certains arrêts. Ainsi, en novembre 2010, le Conseil d'État a accepté la recevabilité d'un

---

À propos d'un communiqué de la COB du 4 mai 1999 », *JCP G*, 1999, act. 1277.

41 Sauf exceptions. Pour un exemple en matière financière, les actes individuels sont de la compétence du juge judiciaire, TC, 16 novembre 2015, Sté Fairvesta International Gmbh, n°4026.

42 CE, Ass. 10 juillet 1981, Retail, n°5130, *Rec.* p. 303, à propos d'une recommandation du Médiateur de la République.

43 CE, 16 décembre 2006, Fédération du crédit mutuel du Centre Est Europe, *Rec.* p. 995, à propos des recommandations de la Commission des clauses abusives.

44 CE, Sect., 18 décembre 2002, Mme Duvignères, n°233618, *Rec.* p. 463.

45 CE, 13 juillet 2007, Sté Éditions Tissot, n°94195. Ainsi, les recommandations de l'ancienne HALDE « n'énoncent pas, en principe, des règles qui s'imposent », mais il en va « différemment de recommandations de portée générale, qui seraient rédigées de façon impérative ».

recours contre un rapport du Conseil national de l'ordre des médecins qui indiquait que l'association des ostéopathes aux maisons de santé était contraire à la déontologie médicale, « eu égard à sa formulation impérative et au rôle confié au Conseil national de l'ordre des médecins pour l'application des principes de déontologie médicale » [46]. L'arrêt *Formindep* d'avril 2011 est encore plus intéressant dans la mesure où le Conseil d'État accepte la recevabilité du recours dirigé contre une recommandation de bonne pratique de la Haute autorité de santé, du fait que celle-ci devait être respectée par les professionnels au titre de leurs obligations déontologiques, sans spécifier que ces recommandations ont un caractère impératif[47]. Enfin, l'affaire *Société Voltalis* de 2011 va encore plus loin, puisque le Conseil d'État y a admis la recevabilité d'un recours contre une délibération de la CRE relative aux modalités d'interprétation d'une expérimentation concernant l'effacement diffus de consommations d'électricité, en prenant en compte non seulement sa formulation impérative, mais surtout l'importance des effets de cet acte indépendamment d'un contexte particulier[48].

Cette évolution sera encore plus nette avec les décisions *Société Casino Guichard-Perrachon* et *Société ITM Entreprises*

---

[46] CE, 17 novembre 2010, Syndicat français des ostéopathes, n°332771, *Rec.* p. 886. Ici il s'agissait du risque d'une sanction en aval.

[47] CE, 27 avril 2011, Assoc. Formindep, n°334396. Les recommandations doivent être regardées comme faisant grief « eu égard à l'obligation déontologique, incombant aux professionnels de santé en vertu des dispositions du code de la santé publique qui leur sont applicables, d'assurer au patient des soins fondés sur les données acquises de la science, telles qu'elles ressortent notamment des recommandations de bonnes pratiques » et conclusions C. Landais, *AJDA*, 2011, p. 1326. Voir aussi CE, 23 décembre 2014, Assoc. lacanienne internationale, n°362053.

[48] CE, 3 mai 2011, Sté Voltalis, n°331858, *Rec.* p. 723 ; *RJEP*, 2001 comm. 39, conclusions P. Collin « (...), les dispositions impératives à caractère général contenues dans une délibération d'une AAI et qui déterminent l'un des paramètres essentiels de l'équilibre économique du mécanisme d'effacement diffus doivent être regardées comme faisant grief, tout comme le refus de les abroger ».

de 2012. Le Conseil d'État y confirme le principe de la non-recevabilité des recours contre les avis de l'Autorité de la concurrence si les prises de décisions et recommandations qu'elle y formule ne constituent pas des décisions faisant grief, mais il ajoute qu'il en va différemment « si elles revêtent le caractère de dispositions générales et impératives ou de prescriptions individuelles dont l'autorité pourrait ultérieurement censurer la méconnaissance »[49]. Cette seconde hypothèse intègre les prises de position qui sont susceptibles d'inspirer une future décision contraignante de l'autorité[50]. C'est ainsi qu'un recours contre un avis de l'ARAF sur les dessertes intérieures d'une ligne internationale a été considéré comme recevable eu égard aux effets de cet avis sur l'exercice par l'autorité organisatrice des transports de son pouvoir de limiter ou d'interdire ces dessertes[51].

Ainsi, le juge administratif a fait doucement glisser son contrôle selon le contenu, la portée et même l'effet de ce qui apparaît a priori comme une simple « information », mais il s'en tient encore aux effets de droit. Il est bien précisé, dans l'affaire *Sté Casino-Guichard* que « quelle que soit l'ampleur de la publicité dont il a fait l'objet, cet avis n'a pas le caractère de décision susceptible de recours pour excès de pouvoir ». Ce qui signifie que si la publicité peut faire grief, elle ne modifie pas en l'espèce la nature de l'acte[52]. Sans doute prend-il néanmoins conscience qu'à une certaine stratégie des régulateurs pour contourner ou éviter le droit « dur » doit

---

[49] CE, 11 octobre 2012, Sté Casino Guichard-Perrachon et Sté ITM Entreprises, n°357193 et 346378. On se rapproche alors de la théorie des actes de langage. Voir A. Searle, *Les actes de langage,* Hermann, 1972, P. Amselek (dir.), *Théorie des actes de langage,* Éthique et droit, PUF, 1986.

[50] Qui peut être pour l'Autorité de la concurrence une décision de sanction ultérieure par exemple.

[51] CE, 30 janvier 2015, Région Provence-Alpes Côte d'Azur, n°374022, *AJDA*, 2015, p. 671 ; *RTDE*, 2015, p. 863.

[52] La publicité pouvait dans certains cas déjà être prise en compte par le juge administratif. Ainsi, la publicité donnée à une mesure de sanction en matière financière a été assimilée à une sanction supplémentaire, CE, 6 juin 2008, *Gespac Systèmes*, n°316001.

répondre un contrôle des effets possibles sous forme d'incitations de ces informations. La tâche n'est pas simple, car il s'agit de contraintes diffuses qui dépendent de la « magistrature d'influence » du régulateur, et qui font souvent naître chez les destinataires un « sentiment d'obligation » (certes subjectif), sorte d'*opinio juris* qui constitue notamment le signe de la naissance d'une coutume en droit international et qui, progressivement, donne le sentiment au destinataire qu'il doit agir dans un certain sens.

Par définition, il est donc très difficile de placer correctement le curseur pour savoir si cette « influence-contrainte » crée des effets de droit. L'information peut-elle être considérée comme plus qu'un instrument ou véhicule de la régulation pour devenir un acte de régulation ? Au-delà de la valeur communicationnelle de ces instruments, peut-on les considérer comme des actes juridiques ? Aucune réponse ferme ne peut être apportée, le tableau s'avérant largement impressionniste et évolutif, car la problématique de l'échelle de normativité est finalement assez récente en France. Cela revient à s'interroger sur la place et le statut de ces normes incitatives dans l'État qui exige la soumission des individus et des pouvoirs publics au respect du droit et à la sécurité juridique.

B. L'information, acte juridique de la régulation ?

Progressivement la jurisprudence a évolué, notamment sous la pression de la doctrine qui avait mis en avant les « angles morts »[53] du contrôle juridictionnel. Pouvait-on continuer « à laisser sur le bas-côté contentieux des actes qui ont des conséquences parfois très importantes, incommensurables d'ailleurs à certains litiges individuels dont

[53] Selon l'expression de P. Idoux *in* « L'absence de justiciabilité des avis et recommandations de l'autorité de la concurrence », *RJEP*, n°708, mai 2013.

le juge accepte de connaître volontiers ? »[54]. Comme nous l'avons signalé, le rapport du Conseil d'État sur le droit souple de 2013 a également marqué une étape importante dans cette réflexion. Dans ce sens, les arrêts du Conseil d'État du 21 mars 2016 *Fairvesta International et Sté NC Numéricable*[55] ont constitué le point d'orgue de l'évolution, même si celle-ci n'est certainement pas totalement achevée.

Dans ces deux arrêts de principe du 21 mars 2016, le Conseil d'État a accepté, de manière solennelle, de connaître d'actes de droit souple[56]. Du moins le fait-il dans des arrêts d'Assemblée qui semblent ouvrir une ère nouvelle, même si le Conseil d'État avait déjà, dans sa jurisprudence antérieure, connu d'actes de droit souple ponctuellement[57]. Était en cause un communiqué mis en ligne par l'AMF par lequel elle disait vouloir « attirer l'attention du public sur les activités de la société Fairvesta » et donc mettre en garde les investisseurs, ainsi qu'une prise de position de l'Autorité de la concurrence quant à la portée d'une condition qu'elle avait posée au rachat de TPS par Vivendi et le Groupe Canal Plus alors qu'il y avait eu une modification du contexte de faits. C'est sans doute l'affaire Fairvesta qui nous intéresse le plus, car le communiqué constitue typiquement un instrument de la *Sunshine regulation*. En l'état de la jurisprudence, le recours était irrecevable, car cet acte était dépourvu d'effets juridiques.

---

[54] Formule des chroniqueurs de l'AJDA X. Domino, A. Bretonneau, « Miscellanées contentieuses », *AJDA*, 2012, p. 2373.

[55] CE, Ass., 21 mars 2016, *Sté NC Numéricâble*, n°390023 et CE, Ass., 21 mars 2016, *Sté Fairvesta International GmbH e. a.*, n°368082 ; « Le Conseil d'État accepte de se saisir d'actes de « droit souple », *AJDA*, 2016, p. 572, S. Von Coester et V. Daumas ; *Droit adm.*, n°4, avril 2016, comm. 20, F. Melleray, *RFDA*, 2016, p. 679 ; *JCP G*, n°22, mai 2016, p. 623, T. Perroud ; *Droit adm.* n°5, mai 2016, comm. 34, A. Sée.

[56] La doctrine privatiste avait quant à elle, plutôt conduit à montrer comment la responsabilité civile permettait de saisir le droit souple, Voir P. Deumier, « La réception du droit souple par l'ordre juridique », *in Le droit souple*, Dalloz, 2009.

[57] Voir jurisprudence citée *supra.*

L'Assemblée a jugé dans un considérant de principe que « les avis, recommandations, mises en garde et prises de position adoptées par *les autorités de régulation dans l'exercice des missions dont elles sont investies,* peuvent être déférés au juge de l'excès de pouvoir lorsqu'ils revêtent le caractère de dispositions générales et impératives ou lorsqu'ils énoncent des prescriptions individuelles dont ces autorités pourraient ultérieurement censurer la méconnaissance », et d'autre part « que ces actes peuvent également faire l'objet d'un tel recours, introduit par un requérant justifiant d'un intérêt direct et certain à leur annulation, *lorsqu'ils sont de nature à produire des effets notables, notamment de nature économique, ou ont pour objet d'influer de manière significative sur les comportements des personnes auxquelles ils s'adressent* ».

C'est évidemment le deuxième temps du considérant qui est novateur, car le Conseil d'État tient compte, non des effets juridiques d'un acte pour admettre le recours, mais de ses conséquences concrètes, de ses effets pratiques et économiques, en d'autres termes de son application spontanée par les destinataires. Il admet deux nouveaux critères de recevabilité d'un acte d'une autorité de régulation, à savoir « les effets notables notamment de nature économique » et l'objet qui est « d'influencer de manière significative sur les comportements » des destinataires. Avec ces critères, le juge administratif peut désormais se saisir « des actes informatifs » des autorités de régulation qui sont susceptibles de recours pour excès de pouvoir. Il en va ainsi du communiqué de l'AMF du fait que celui-ci avait pour objet d'influencer les comportements des investisseurs auxquels il était destiné (en leur faisant perdre confiance dans ce placement). En outre, sa publication sur le site internet de l'AMF ayant « eu pour conséquence une diminution brutale des souscriptions des produits de placement », il avait donc eu des effets économiques très substantiels.

Il n'est évidemment pas question de procéder ici à un commentaire détaillé de ces décisions, ce que la doctrine a par ailleurs déjà largement fait, mais seulement de faire quelques remarques concernant l'incitation par l'information.

Le Conseil d'État par ces deux décisions rassure. Cette avancée jurisprudentielle était nécessaire afin de conforter et légitimer le mode d'action de la régulation par l'information des autorités de régulation sans les laisser à l'écart de l'État de droit. Cependant, *in fine*, il n'est pas certain qu'elle permette de contrôler de manière très efficace ces actes informatifs, car si l'acte administratif est traditionnellement contrôlable par ses effets juridiques, dans notre cas, les effets sont fondamentalement économiques[58].

Le choix du recours pour excès de pouvoir à la place d'un recours de plein contentieux objectif en est une illustration[59]. Il a été dicté par la nécessité « de cantonner, autant que possible, le champ du débat contentieux [60]» et par la volonté d'éviter que le juge ne puisse user de son pouvoir de réformation. La régulation par l'information est ainsi préservée. Si cette solution illustre la plasticité du recours pour excès de pouvoir[61], et manifeste l'intérêt contemporain pour l'effectivité du droit[62], le choix du classicisme ne permet sans doute pas d'appréhender totalement l'originalité de ce mode d'action et de ses effets. On notera néanmoins que si, dans le cadre de ce recours, le Conseil d'État a aligné les règles de délais applicables à la contestation de ces actes sur celles des actes décisoires (ce qui n'est, semble-t-il, pas à même de laisser le temps à ces actes d'avoir « des

---

[58] Voir P. Deumier, « Saisir le droit souple par sa définition ou par ses effets ? », *in Étude annuelle du Conseil d'État pour 2013. Le droit souple*, préc..

[59] Le plein contentieux est un recours beaucoup plus subjectif et à même de prendre en compte les effets de ces actes. Notons par ailleurs que l'engagement de la responsabilité de l'État est déjà possible s'agissant d'un acte de droit souple fautif (voir CE, Sect., 31 mars 2003, Min. Économie, Finances et Industrie c/ Laboratoires Bergaderm, n°188833, s'agissant d'un avis de la Commission de sécurité des consommateurs). On ne traitera pas ici de la question de l'invocabilité des actes de droit souple, notamment des lignes directrices (voir CE, 20 mars 2017, Région Aquitaine, Limousin, Poitou-Charentes, n°401751, à propos de lignes directrices de l'ARAFER).

[60] Voir concl. V. Daumas.

[61] Voir commentaire de F. Melleray, préc.

[62] T. Perroud, préc.

effets notables » par exemple !), la contestation possible d'un refus d'abrogation constitue un palliatif utile à la tardiveté du recours[63], qui devrait permettre aux effets du droit souple de se manifester.

Certes, les critères de recevabilité sont fortement élargis dans le cadre du recours pour excès de pouvoir. On peut d'ailleurs se demander quels actes informatifs des autorités de régulation en matière économique et financière n'ont pas soit pour objet d'influencer les comportements, soit des effets notamment de nature économique ? Ces critères semblent donc ouvrir presque à l'infini les possibilités de recours contre les actes de droit souple de ces autorités de régulation. L'ajout des adjectifs « notables » ou « significatifs » devait signifier qu'en dessous d'un certain seuil « d'effets », les recours seraient irrecevables. Mais les premières applications jurisprudentielles montrent que le Conseil d'État n'est pas particulièrement exigeant quant au seuil à dépasser[64]. Seul néanmoins « un

---

[63] Voir CE, Sect., 13 juillet 2016, Sté GDF Suez, n°388150, *AJDA*, 2016, p. 1481. En l'espèce, la publication sur le site internet de la CRE de la communication faisait courir le délai à l'égard des professionnels du secteur. Le requérant qui n'a pas contesté l'acte dans le délai de deux mois a donc la possibilité « de demander son abrogation à l'autorité qui l'a adopté et, le cas échéant, de contester devant le juge de l'excès de pouvoir le refus que l'autorité oppose à cette demande ». Le Conseil d'État reprend la solution dégagée pour les actes décisoires des autorités de régulation (CE, 25 novembre 2015, Gibmédia, n°383482).

[64] Les premières applications jurisprudentielles mettent en œuvre le critère de l'objet mais l'interprétation semble relativement souple (CE, 20 juin 2016, FFSA, n°384297 à propos d'une recommandation de l'ACPR sur les conventions concernant la distribution des contrats d'assurance-vie qui a « pour objet d'inciter les entreprises d'assurance et les intermédiaires, qui en sont les destinataires, à modifier sensiblement leur comportement ») ; CE, Sect., 13 juillet 2016, Sté GDF Suez, n°388150 sur la CRE (sur le délai de recours) ; CE, 10 novembre 2016, Marcilhacy, n°384691, à propos d'une délibération du CSA et de communiqués de presse estimant qu'un message télévisuel n'avait pas sa place dans des écrans publicitaires.

requérant justifiant d'un intérêt direct et certain à leur annulation » peut introduire un recours[65].

Mais les limites apparaissent vite notamment lorsque le Conseil d'État précise, en ce qui concerne le contrôle de légalité des actes informatifs, qu'« il appartient au juge, saisi de moyens en ce sens, d'examiner les vices susceptibles d'affecter la légalité de ces actes *en tenant compte de leur nature et de leurs caractéristiques, ainsi que du pouvoir d'appréciation dont dispose l'autorité de régulation* ». On reconnaît ainsi la volonté d'encadrer l'action des autorités de régulation, mais sans toutefois la brider, sauf à méconnaître la spécificité de leur action.

Il en va ainsi de la compétence des autorités de régulation en la matière qui est appréciée de manière particulièrement souple. Ainsi, dans l'affaire *Fairvesta,* aucune disposition législative spécifique ne conférait à l'AMF une compétence de lanceur d'alerte, pourtant le Conseil d'État l'a fondée sur la mission générale qu'elle détient au titre de l'article L. 621-1 du Code monétaire et financier. Pour ce qui est de la procédure, même si les premiers arrêts ne donnent pas beaucoup d'indications, on peut imaginer que les principes généraux de la procédure s'appliquent, au titre desquels les droits de la défense sont fondamentaux. Cela peut être un signal vers l'attention qui doit être portée aux avis ou textes souples en cause. La prudence sera de mise dans leur rédaction. Enfin, le contrôle de légalité interne est quant à lui variable, selon les suggestions du rapporteur public V. Daumas[66], allant du contrôle restreint comme dans l'affaire *Fairvesta* au contrôle entier dans l'affaire *Numéricable.* On peut néanmoins se demander si un contrôle

[65] Ainsi dans l'affaire Fairvesta, il parait plausible de considérer que les épargnants n'auraient pas eu intérêt à agir.

[66] « Il n'y a pas lieu, selon nous, d'adopter un degré de contrôle uniforme de l'ensemble des actes (...). Le contentieux des véritables décisions prises par les autorités de régulation offre sur ce point les solutions les plus diverses... Nous pensons qu'il faut procéder de la même manière s'agissant du contrôle des actes de droit souple qu'adoptent ces autorités ».

normal est réellement possible en pratique dans ces domaines complexes.

N'est-il donc pas à craindre qu'en dépit des apparences, le plus souvent, le contrôle ne se resserre sur la procédure ? À ne pas vouloir brider l'action des autorités de régulation en ne s'orientant pas vers la reconnaissance d'une nouvelle forme de recours, le Conseil d'État n'aboutirait-il pas à rebours à leur imposer un formalisme parfois peu compatible avec la réactivité nécessaire exigée dans les secteurs économiques ? C'est toute la problématique biaisée du contrôle juridictionnel de la *soft law*.

En effet, si l'implication des parties prenantes est déjà un processus courant au sein des AAI, il pourrait être généralisé à tous les actes informatifs de la régulation. Cette piste avait d'ailleurs été suggérée lorsque n'existaient pas de possibilités de recours en annulation contre de tels actes[67]. On remarque à cet égard que les consultations publiques en amont des avis ou lignes directrices sont de plus en plus fréquentes, tant au niveau national qu'au niveau européen[68]. Il n'en reste pas moins qu'une telle solution de généralisation poserait un certain nombre de questions. À partir de quand la procédure contradictoire serait-elle jugée nécessaire ? Selon quelles modalités s'opérerait-elle ? Si, là encore, le Conseil d'État s'orientait vers les mêmes solutions que le droit dur, il n'est pas certain que la souplesse d'action des autorités de régulation n'en soit pas affectée.

Conclusion

On l'aura compris, il est difficile de conclure d'une manière tranchée sur l'appréhension juridique des « actes informatifs » des autorités de régulation et il reviendra au juge de faire œuvre de création, si l'on veut à la fois contrôler de

---

[67] P. Idoux, « L'absence de justiciabilité des avis et recommandations de l'ALC », *op. cit.*

[68] Voir l'exemple récent de la procédure d'élaboration des lignes directrices sur la neutralité de l'internet par l'ORECE (compétence qui lui a été attribuée par le règlement (UE) n°2015/2120 du 25 novembre 2015).

manière satisfaisante ces actes et assumer la pertinence de la régulation par l'information. On peut ainsi se demander si l'occasion n'était pas donnée au Conseil d'État d'opérer une vraie révolution au lieu de rester dans ses carcans juridictionnels classiques. L'avenir dira si cette position hybride résiste aux approches renouvelées en matière de normativité qui se détache du caractère obligatoire de l'acte[69] et se reconnaît à ses effets englobant la propension de l'instrument à influer sur le comportement des acteurs juridiques.

Quelle que soit l'option retenue, il est nécessaire pour conclure de souligner quelques limites ou dangers d'une régulation fondée sur l'information, ce qui rejoint la problématique plus générale de la place de l'information dans la société.

Si l'information – et la transparence qui lui est attachée – représente un progrès indéniable, on ne peut minimiser certaines dérives. Tout d'abord, l'information reçue est toujours « traitée », c'est-à-dire qu'elle va être sélectionnée, triée, voire remodelée, ce qui induit une forme d'instrumentalisation dans les données ou statistiques publiques. On atteint là une limite bien connue de la démocratie administrative, tout simplement parce que la neutralité et l'objectivité de l'information sont un leurre.

Au surplus, l'excès d'informations nuit, paradoxe des sociétés modernes. La masse d'informations ne peut remplacer la réflexion ou le raisonnement, notamment par un certain recul qui permet de jauger l'éventuel détournement par des opérateurs puissants des informations[70]. Dans ce cadre, les stratégies sont innombrables, et l'on a pu dire – pour l'affaire *Fairvesta International* – que le juge protégeait plus la société privée en question que le régulateur ou, pour le moins, que le

---

[69] C. Groulier, « La distinction de la force contraignante et de la force obligatoire des normes juridiques. Pour une approche duale de la force normative », *in* C. Thibierge (dir.), *La force normative*, *op.cit.*, pp. 199-210.

[70] Ce qui rejoint la question de la capture possible du régulateur et de la puissance du lobbying quant à la pertinence de l'information.

soupçon pesait sur ce dernier : un comble[71]. Le traitement de l'information induit également une limite à son apport pédagogique. En effet, outre son accessibilité, sa compréhension est le plus souvent limitée à quelques cercles « d'initiés » par une teneur très technique, ce qui rend la transparence parfois bien opaque, notamment dans l'exercice d'*accountability* qui permet de rendre compte uniquement aux initiés.

Au-delà des pièges propres au cadre de la régulation économique, la question de l'information interroge d'une manière plus large. Il est nécessaire de ne pas tomber dans la dictature de l'information et ne pas espérer qu'elle sera à elle seule une forme de rationalité salvatrice. Ceci n'est pas sans rappeler la théorie de Léon Walras (1834-1910), économiste qui posait le dogme de « l'efficience des marchés » ou acheteurs et vendeurs aboutissent de façon rationnelle à un « prix d'équilibre » grâce « à *l'information parfaite* » dont ils disposent. Or, l'information ne suffit pas à l'équilibre même si elle peut aider, car il faut tenir compte d'autres facteurs comme sa rationalité limitée ou son caractère asymétrique. On postule ainsi une forme de perfection du comportement des acteurs éloignée de la réalité.

La question de l'incitation par l'information constitue donc également le reflet d'une évolution sociétale qui s'inscrit dans la suite de la réflexion de Michel Foucault sur la « société de contrôle »[72] qui marquerait le crépuscule d'un contrôle institutionnel « vertical » remplacé un contrôle continu et des communications instantanées « horizontales ». Mais loin de constituer un progrès libérateur, cette société de contrôle implique une forme d'enfermement dans la communication et une surveillance accrue. Être informé c'est aussi être contrôlé et

---

[71] Voir F. Rolin, « Le droit administratif au service du grand capital », *AJDA*, 2016, p. 921, qui considère que le juge administratif renforce la protection des intérêts économiques en leur réservant un traitement juridique propre plus favorable.

[72] Notamment dans : *Surveiller et punir*, 1975.

surveillé, car on va chercher à cibler l'information selon votre profil.

Ainsi, pour conclure, on peut considérer que, s'il faut inciter par l'information, il faut aussi parfois inciter à se méfier de l'information.

Information, théorie des mécanismes et régulation publique

Samuel FEREY[73]

Si l'on suit Stiglitz, la science économique a subi depuis le milieu des années 1970 une véritable révolution théorique et empirique liée à l'irruption des questions informationnelles. Alors que bons nombres de développements théoriques supposaient jusque-là l'information parfaite et accessible sans coûts, la théorie économique des années 1970 a mis au premier plan de ses préoccupations et de son agenda l'analyse de contextes où l'information est imparfaite ou asymétrique[74]. Les sous-domaines de l'économie qui ont été particulièrement touchés par cette évolution sont connus : théorie des contrats, théorie des incitations, théorie de l'assurance, théorie des jeux, *etc*. Ce faisant, l'économie théorique renouait avec des débats plus anciens, qui avaient notamment secoué les années 1930, autour du débat sur l'économie planifiée. C'est à l'occasion de ce débat, qui opposait les libéraux autour de Ludwig von Mises et Friedrich A. Hayek d'une part et les socialistes autour de Henry D. Dickinson, Fred M. Taylor ou Oskar Lange d'autre part, que le thème de l'information structure pour la première fois le débat économique autour de la possibilité pour une

---

[73] Samuel Ferey, Professeur d'économie à l'Université de Lorraine, membre du Bureau d'économie théorique et appliquée (BETA-CNRS UMR 7522), visiting scholar à l'Université de Californie à Berkeley (printemps/été 2017). La rédaction finale de cet article a été effectuée lors d'un séjour de recherche à UC Berkeley. L'auteur tient à remercier l'INSHS du CNRS ainsi que la Law School of UC Berkeley pour leurs soutiens.

[74] J. Stiglitz, « The Contributions of the Economics of Information to Twentieth Century Economics », *Quaterly Journal of Economics*, vol. 115, n°4, 2000, pp. 1441-1478, spec. p. 1448.

instance centrale d'influencer de manière volontariste le fonctionnement de l'économie[75].

Parmi les champs de recherche développés sur ces hypothèses d'information imparfaite figure en bonne place la théorie des mécanismes[76] dont certains tenants ont été honorés du prix Nobel d'économie en 2007 d'abord – Roger Myerson, Leonid Hurwicz et Éric Maskin – puis en 2014 – Jean Tirole[77]. Formelle, abstraite et mathématisée, la théorie des mécanismes pourrait sembler on ne peut plus éloignée du droit et de ses modes de raisonnements. Pourtant à bien y regarder, elle ouvre sur des questions cruciales pour la régulation publique.

En effet, elle se présente comme une analyse rigoureuse de la possibilité, ou non, pour un régulateur, quelle que soit sa nature, d'assurer la concrétisation[78] de résultats qu'il voudrait voir se réaliser. En ce sens, la théorie des mécanismes s'appuie sur la théorie des jeux, mais alors que la théorie des jeux cherche à caractériser les conséquences de l'action rationnelle d'agents économiques au sein de règles préconstituées, la théorie des mécanismes se demande au contraire s'il est possible de construire des règles du jeu particulières qui

[75] Pour une présentation de ce débat voir Jean Arrous, « Socialisme et planification : O. Lange et F.A. von Hayek », *Revue Française d'Économie*, vol. 5, n°2, 1990, pp. 61-84. Pour une source primaire, voir Friedrich A. Hayek (ed.), *L'Économie dirigée en régime collectiviste* (trad. fr. de *Collectivist Economic Planning*, 1935), Librairie de Médicis, Paris, 1939. Pour un lien explicite entre le débat et la théorie des mécanismes, voir Myerson (2006) disponible sur http://home.uchicago.edu/rmyerson/research/hurwicz.pdf.

[76] Le terme théorie des mécanismes est la traduction française de l'expression anglaise « *mechanism design* ».

[77] Nul doute que Jean-Jacques Laffont, qui a profondément marqué de son empreinte la théorie de l'information en économie, aurait été associé à l'un de ces prix Nobel s'il n'était prématurément décédé en 2004.

[78] Le terme anglais « *implementation* » est trop souvent traduit en français par « implémentation » nous suivrons en cette matière Françoise Forges qui retient la traduction de « concrétisation » (F. Forges, « Leonid Hurwicz, Éric Maskin, Roger Myerson et la théorie des mécanismes », *Revue d'Économie Politique*, 2007, vol. 117, n°6, pp. 873-890), terme qui a l'avantage d'appartenir, lui, à la langue française.

conduiraient les acteurs à réaliser spontanément le résultat souhaité par le régulateur. La théorie des mécanismes est alors une théorie formelle des institutions et présente un enjeu considérable pour le droit : juger de la cohérence du droit entre ses objectifs affichés d'une part et les outils et instruments qu'il a à sa disposition pour réaliser ces objectifs d'autre part. C'est là que l'information apparaît comme le nœud où se joue l'essentiel du drame : dans un monde où l'information serait parfaite et accessible sans coût, un tel écart entre objectif et instruments n'aurait quasiment pas lieu d'être, car il serait toujours possible pour le régulateur de réaliser le résultat voulu par le biais de décisions et de normes adaptées. Dans un monde où, au contraire, l'information n'est pas parfaitement détenue par le régulateur, toute tentative de mise en place d'un résultat, même souhaitable pour la collectivité, se heurtera potentiellement à des comportements stratégiques de la part d'acteurs qui possèdent plus d'information que le régulateur. C'est dans cette perspective, que nous aimerions présenter les fondements et les enjeux de la théorie des mécanismes pour la régulation publique. Nous nous en tiendrons essentiellement à une présentation littéraire et limiterons le formalisme au strict nécessaire en présentant d'abord les fondements de la théorie des mécanismes (I) pour ensuite saisir la portée critique et normative sur le droit (II).

I. Les fondements de la théorie des mécanismes : information et régulation

Dans un premier temps, il est nécessaire de préciser les frontières et les fondements de la théorie des mécanismes. Nous le ferons d'abord en présentant en quoi l'évolution de la conception de l'information en économie a permis l'éclosion de la théorie des mécanismes (A) puis en montrant comment la théorie des mécanismes renouvelle la conception économique de la régulation publique (B).

A. Les enjeux de l'information imparfaite en économie

La volonté de régulation d'une économie ou d'une société par une instance centrale – que ce soit un État ou un régulateur – nécessite d'abord de savoir quels résultats l'on veut réaliser. À bien y réfléchir, il convient de distinguer deux questions bien différentes. La première porte sur la manière dont une société décide des objectifs à réaliser et dont elle tranche les conflits d'opinions ou de jugements de valeur entre ses citoyens. La seconde question porte, elle, sur les moyens dont elle dispose pour concrétiser le résultat ainsi défini.

En première approximation, c'est la seconde question qui intéresse principalement la théorie des mécanismes[79]. Ainsi, en supposant résolus les conflits sur les valeurs entre membres d'un collectif et en supposant donc que cette instance puisse déterminer de manière non ambiguë le résultat qu'elle veut obtenir, comment peut-elle s'y prendre ? Cette question simple est plus complexe qu'il n'y paraît.

Si le régulateur connaissait avec certitude toute l'information, à la fois sur les préférences des citoyens, sur leurs dotations, sur le coût des technologies, et qu'il pouvait computer facilement toutes ces informations, il pourrait concrétiser le résultat correspondant à son objectif. Il choisirait alors des règles de droit qui soutiendraient ce résultat. Prenons l'exemple bien connu d'un régulateur souhaitant construire un bien public à savoir un bien qui peut être consommé concomitamment par plusieurs personnes, mais sans que l'on puisse facilement exclure ceux qui n'ont pas participé à son financement de sa consommation telle que, par exemple, un

[79] Cette affirmation n'est pas complètement vraie dans la mesure où il y a un lien fort entre la théorie des choix sociaux d'une part et la théorie des mécanismes d'autre part, voir *supra*. Nous maintiendrons cependant ce point de départ afin de simplifier notre propos.

phare de haute mer ou un système d'éclairage public[80]. Dans ce cadre, chaque agent, étant donné ses préférences concernant le bien public et ses dotations, est prêt à contribuer au financement du bien public pour un certain montant. On sait, depuis les travaux de Samuelson dans les années 1950, les conditions sous lesquelles l'optimalité économique est réalisée dans la fourniture de ce bien public[81]. Si le régulateur connaissait parfaitement les préférences et les dotations des agents, il pourrait facilement computer le niveau optimal de bien public à produire dans la société puis mettre en place des règles de contributions qui permettent de faire payer chaque citoyen en fonction de l'utilité qu'il retire de la fourniture de ce bien public. On aurait une situation économique optimale dans la mesure où les individus contribueraient effectivement à hauteur de ce que le bien public leur rapport en termes de bien-être.

Mais dès que l'information est imparfaite ou asymétrique, il devient délicat d'obtenir le résultat souhaité. En effet, les règles choisies deviennent manipulables par les acteurs qui auront intérêt à mentir sur les messages qu'ils envoient aux régulateurs afin d'influencer à leur profit l'application de la règle venant, de ce fait, contrarier la réalisation de l'objectif. Ainsi, dans notre exemple, si le régulateur se contentait de demander aux habitants d'une rue le niveau de leur contribution ainsi que l'utilité qu'ils retireraient potentiellement de l'éclairage public, chacun d'eux, sachant que personne ne pourrait venir contrôler la véracité de ces informations, aura intérêt à mentir sur le message qu'il enverra au régulateur. Il sous-estimera volontairement sa contribution tout en espérant parallèlement pouvoir bénéficier gratuitement du bien public si celui-ci est produit. En termes plus techniques et pour reprendre

---

[80] Sur l'exemple du phare comme exemple typique de bien public, voir cependant R. H. Coase, « The Lighthouse in Economics », *Journal of Law and Economics*, 1974, vol. 17, n°2, pp. 357-376.

[81] Techniquement, cette condition, connue sous le nom de condition de Bowen-Lindhal-Samuelson, énonce que la somme des taux marginaux de substitution entre bien public et bien privé doit être égale au taux marginal de transformation technique.

une expression de Leonid Hurwicz : « la vérité n'est pas un équilibre de Nash »[82].

On peut alors comprendre la définition d'un mécanisme : c'est une application qui à l'ensemble des messages envoyés par les agents, renvoie un certain nombre d'actions ou de résultats[83]. Formellement, c'est un couple (*M, g*) avec *M* l'ensemble de tous les profils de messages possibles que peuvent envoyer les agents et *g* une fonction qui associe à chacun des profils de messages, un résultat social[84]. Évidemment, cette fonction *g* s'appuie sur une conception de l'équilibre des comportements stratégiques des agents. Certains théoriciens optent pour un concept de solution exigeant, comme Hurwicz et son intérêt pour des équilibres en stratégies dominantes, tandis que d'autres préfèrent l'équilibre de Nash.

---

[82] L. Hurwicz, « But Who Will Guard the Guardians ? », *American Economic Review*, vol. 98, n°3, 2008, pp. 577-585, spec. pp. 580-585. Un équilibre de Nash est le vecteur de stratégies optimales choisies par les individus et qui est défini comme l'ensemble des meilleures réponses de chacun aux stratégies de meilleures réponses des autres. Samuelson notait d'ailleurs déjà qu'il est dans l'intérêt égoïste de chaque individu de donner un signal faux, de prétendre avoir moins d'intérêt dans la consommation du bien public qu'en réalité. Nous reviendrons en dernière partie sur les critiques que l'on peut faire à ce raisonnement.

[83] De manière plus extensive et plus rigoureuse, on pourrait considérer que la théorie des mécanismes est fondée sur quatre blocs théoriques : la définition des agents et de leur préférence ; la définition d'une fonction de choix social indiquant comment construire les préférences de la collectivité sur le fondement de ces préférences individuelles ; un mécanismes à savoir un ensemble de règles permettant de concrétiser cette fonction de choix social (réaliser le choix collectif définie par la fonction de choix social) et enfin, un concepts de solution (équilibre en stratégie dominante, équilibre de Nash *etc.*).

[84] S'il y a *n* agents, *M* est donc un ensemble à *n* dimensions, chacun des vecteurs appartenant à *M* s'écrit $m=(m_1, m_2...m_n)$. *g* est la fonction qui associe à chaque vecteur *m*, un résultat. Pour reprendre notre exemple du bien public, les messages seront les contributions proposées par les acteurs, et *g(m)* sera le niveau de bien public effectivement fourni. On dira que *g* peut concrétiser le résultat efficace si l'équilibre obtenu par le biais de *g* génère le résultat optimal.

B. De l'information imparfaite à la théorie des institutions

Comme se plaît à le répéter Maskin, alors que bon nombre d'économistes cherchent à prédire les conséquences de telle ou telle institution, la théorie des mécanismes fait le chemin inverse : elle part des résultats souhaités et se demande s'il existe des institutions qui seraient à même de créer spontanément ce résultat. Par spontanément, il faut entendre le fait de savoir si des agents rationnels cherchant maximiser leurs intérêts et jouant de manière stratégique entre eux adopteraient des comportements d'équilibre qui généreraient la réalisation du résultat souhaité. Un exemple trivial que nous reprenons de cet auteur[85] permettra d'illustrer ce propos : supposons que plusieurs enfants cherchent à se partager un gâteau et qu'ils souhaitent que le partage final soit parfaitement équitable. Un mécanisme possible serait d'attribuer à l'un des enfants le droit de couper le gâteau et de distribuer les parts. Évidemment, il aura tendance, s'il est rationnel, à couper des parts de taille inégale et à garder pour lui la plus grosse. Un autre mécanisme imaginable est de donner le droit à l'un des enfants de couper le gâteau, à laisser aux autres le droit de choisir leur part dans un ordre déterminé et à imposer que celui qui a coupé les parts se serve en dernier. Dans ce cadre, le résultat d'équilibre sera un partage strictement égalitaire du gâteau puisque, anticipant que les autres choisiront systématiquement les plus grosses parts, celui qui est en charge de couper le gâteau sait qu'il se retrouvera avec la plus petite en cas de partage inégal. Il a donc intérêt à partager équitablement.

---

[85] Voir la conférence d'Éric Maskin à Warwick en 2014 disponible sur le site web Youtube (youtube.com/watch?v=XSVoeETsEcU). De même, pour Matthew O. Jackson, « mechanisms can be thought of as representing institutions, and the implementation problem is to characterize institutions in terms of the correspondence of outcomes they produce as a function of the realized state of individual preferences. » M. O. Jackson, « A Crash Course in Implementation Theory », *Social Choice and Welfare*, vol. 18, n°4, 2001, pp. 655-708.

Ce mécanisme permet de concrétiser le résultat souhaité, celui d'une répartition égale du gâteau entre les acteurs.

Supposons maintenant un régulateur qui entend attribuer à un opérateur privé un bien comme une licence sur une partie de la bande passante du spectre hertzien. Il a à sa disposition plusieurs mécanismes concevables : il peut décider de manière arbitraire ou encore tirer au sort ou encore organiser des enchères. Chacun de ces mécanismes a des propriétés différentes et générera des résultats différents. Un régulateur qui chercherait par exemple à concrétiser un résultat efficace, défini ici comme le fait d'attribuer la licence à la firme qui peut la valoriser le plus fortement, ne choisira évidemment pas le tirage au sort, car rien n'indique que le hasard choisira la firme la plus efficace. De même, s'il choisit discrétionnairement, il risque de se tromper étant en asymétrie d'information sur les caractéristiques des firmes. En revanche, il existe peut-être des mécanismes qui permettraient d'obtenir le résultat souhaité, ce sont les mécanismes dits révélateurs.

Dans ce cadre, on cherche à savoir s'il est rationnel pour les agents soumis à un mécanisme de transmettre des messages qui correspondent à la vérité de leur situation ou s'ils ont intérêt à mentir. Une classe bien connue de mécanisme révélateur sont les mécanismes de Clarke-Groves-Vickrey (CGV) dont un exemple est donné par l'enchère au second prix. Dans ce type d'enchère, la firme qui gagne l'enchère est celle qui a proposé l'offre la plus élevée. Cependant, elle ne paye que le prix indiqué par le second enchérisseur, noté O2[86]. La propriété remarquable de ce mécanisme est que dire la vérité sur sa propre disposition à payer le bien (information connue par personne d'autre que la firme elle-même) est une stratégie optimale. Le raisonnement est le suivant : supposons que le prix maximum que l'entreprise est prête à payer soit P et

[86] On appelle ici « offre du second enchérisseur », le second prix le plus élevé de toutes les offres réalisées.

corresponde à sa disponibilité à payer[87]. Mentir à la hausse et déclarer une offre O1 supérieure à P n'est pas rationnel : soit O2 est en dessous de P et mentir n'augmente pas les chances que l'entreprise a de gagner l'enchère, soit O2 est comprise entre P et O1 et dans ce cas, elle prend le risque de payer un prix supérieur à P et donc de faire des pertes. De même, mentir à la baisse n'améliore pas la situation de l'entreprise, car soit, O1 est entre O2 et P et sa situation n'est pas changée (l'entreprise gagne l'enchère et paye O2), soit O1 tombe en dessous de O2 et l'entreprise perd l'enchère alors qu'elle aurait été dans une meilleure situation à la gagner. Ainsi, on voit que dévier de la stratégie de dire la vérité n'est pas optimal pour une entreprise soumise à un mécanisme d'enchère au second prix. Ceci est valable pour toutes les entreprises qui ont ainsi intérêt à envoyer des messages – les valorisations qu'elles font du bien sur lequel elles proposent une offre – correspondant à la vérité de leur situation – leurs disponibilités à payer.

Ces mécanismes CGV illustrent alors un point particulièrement intéressant de la théorie des mécanismes appelé le principe de révélation. Ce principe, énoncé conjointement par plusieurs auteurs à la fin des années 1970, veut qu'un mécanisme sera révélateur s'il respecte un caractère incitatif à savoir que dire la vérité est plus profitable que de chercher à mentir et à se faire passer pour un agent différent que celui qu'on est (en termes de préférences ou de caractéristiques par exemple). Pour obtenir cette compatibilité dans les incitations, il est clair que celui qui conçoit le mécanisme doit payer aux acteurs une rente d'information[88].

En mettant en avant l'information imparfaite ou asymétrique entre acteurs et planificateur, la théorie des

---

[87] Cette disponibilité dépend des profits anticipés par la firme en cas d'obtention du bien en question.

[88] Dans notre exemple, cela conduit à ce que le concepteur du mécanisme de l'enchère accepte que celui qui gagne l'enchère paye moins que sa valorisation P. Dit autrement, en échange de dire la vérité, l'entreprise gagne la différence entre P et O2, alors qu'en information parfaite, elle n'aurait pas pu extraire cette rente de la part du régulateur.

mécanismes a ouvert la possibilité d'une formalisation rigoureuse des différentes possibilités offertes au planificateur pour concrétiser une solution déterminée. Dans ce cadre, un mécanisme est la contrepartie de règles et d'institutions dont il est alors possible d'étudier les propriétés. La théorie des mécanismes peut alors utilement dialoguer avec le droit de la régulation publique en questionnant, précisément, certaines des propriétés existantes des normes juridiques ou en proposant, le cas échéant, des ensembles de règles et d'institutions les plus à même de voir ces propriétés respectées.

II. Portée et limites de la théorie des mécanismes pour le droit de la régulation publique

Quelle portée ces mécanismes abstraits ont-il sur le droit ? À dire vrai, cette portée est considérable dans la mesure où elle implique une véritable révolution sur la manière dont les juristes peuvent considérer la régulation publique à la fois d'un point de vue critique (A) et d'un point de vue normatif (B).

A. Le rôle critique de la théorie des mécanismes

Le premier rôle que peut jouer la théorie des mécanismes dans le dialogue entre droit et économie de la régulation publique porte sur son aspect critique. En étudiant des mécanismes particuliers – qui sont autant de règles du jeu sous lesquelles les acteurs régulés prennent leurs décisions –, on peut définir les propriétés qu'ils possèdent, celles qu'ils ne possèdent pas ou encore des ensembles de propriétés qu'il est impossible de concilier.

D'abord, si l'on adopte une perspective large englobant la manière dont le droit de la régulation publique s'est développé aux États-Unis ou en Europe notamment, il nous semble que l'influence de la théorie des mécanismes est évidente à partir des années 1980. Un bon exemple en est donné par l'évolution du *Communication Act* aux États-Unis depuis sa promulgation en 1934 jusqu'à ses évolutions récentes. L'amendement de 1994 est marqué par une volonté de mise en concurrence et d'ouverture plus grande du marché des télécommunications aux États-Unis, mais on y trouve expressément développée l'obligation pour la FCC d'user de procédures d'enchères afin d'attribuer les licences sur le spectre hertzien[89]. Trop souvent, l'histoire de la régulation publique a tendance à considérer que le mouvement des années 1980-1900 de ce que l'on a appelé la dérégulation était entièrement déterminé par les influences libérales voir ultralibérales des auteurs de l'école de Chicago[90]. Il est vrai que des auteurs comme Stigler ont une influence importante, mais cela ne doit pas faire oublier le rôle intellectuel qu'a joué la théorie des mécanismes et qui présente un visage plus complexe, car il s'agit bien pour elle de prendre acte que les agents économiques ne cherchent pas spontanément à poursuivre l'intérêt public et que, si l'on veut que ce soit finalement l'intérêt public qui prévale, il convient de les placer

---

[89] Pour un exemple portant sur l'histoire d'ATT aux États-Unis, voir D. Encaoua et Ph. Koebel « Réglementation et déréglementation des télécommunications : leçons anglo-saxonnes et perspectives d'évolution en France », *Revue économique*, vol. 38, n°2, 1987 pp. 475-520 ; P.-H. Morand et F. Naegelen, « L'attribution des licences hertziennes », *Revue française d'économie*, vol. 16, n°1, 2001, pp. 215-270.

[90] De ce point de vue, notre lecture d'économiste est quelque peu différente de ce qu'écrit Elizabeth Zoller à propos des États-Unis lorsqu'elle dit que c'est Coase, Stigler et l'école de Chicago qui ont le plus influencé l'évolution de la régulation. Sans amoindrir la portée du théorème de Coase ou la contribution de Stigler à la régulation – comme la théorie de la capture par exemple – il nous semble que la théorie des mécanismes a joué un rôle au moins aussi fondamental (Voir É. Zoller, « Droit et régulation », Académie des sciences morales et politiques, 27 octobre 2008 (asmp.fr/travaux/communications/2008/zoller.htm). Il n'est donc pas étonnant que, en France, l'école d'économie de Toulouse, fondée par Jean-Jacques Laffont puis développée par Jean Tirole, soit un lieu important de la recherche sur la régulation publique.

dans des institutions où leur intérêt privé les conduit à agir de sorte à concrétiser le résultat attendu par le régulateur[91].

Cette influence est également visible à un niveau plus opérationnel. Nous entendons par là le fait que les théoriciens des mécanismes ont pu développer des critiques fortes à l'encontre de certaines modalités de tarification des opérateurs sur les marchés régulés. Ainsi, les contrats de type *cost plus,* où l'opérateur régulé est compensé de ses coûts plus une marge permettent de réduire les risques de mauvaise sélection des entreprises en fonction de leurs types (plus ou moins efficaces), mais en revanche, ont évidemment un effet très faiblement incitatif sur les comportements puisque l'opérateur n'a aucune incitation à diminuer ses coûts. La rente informationnelle liée à l'*aléa moral* est maximale. À l'inverse, des contrats de type *price-cap* qui déterminent une fois pour toutes la compensation versée à l'entreprise ont des propriétés incitatives maximales puisque l'intégralité de la rente est accaparée par l'entreprise. Elle a tout intérêt à diminuer ses coûts afin de maximiser la différence entre la compensation qu'elle reçoit et ses coûts effectifs. Cependant, le régulateur ayant peu d'information sur ses caractéristiques, il doit déterminer un prix suffisamment élevé pour que, même une entreprise ayant structurellement des coûts élevés, puisse assurer le service. La rente informationnelle liée à la sélection adverse (information imparfaite sur les caractéristiques de l'entreprise et non sur son comportement) est maximale. Enfin, des contrats plus complexes, impliquant un partage de la rente ou une renégociation périodique, peuvent permettre de générer des effets mixtes entre ces deux cas polaires[92].

---

[91] Pour une synthèse de ce point de vue, voir J. Tirole, *L'Économie du bien commun*, Presses Universitaires de France, Paris, 2016.

[92] Pour une présentation de la théorie des mécanismes appliquée au cas de la régulation de l'électricité, voir M. Saguan et G. de Muizon, *La régulation incitative appliquée au transport de l'électricité*, rapport Microeconomix, 2008, Paris (microeconomix.fr/publications/la-regulation-incitative-appliquee-au-transport-de-lelectricite).

Ceci nous conduit au dernier point, plus conceptuel. La théorie des mécanismes peut également impliquer de comprendre les arbitrages que doit faire le régulateur entre plusieurs objectifs qui sont, de fait, incompatibles entre eux. Dans les mécanismes parfaitement révélateurs à la Groves-Clarke-Vickrey par exemple, le résultat final est que tous les acteurs concernés ont effectivement intérêt à révéler leurs vraies caractéristiques concernant la disponibilité qu'ils ont à contribuer au financement du bien public. Ceci permet au régulateur de ne pas se tromper sur l'intérêt ou non qu'il y a à, collectivement, produire un tel bien public, mais ce résultat ne peut être obtenu qu'au prix d'un déséquilibre budgétaire dans la mesure où l'ensemble des contributions collectées ne couvrent pas le coût de production du bien public. C'est tout l'intérêt de la théorie des mécanismes de nous faire prendre conscience que, en cas d'information imparfaite, les objectifs qu'une société se donne (permettre le bien-être social, favoriser les consommateurs, éviter les rentes de situation) ne sont pas nécessairement atteignables et qu'il convient de faire des arbitrages entre eux. Le droit de la régulation publique tombe donc souvent de Charybde en Sylla, mais ce n'est pas de son fait, mais du fait du fonctionnement du système économique dès lors qu'on se le représente comme porté par des acteurs possédant de l'information et cherchant à maximiser leurs intérêts.

B. La portée normative de la théorie des mécanismes et ses limites

Le dernier rôle que peut jouer la théorie des mécanismes est normatif en construisant directement de « bons » mécanismes que le régulateur doit mettre en place. Dans ce cadre, l'aspect d'ingénierie économique devient prédominant et peut surdéterminer les aspects plus juridiques puisque l'on cherche à ce que les règles de droit soient en adéquation la plus étroite possible avec les conclusions de l'analyse économique. L'exemple des enchères dans la téléphonie est sûrement le cas le plus typique où l'influence des économistes a été importante.

Ainsi, lorsque les pays européens décident, au début des années 2000, d'utiliser des procédures d'enchères pour attribuer les licences UMTS, nombre d'entre eux ont demandé conseil aux économistes afin de calibrer le plus précisément possible le mécanisme d'enchère à leurs objectifs. Paul Kemplerer raconte ainsi comment il a participé aux discussions et même effectué plusieurs expériences afin de tester la procédure qu'il conseillait d'adopter au gouvernement et au régulateur britanniques[93]. Cependant, cette approche purement normative peut se heurter à des contraintes dans la mesure où elle peut nécessiter des dispositifs – comme des opérations de transferts entre acteurs – interdits par le droit.

De même, la théorie des mécanismes présente des enjeux forts quant à l'architecture générale de la régulation publique. Fondée comme une théorie des limites de l'État et de ses capacités en termes d'information, elle permet une réflexion approfondie sur les meilleures manières d'organiser la régulation publique entre la puissance publique, les autorités indépendantes de régulations et les acteurs régulés. Les travaux de Jean-Jacques Laffont ou de Leonid Hurwicz sur les risques de collusion entre acteurs régulés et régulateurs sont emblématiques de cette recherche d'une architecture optimale de la régulation[94].

Cependant, en droit comme en économie, l'ingénierie sociale ne doit pas être poussée trop loin, car les préconisations normatives reposent toujours sur des hypothèses et des concepts forts. Le dernier point que nous voudrions aborder concerne donc les limites de la théorie des mécanismes. En effet, l'ensemble repose sur l'idée que les acteurs régulés sont des agents purement rationnels cherchant à maximiser leur utilité

---

[93] Voir A. Cot et S. Ferey, « La construction de 'faits' économiques d'un nouveau type : éléments d'histoire de l'économie expérimentale », *L'Actualité économique*, vol. 92, n°1-2, 2016, pp. 11-47.

[94] Voir A. Faure-Grimaud et D. Martimort, « Jean-Jacques Laffont et la théorie des incitations de groupes », *Revue d'économie politique*, vol. 115, n°3, 2005, pp. 349-371.

privée. Or cette hypothèse est sûrement trop forte et il faut reconnaître que, dans de multiples situations, les acteurs peuvent vouloir suivre des principes normatifs éthiques ou spontanément rechercher à agir conformément aux principes du droit. Ce n'est pas un hasard si un auteur comme Jean Tirole a développé les enjeux pour la régulation de comportements individuels obéissant à des préférences sociales et non à l'intérêt personnel strictement défini[95]. Cependant, cette évolution vers des théories de l'action rationnelle plus complexes et impliquant des normes comportementales ou des principes éthiques est encore loin d'avoir produit tous ses fruits.

Conclusion

Comme on l'a vu, les théories économiques de la régulation publique ont été fortement marquées par les questions informationnelles. Cette révolution informationnelle, née au tournant des années 1970, a renouvelé l'ensemble des conceptions et des préconisations que les économistes pouvaient avoir sur le rôle de la puissance publique. En insistant sur les limites de l'État et des régulateurs en termes d'information à propos des caractéristiques et des efforts des acteurs régulés, ce sous-domaine de l'économie – dont la théorie des mécanismes est sûrement la branche la plus aboutie – a profondément modifié ce que les économistes pensaient savoir de l'intervention publique. On ferait une erreur à notre avis en lisant ces contributions comme des appendices d'une révolution ultralibérale. Il faut plutôt y voir un appel à l'humilité de la part de la puissance publique qui devient consciente de ses propres imperfections et, de la sorte, des limites de son pouvoir effectif sur le comportement des acteurs régulés. Ceci alors ouvre sur des modalités nouvelles de régulation par le contrat, par l'incitation, par une nouvelle architecture attribuant les compétences entre autorités et par la prise de conscience des arbitrages nécessaires, que doit faire

[95] Voir J. Tirole, *L'Économie du bien commun*, *op. cit.*

tout régulateur entre plusieurs objectifs potentiellement contradictoires.

De quelques perspectives critiques sur l'information en matière de régulation financière

Régis BISMUTH[1]

À tort ou à raison, l'information est considérée comme la matière première des activités financières. Il n'est donc pas surprenant de constater que, réflexe pavlovien, les réformes relatives à la régulation financière consécutive à chaque crise concernent dans une très large mesure des exigences informationnelles[2]. Il s'agit par ailleurs d'un mouvement plus profond qui ne saurait se limiter à la régulation financière[3]. La démarche consistant à interroger de manière critique la question de l'information dans le domaine de la régulation financière mérite d'évoquer préalablement quelques questions qui permettent de mieux délimiter le sujet et ses enjeux.

Il est question dans cette contribution de se consacrer aux informations que certains opérateurs (intermédiaires, émetteurs, agences de notation, etc.) communiquent à d'autres opérateurs (clients, actionnaires, etc.), au marché et/ou aux autorités de régulation. Il ne faut toutefois pas perdre de vue qu'au-delà de ces aspects sur lesquels portent l'essentiel de ces exigences

---

[1] Professeur de droit public à l'École de Droit de Sciences Po.

[2] A. Fung, M. Graham & D. Weil, *Full Disclosure – The Perils and Promise of Transparency*, Cambridge, Cambridge University Press, 2007, p. 107 et s.

[3] O. Ben-Shahar & C. E. Schneider, « The Failure of Mandated Disclosure », *University of Pennsylvania Law Review*, vol. 159, 2011, p. 647 et s.

réglementaires, l'information constitue également un vecteur de pouvoir et d'influence majeur dans le cadre de la production de la régulation financière. L'opacité de certaines activités est ainsi susceptible de rendre complexe une intervention des autorités. Cela s'est par exemple manifesté de manière très éloquente en amont de la crise financière de 2008 qui trouve notamment son origine dans des activités qui échappaient au radar des régulateurs. On peut rappeler les mots de Brooksley Born, ancien directeur de la *Commodity Futures Trading Commission* (CFTC), qui soulignait à propos des produits dérivés dont il avait la responsabilité que « *the market was totally opaque ; we now call it the dark market. So nobody really knew what was going on in the market* »[4]. En ce sens, les régulateurs faisaient face à « a *structural, widening epistemic gap between what they are able to know and what they need to know in order to administer the statutory mandates of their agencies* »[5]. De plus, au défi de la seule connaissance de l'information se superposait celui de leur compréhension[6]. L'expertise technique – ici la capacité à analyser pertinemment les informations reçues et d'en tirer les conséquences nécessaires – se place au cœur des difficultés qui se manifestent dans le cadre des processus de réglementation. En effet, il existe une asymétrie entre les moyens mobilisés par les opérateurs économiques et ceux qui peuvent être déployés par les régulateurs. C'est le constat de cette asymétrie posant « *a danger to democracy* »[7] qui avait conduit plusieurs députés européens à publier leur appel « *Call for a Finance Watch* ». Cet appel préconisait la création d'une ONG, dorénavant active, « *capable of developing a counter-*

---

[4] Interview du 28 août 2009 (www.pbs.org/wgbh/pages/frontline/warning/interviews/born.html).

[5] R. F. Weber, « Structural Regulation as Antidote to Complexity Capture », *American Business Law Journal*, vol. 49, n°3, 2012, p. 644.

[6] E. Becker, *Knowledge Capture in Financial Regulation – Data-, Information- and Knowledge-Asymmetries in the US Financial Crisis*, Wiesbaden, Springer, 2016, p. 25 et s.

[7] *The "Call for a Finance Watch"*, juin 2010, *Finance Watch* (www.finance-watch.org/ifile/FW%20governance%20docs/Text-of-the-Initial-Call-for-a-Finance-Watch1.pdf).

expertise on activities carried out on financial markets by the major operators »[8]. L'épisode de la crise financière aux États-Unis a d'ailleurs conduit les autorités à instituer un *Office of Financial Research*, agence indépendante dont la mission est de produire des analyses techniques à destination des autorités fédérales[9].

Le deuxième aspect méritant d'être évoqué à titre liminaire est la connexité qui peut être établie entre les exigences informationnelles et l'exigence de transparence. En effet, dans le domaine financier, « la transparence est un terme qui vise l'information »[10] et les deux termes sont le plus souvent employés de manière interchangeable[11]. Au-delà de cette association sémantique, le terme de transparence traduit certainement de façon plus subtile les dynamismes et mécanismes sous-jacents aux processus informationnels en matière financière. Le latin *transpareo* reflète en effet deux dynamiques : l'une passive (paraître au travers) et l'autre active (se montrer). La transparence réclame de rendre visible ce qui ne l'est pas et suppose aussi l'existence d'un écran entre l'observateur et ce qui est, incomplètement, observé. Ces aspects se retrouvent dans le domaine financier dans la mesure où il s'agit le plus souvent d'exiger la communication d'informations de la part d'un opérateur économique, lesquelles permettent généralement de faire transparaître les caractéristiques d'un produit ou d'un service financier. Il n'y a ainsi pas d'identité entre le messager des informations et leur objet.

Le terme de transparence est aussi davantage chargé symboliquement et véhicule des « imaginaires » qui s'inscrivent dans une double « archéologie » comme a pu le montrer la

---

[8] *Id.*

[9] E. Becker, *op. cit.*, note 6, pp. 26-27.

[10] Th. Bonneau, *Régulation bancaire et financière européenne et internationale*, Bruxelles, Bruylant, 2e éd., 2014, p. 302.

[11] *Id.* Voir aussi A. Fung, M. Graham & D. Weil (*op. cit.* note 2) qui utilisent indistinctement les termes *transparency* et *disclosure*.

récente thèse de Jean-François Kerléo[12]. Son auteur identifie une « archéologie économique » de la transparence qui sous-tend les règles de droit relatives au bon fonctionnement du marché (donc à sa supposée efficience), ce qui implique la bonne information des agents[13]. Il identifie également une « archéologie politique » de la transparence se rapportant à l'exercice du pouvoir et s'inscrivant dans une dynamique légitimatrice de ce dernier[14]. De manière sans doute rudimentaire, nous pourrions envisager une transparence à vocation économique (ou de droit privé) se manifestant par des exigences informationnelles tendant à obtenir la manifestation de la vérité ou une correspondance avec le réel, de même qu'une transparence à vocation politique (ou de droit public) visant à promouvoir la confiance à l'égard des autorités et processus décisionnels. Il n'est pas exclu qu'une forme de porosité existe entre ces deux types de transparence, en particulier lorsque les logiques politique et économique se superposent. C'est le cas pour l'arbitrage État/Investisseur[15] ou pour les activités des entreprises multinationales qui exercent une forme de pouvoir de droit privé – si bien qu'elles peuvent être appréhendées selon les instruments et méthodes du droit public[16]. Ce chevauchement se manifeste aussi dans le domaine financier compte tenu des externalités négatives générées par ces activités et du risque systémique propre au secteur, ce qui alimente l'obsession informationnelle de la régulation financière que l'on ne peut réduire à une seule logique économique.

---

[12] J.-F. Kerléo, *La transparence en droit – Recherche sur la formation d'une culture juridique*, Mare & Martin, 2016.
[13] *Id.*, p. 233 et s.
[14] *Id.*, p. 99 et s.
[15] W. Kenny, « Transparency in Investor State Arbitration », *Journal of International Arbitration*, vol. 33, n°5, 2016, p. 471 et s.
[16] Voir par ex., J.-Ph. Robé, A. Lyon-Caen & S. Vernac (eds.), *Multinationals and the Constitutionnalization of the World Power System*, Abingdon, Routledge, 2016.

Un troisième aspect relatif à la question de l'information dans la régulation financière est susceptible de retenir l'attention, celui de la relative docilité avec laquelle les opérateurs économiques se conforment en général aux nouvelles exigences informationnelles. Ceux-ci mettent souvent en avant le coût excessif de la production d'information et les conséquences de telles règles sur la compétitivité d'une place financière[17]. Il faut toutefois souligner que ce sont moins les obligations de transparence destinées à l'information des investisseurs que celles concernant la responsabilité sociale des entreprises qui font l'objet des contestations les plus véhémentes. On peut mentionner l'exemple des règles concernant la transparence des entreprises opérant dans les industries extractives, telles que celles résultant des directives 2013/34[18] et 2013/50[19] qui imposent de publier les sommes versées aux gouvernements dans le cadre de ces activités (*« publish what you pay »*)[20]. Si cette discipline a été développée au sein d'instances internationales afin de lutter

---

[17] P. Latimer & Ph. Maume, *Promoting Information in the Marketplace for Financial Services – Financial Market Regulation and International Standards*, Springer, 2015, p. 35 et s.

[18] Directive n°2013/34 du Parlement européen et du Conseil du 26 juin 2013 relative aux états financiers annuels, aux états financiers consolidés et aux rapports y afférents de certaines formes d'entreprises, modifiant la directive 2006/43/CE du Parlement européen et du Conseil et abrogeant les directives 78/660/CEE et 83/349/CEE du Conseil *JOUE* L 182 du 29 juin 2013, p. 19.

[19] Directive n°2013/50 du Parlement européen et du Conseil du 22 octobre 2013 modifiant la directive 2004/109/CE du Parlement européen et du Conseil sur l'harmonisation des obligations de transparence concernant l'information sur les émetteurs dont les valeurs mobilières sont admises à la négociation sur un marché, a directive 2003/71/CE du Parlement européen et du Conseil concernant le prospectus à publier en cas d'offre au public de valeurs mobilières ou en vue de l'admission de valeurs mobilières à la négociation et la directive 2007/14/CE de la Commission portant modalités d'exécution de certaines dispositions de la directive 2004/109/CE *JOUE* L 294 du 6 novembre 2013, p. 13.

[20] Sur l'initiative ayant conduit à cette discipline, voir D. Dommel, « La transparence pour conjurer la corruption : Le cas du pétrole », *in Rapport moral sur l'argent dans le monde*, 2005, p. 189 et s. ; Secrétariat international de l'ITIE, *La norme ITIE*, 2013.

contre la corruption, le préambule de la directive indique qu'elle a été adoptée « aux fins de la transparence et de la protection des investisseurs »[21], ce dont l'on peut raisonnablement douter. Ces nouvelles règles ont été mises en œuvre non sans opposition de la part des acteurs concernés et la discipline similaire qui a été adoptée aux États-Unis a d'ailleurs été contestée devant les juridictions fédérales américaines. La loi Dodd-Frank Act exigeait en effet de la *Securities and Exchange Commission* (SEC) qu'elle adopte de nouvelles règles imposant ces obligations de publication aux émetteurs[22]. La SEC ne les adopta qu'après deux années au lieu des 270 jours prévus, et ce d'ailleurs, après que l'ONG Oxfam la poursuivît pour l'enjoindre de le faire. Dès la publication du règlement, celui-ci a été contesté par l'*American Petroleum Institute*, association professionnelle représentant les intérêts des entreprises du secteur des hydrocarbures[23]. Celle-ci soulignait, entre autres, que le règlement de la SEC affecterait la compétitivité des entreprises et contrevenait au Premier amendement dans le sens où de telles obligations d'information étaient constitutives d'un *compelled speech*, c'est-à-dire d'une mesure exigeant de son destinataire qu'il formule un discours spécifique – ce qui est l'objet même des obligations de *disclosure* sur les marchés financiers. Cet argument n'a pas été examiné par la juridiction, car celle-ci avait déjà considéré que le règlement devait être abrogé pour deux raisons : en premier lieu, la SEC a été plus loin que ce qu'exigeait le Dodd-Frank Act en exigeant que la *disclosure* soit publique (alors que les informations pourraient être communiquées seulement à la SEC) et, en second lieu, le règlement de la SEC n'a pas

---

[21] Directive n°2013/50, préc., préambule, consid. 8.

[22] *Dodd-Frank Wall Street Reform and Consumer Protection Act (2010)* (Sec. 1502 (*Conflict Minerals*) ; Sec. 1503 (*Reporting Requirements Regarding Coal or Other MineSafety*) ; Sec. 1504. (*Disclosure of payments by resource extraction issuers*)).

[23] *American Petroleum Institute v. Securities & Exchange Commission and Oxfam America*, US District Court for the District of Columbia, n°12-1668 (JDB), 2 juillet 2013.

aménagé de dérogation lorsque la communication des informations est interdite par la législation de l'État étranger dont les ressources naturelles sont exploitées. Une telle offensive à l'égard d'obligations de *disclosure* est particulièrement rare et, à notre connaissance, aucune n'a atteint cette ampleur lorsqu'il s'agit d'informations qui sont destinées en premier lieu aux investisseurs.

Ces quelques éléments permettent de dresser les constats suivants : (1) les exigences informationnelles s'accroissent à la suite de chaque crise financière ; (2) ces nouvelles exigences ont un coût, notamment de production de l'information ; (3) ces obligations ne sont généralement pas contestées par leurs destinataires, ou du moins pas autant que les obligations d'information non financière qui concernent principalement la responsabilité sociale des entreprises qui concernent davantage les parties prenantes que les investisseurs. Ces constats nous mènent aux analyses suivantes. En premier lieu, il apparaît que la logique informationnelle qui est structurante en matière de régulation financière est fondée sur une théorie de l'efficience des marchés qui est dépassée (I). Il convient en second lieu de se pencher sur les problèmes d'ordre davantage structurel relatifs aux conflits d'intérêts qui affectent les modes de production de l'information (II). Enfin, cette réflexion nous conduira à examiner les situations où les exigences informationnelles peuvent elles-mêmes générer des failles dans la régulation financière et alimenter les crises financières. En d'autres termes, l'obsession de la régulation par l'information n'a-t-elle pas engendré des « Frankenstein informationnels » qu'il devient impossible de réguler ? (III).

I. Une logique informationnelle de la régulation financière fondée sur une théorie dépassée

Le développement des obligations d'information en matière de régulation financière trouve son origine dans l'hypothèse de l'efficience des marchés selon laquelle le prix des instruments financiers incorpore l'ensemble des informations disponibles sur la base desquelles les investisseurs prennent leurs décisions[24]. Cette hypothèse présuppose un marché suffisamment liquide, une certaine homogénéité des produits, des informations pertinentes disponibles pour tous les agents, des agents en mesure de les analyser et exploiter afin de déterminer si elles ont été incorporées dans le prix des instruments financiers et, enfin, des décisions des investisseurs qui soient rationnelles, c'est-à-dire qu'elles ne tiennent compte que des informations disponibles et qu'elles ne sont pas parasitées par des données non fiables (par exemple des rumeurs) ou des comportements irréfléchis (comportement moutonnier, stratégie mimétique, etc.)[25].

Une partie substantielle de la régulation des activités financières se fonde justement sur la théorie de l'efficience des marchés en ce qu'elle s'emploie à s'assurer que les conditions de l'efficience soient réunies. La question de l'information est centrale, car il s'agit de corriger les éventuelles asymétries d'information qui peuvent exister entre les différents opérateurs et qui sont finalement courantes dans la mesure où un vendeur connaît généralement mieux son produit qu'un acheteur[26]. Dans le domaine financier, c'est le constat d'une asymétrie d'information entre les émetteurs et les investisseurs qui a conduit les autorités à exiger la communication par les premiers aux seconds d'informations sur une base permanente ou périodique qui n'étaient pas produites spontanément par le marché. Cette option régulatrice présente d'ailleurs l'avantage de ne pas induire directement de dépense publique et fait

---

[24] C. Lombardini, *La protection de l'investisseur sur le marché financier*, Schulthess/LGDJ, 2012, p. 17 et s.
[25] *Id.*, p. 18.
[26] R. Lanneau, « Asymétries d'information », *in* M. Bazex *et al.*, *Dictionnaire des régulations*, Paris, LexisNexis, 2016, p. 50 et s.

reposer les coûts sur les opérateurs[27]. Elle se place également dans sillon de l'hypothèse de l'efficience des marchés en ce qu'elle est censée placer les différents acteurs dans une situation d'égalité d'accès à l'information. Cette exigence d'égalité explique également les règles relatives au manquement ou au délit d'initié ainsi qu'au délit de diffusion de fausse information sur le marché.

On peut néanmoins se demander si cette approche sur laquelle se fonde l'essentiel de la régulation financière ne génère pas davantage de problèmes qu'elle n'en résout[28]. Sans prétendre à l'exhaustivité, plusieurs éléments montrant les limites de la logique essentiellement informationnelle de la régulation méritent d'être mentionnés.

La logique informationnelle (*disclosure-based regulation*) repose sur une dynamique libérale qui a pour effet de décharger entièrement la responsabilité de la prise de décision sur l'investisseur censé être pleinement informé des risques auxquels il s'expose (*caveat emptor*). Elle ne procède pas du principe d'une régulation interventionniste axée sur la protection de l'épargne investie (*merit-based regulation*) qui se concentrerait sur la qualité des instruments financiers mis à disposition des investisseurs[29] ou, dans une acception très extensive de la notion, sur l'utilité sociale de ceux-ci – à savoir par exemple s'ils présentent un intérêt pour le financement de

---

[27] O. Ben-Shahar & C. E. Schneider, *op. cit.*, note 3, p. 682. Un tel argument ne tient toutefois pas compte des coûts que doit engager en aval le régulateur afin de contrôler le respect de cette réglementation.

[28] L. Enriques & S. Gilotta, « Disclosure and Financial Market Regulation », *in* N. Moloney, E. Ferran & J. Payne (eds.), *The Oxford Handbook of Ginancial Regulation*, Oxford, Oxford University Press, 2015, p. 525 et s.

[29] La *merit-based regulation* peut être définie comme « *a regulatory system that authorizes [the regulator] to deny registration to a securities offering unless the substantive terms of the offering and the associated transactions (i) ensure a fair relation between promoters and public investors, and (ii) provide public investors with a reasonable relation of risk to return* » (M. A. Sagent, « Reports of State Merit Regulation of Securities Offerings », *The Business Lawyer*, vol. 41, 1986, p. 829).

l'économie réelle. Une *merit-based regulation* des instruments financiers applicables par défaut serait d'ailleurs complexe et lourde à mettre en œuvre puisqu'elle imposerait aux autorités de définir les produits économiquement et socialement acceptables. Elle existe toutefois aux États-Unis dans le contexte spécifique des « *blue sky laws* » qui peuvent être adoptées par les autorités des États fédérés afin de limiter l'offre de valeurs mobilières à des fins de protection des investisseurs. Ainsi, lorsque la société Apple s'est introduite en bourse au début des années 1980, le prospectus avait été approuvé par la SEC au niveau fédéral, mais l'offre de titres, jugés trop risqués pour les investisseurs, avait été interdite dans l'État du Massachusetts[30].

Conséquence de la *disclosure-based information*, les émetteurs peuvent proposer des investissements extrêmement risqués dès lors que l'information requise est communiquée au marché. La première législation d'envergure en matière informationnelle, le *Securities Act* adopté en 1933 aux États-Unis, était d'ailleurs désigné le « *rotten-egg statute* », traduisant l'idée qu'il est possible de vendre des « œufs pourris » aux investisseurs dès lors qu'ils reçoivent l'information exigée[31]. L'information agît comme un bouclier pour l'émetteur ou l'intermédiaire dont la responsabilité ne peut être recherchée du fait d'une faible performance financière une fois ces formalités accomplies (sauf fraude, *misrepresentation*, etc.). Ce n'est pas une coïncidence si la réflexion autour de la *merit-based regulation* a connu un regain d'intérêt après la crise financière de 2008[32].

---

[30] P. S. Atkins, Is Excessive Regulation and Litigation Eroding U.S. Financial Competitiveness ?, Speech, *U.S. Securities and Exchange Commission*, 20 avril 2007 (www.sec.gov/news/speech/2007/spch042007psa.htm#2).

[31] A. A. Sommer *et al.* « New Approaches to Disclosure in Registered Security Offerings », *The Business Lawyer*, vol. 28, 1973, p. 505.

[32] R. J. Colombo, « Merit Regulation via the Suitability Rules », *Journal of International Business and Law*, vol. 12, 2013, p. 1 et s.

La crise financière a d'ailleurs été l'occasion de voir se multiplier les critiques de la théorie du marché efficient. Celles-ci n'étaient pas seulement le fait d'académiques, praticiens ou journalistes[33]. La remise en cause du mythe de l'efficience de marchés s'est aussi diffusée dans le discours des autorités de régulation elle-même, comme en témoigne l'étude publiée en 2009 par Lord Turner sous les auspices de la *Financial Services Authority* (FSA) britannique dont il était alors le président[34]. Cette étude n'hésite pas à souligner que chacune des hypothèses de la théorie de l'efficience des marchés « *is now subject to extensive challenge on both theoritical and empirical grounds, with potential implications for the appropriate design of regulation and the role of regulatory authorities* »[35]. La critique de la théorie de l'efficience de marchés est multiforme et concerne à la fois les hypothèses sur lesquelles elle repose que les processus de transmission des savoirs relatifs aux techniques financières. Nous n'évoquerons pas ici ces dernières questions qui touchent à l'épistémologie de la finance et de l'économie, mais il faut néanmoins avoir à l'esprit les forces sous-jacentes à la construction et à la diffusion des modèles financiers[36].

Pour ce qui concerne certaines des hypothèses de la théorie qui concernent directement la question de l'information sur les marchés, on peut plus précisément discuter d'une critique récurrente, celle concernant le traitement des informations reçues par les investisseurs. Il est légitime de s'interroger sur la pertinence des informations disponibles, l'égal accès des investisseurs à ces informations et leur aptitude à pouvoir les traiter et prendre des décisions rationnelles sur la base de celles-

---

[33] On peut ici renvoyer à l'ouvrage très instructif de J. Fox, *The Myth of the Rational Market – A History of Risk, Reward, and Delusion on Wall Street*, Harper Business, 2009.

[34] FSA, *The Turner Review – A Regulatory Response to the Global Banking Crisis*, mars 2009.

[35] *Ibid.*, p. 39.

[36] J. Fox, *op. cit.*, note 33, et plus spécialement les développements à partir du chapitre 3 intitulé, « *Harry Markowitz Brings Statistical Man to the Stock Market* ».

ci. L'ampleur de l'information disponible, aussi bien celle résultant des obligations légales que celle produite par divers acteurs (presse, analystes financiers, etc.) et sa complexité impliquent qu'il est difficile, sinon impossible, pour certains investisseurs de la traiter[37]. La théorie des marchés efficients qui supposerait une capacité cognitive illimitée des investisseurs[38] n'est dès lors pas recevable pour une très large partie des investisseurs, en particulier ceux qui sont considérés comme non professionnels. C'est en ce sens que la *disclosure-based regulation* présente un (éventuel) intérêt pour les investisseurs qui présentent un profil sophistiqué et disposant des ressources suffisantes (par exemple humaines et informatiques) afin de traiter les informations disponibles[39]. La théorie a été aussi battue en brèche par les travaux relatifs à la finance comportementale et plus largement l'idée que le comportement individuel des investisseurs n'est pas nécessairement fondé sur une stricte rationalité économique, mais est influencé par de multiples facteurs et stimuli[40]. Parmi ceux-ci, on peut mentionner : les suggestions fournies par les intermédiaires financiers ou des personnalités, les décisions prises par les autres investisseurs en se conformant à celles-ci selon un comportement moutonnier (ce qui peut d'ailleurs aggraver le caractère procyclique de certaines crises financières), et la publicité ou autre type de propagande commerciale, qui peut d'ailleurs être exigée de la part des émetteurs.

---

[37] C. Lombardini, *La protection de l'investisseur sur le marché financier*, Genève/Paris, Schulthess/LGDJ, 2012, p. 21.

[38] J.-F. Kerléo, *op. cit.* note 12, p. 239.

[39] C. H. Hill, « A Personality Theory of Sophisticated Investor Decision-Making (in the 2008 Financial Crisis), with Some Policy Implications », *Revue Internationale des Services Financiers / International Journal for Financial Services*, 2017, n° 2, p. 7 et s.

[40] V. par exemple le rapport très détaillé commandé par la Commission européenne : *Consumer Decision-Making in Retail Investment Services : A Behavioural Economics Perspective*, novembre 2010, 490 p.

La *disclosure-based regulation* s'est ainsi développée sur le fondement de la théorie de l'efficience des marchés dont la fragilité n'a pas manqué d'être soulignée. L'objectif d'exhaustivité des informations communiquées aux investisseurs qui ne peuvent les traiter ne peut dès lors être considéré comme un horizon satisfaisant de la régulation financière. Le problème n'est en fait pas seulement celui de l'exhaustivité des informations. Il est aussi celui des conflits d'intérêts qui affectent la production de l'information.

II. Un système de production de l'information financière perclus de conflits d'intérêts

Nous avons eu l'occasion de constater que l'un des objectifs essentiels de la régulation financière était de corriger l'asymétrie d'informations existant entre investisseurs et émetteurs afin d'assurer un idéal d'efficience des marchés. Au-delà de la discipline de *disclosure* à charge de l'émetteur qui a déjà été évoquée, il faut avoir à l'esprit de manière plus générale la structure des processus informationnels à l'œuvre sur les marchés financiers. C'est dans ce contexte que mérite d'être abordés les problèmes résultant des activités de ce qui est habituellement désigné comme les « *gatekeepers* » des marchés[41], c'est-à-dire des intermédiaires qui ont pour mission, entre autres, de sécuriser la transmission d'informations et la relation entre l'émetteur et l'investisseur[42]. On trouve notamment parmi eux les auditeurs et les agences de notation.

---

[41] Voir par ex., J. C. Coffee Jr., *The Gatekeepers – The Professions and Corporate Governance*, Oxford, Oxford University Press, 2006 ; Y. Fuchita, R. E. Litan (eds.), *Financial Gatekeepers : Can They Protect Investors ?*, Washington DC, Brookings Institution Press, 2006.

[42] « *Generally, gatekeepers are regarded as financial intermediaries that operate between issuers and investors, and include auditors, underwriters, lawyers, securities analysts, and credit rating agencies* » (J. Payne, « The

Il est utile de revenir rapidement sur l'évolution des techniques de financement au cours des quarante dernières années afin de mieux saisir les problèmes informationnels relatifs aux activités des *gatekeepers* qui se sont en particulier manifestés dans les crises de 2001 et de 2008. Un opérateur économique dispose principalement de deux sources de financement, lesquelles permettent de distinguer l'économie d'endettement de l'économie de marchés de capitaux. En premier lieu, le système bancaire relève du modèle de l'intermédiation financière dans la mesure où la banque « fait tampon » entre l'offre et la demande de financement et assure la transformation des maturités et des risques entre ses actifs et ses engagements. Ce modèle revient pour la banque à opérer une évaluation et un contrôle des risques auxquels elle s'expose. En second lieu, l'économie de marchés de capitaux qui s'est notamment développée concurremment à un mouvement de financiarisation relève, du moins a priori, d'un modèle de finance désintermédiée (ou de finance « directe ») dans la mesure où il y aurait une mise en relation immédiate entre l'offre et la demande de financement[43].

Cependant, cette finance « directe » ne l'est qu'en théorie. Elle a en effet elle-même généré un processus de ré-intermédiation d'une nature différente de celle du secteur bancaire, car « [p]our être actif sur les marchés [...], l'investisseur a besoin des intermédiaires financiers »[44].

Role of Gatekeepers », *in* N. Moloney, E. Ferran & J. Payne (eds.), *The Oxford Handbook of Ginancial Regulation*, Oxford, Oxford University Press, 2015, p. 254).

[43] Les phénomènes de financiarisation et de libéralisation des activités financières qui se sont développés dans le courant des années 1980 ont d'ailleurs été symbolisés par la théorie dite des « 3 D » : déréglementation, décloisonnement et désintermédiation. Cette dernière permettait de désigner le phénomène par lequel les besoins et les capacités de financement pouvaient directement se rencontrer sur les marchés financiers par le biais d'émission et d'acquisitions de titres sans l'intermédiation d'une banque. Voir C. Lombardini, *op. cit.*, note 37, p. 104 (où l'auteur réalise une distinction entre « l'investisseur » et « l'utilisateur du système bancaire »).

[44] C. Lombardini, *op. cit.*, note 37, p. 166.

Les activités essentielles réalisées par les banques dans le contexte d'une économie d'endettement ne pouvaient disparaître du fait d'un passage progressif à une économie de marché de capitaux. Le non-recours à l'interface bancaire n'implique pas la disparition de toute médiation et de la nécessité d'évaluer et de contrôler les risques relatifs aux instruments financiers. Ces activités internes à la banque ont été fragmentées, redéfinies et redistribuées ou réallouées à une pléiade d'acteurs, institutions et structures, non seulement afin d'assurer une mise en relation entre l'offre et la demande de financement, mais aussi afin de garantir l'intégrité des transactions et le bon fonctionnement du marché.

Ainsi, plusieurs des fonctions d'évaluation et de contrôle des risques financiers exercées par les banques ont été déléguées *de jure* ou *de facto* à de multiples acteurs satellites, les *gatekeepers* des marchés (cabinets d'audit, agences de notation, analystes financiers, etc.). Certains participent à la production d'une information « descriptive » (par exemple les auditeurs lorsqu'ils certifient la justesse des comptes), d'autres produisent une information prédictive (par exemple les analystes ou agences de notation)[45] qui constitue davantage une « opinion ». Certaines de ces professions avaient déjà été fortement exposées à l'occasion des scandales financiers du début des années 2000 (Enron, Worldcom, Parmalat, etc.) et ont fait l'objet de plusieurs réformes. C'était le cas notamment des cabinets d'audit et des analystes financiers. La crise de 2008 a permis de faire état des failles affectant la régulation d'autres types d'acteurs tels que les agences de notation, les conseillers en investissements ou les banques d'investissement.

La dissémination de ces différentes fonctions désormais exercées par des acteurs distincts a généré une dissociation dangereuse : ceux qui, d'une part, évaluent ou contrôlent le risque ne sont plus – à l'inverse des banques – ceux qui, d'autre

---

[45] Sur la distinction entre information descriptive et prédictive, voir J. Chacornac, *Essai sur les fonctions de l'information en droit des instruments financiers*, Paris, Dalloz, 2014.

part, l'assument financièrement. Les premiers font d'ailleurs commerce et profit du risque auxquels les seconds, c'est-à-dire les investisseurs, sont exposés. Cette fragmentation des fonctions et l'asymétrie d'informations et d'expertise en résultant portent en elles les germes des conflits d'intérêts auxquels sont exposés ces différents acteurs et qui sont susceptibles d'affecter plus ou moins directement les investisseurs. La question de la rémunération des intermédiaires se place au cœur de ces conflits d'intérêts. Celle-ci peut être en effet directement versée par l'entité contrôlée, tel que c'est le cas pour la rémunération des auditeurs et des agences de notation, configuration susceptible de générer une incitation à diminuer la sévérité du contrôle ou à minimiser le risque évalué pour des considérations commerciales. La façon dont se structurent certaines activités au sein d'une même entité peut aussi être génératrice de conflits d'intérêts. Certaines banques d'investissement cumulaient plusieurs activités (*underwriting*, courtage, analyse financière, *market making* – et parfois *trading* pour compte propre) sans nécessairement une séparation étanche entre elles alors que des connivences entre les différents acteurs y prenant part peuvent être de nature à générer des comportements préjudiciables aux investisseurs[46].

Ainsi, le passage d'une finance intermédiée à une finance directe, idéalisée et perçue comme le triomphe d'une modernité, a aussi généré un problème structurel dans la production de l'information financière. La critique peut d'ailleurs aller plus loin lorsque l'on revient sur les problèmes entourant la régulation des agences de notation.

---

[46] Voir par ex. J. Moret-Bailly, H. Ruiz Fabri & L. Scialom, *Les conflits d'intérêt, nouvelle frontière de la démocratie*, février 2017, p. 36-38 (rapport téléchargeable au lien suivant : http://tnova.fr/rapports/les-conflits-d-interets-nouvelle-frontiere-de-la-democratie).

III. Une régulation financière générant des « Frankenstein informationnels » : l'exemple des agences de notation

Le besoin d'information résultant de la désintermédiation n'a-t-elle pas généré des « Frankenstein informationnels » qu'il est devenu impossible de contrôler ? La crise financière de 2008 a permis de lever le voile sur certains des travers des activités des agences de notation qu'il semble pertinent d'exposer[47].

Une notation peut être définie comme une évaluation de la qualité de crédit d'un émetteur ou d'un instrument financier selon un système de classification[48]. Cette évaluation est réalisée selon une méthodologie qui lui est propre et prenant en considération des éléments qualitatifs et quantitatifs. La notation ne procède pas d'une démarche scientifique, mais repose sur des techniques expérimentées, corrigées et perfectionnées progressivement par les agences. Une notation ne peut être qualifiée, du point de vue de son auteur, que d'opinion de l'agence et aucunement d'information susceptible d'être prouvée. Les agences le soulignent de façon constante, telle Fitch indiquant que les notations « *are opinions based on established criteria and methodologies. [They] are not facts, and therefore cannot be described as being "accurate" or*

[47] Nous résumons ici certains des éléments d'une étude précédente (R. Bismuth, « Agences de notation, dette souveraine et liberté d'expression – Quelques réflexions sur la légalité (et l'opportunité) d'un contrôle européen des notations souveraines non sollicitées », *in* G. Dufour & D. Pavot (dir.), *La crise des dettes souveraines et le droit : Approches croisées Canada – Europe*, Montréal, LexisNexis, 2014, pp. 87-111.

[48] Le règlement n°1060/2009 définit une « notation de crédit comme « un avis, émis par application d'un système de classification bien défini et bien établi prévoyant différentes catégories de notation, concernant la qualité de crédit d'une entité, d'une dette ou obligation financière, d'un titre de créance, d'actions privilégiées ou autres instruments financiers » (Règlement n°1060/2009 du Parlement européen et du Conseil du 16 septembre 2009 sur les agences de notation de crédit, art. 3(1)(a)).

"inaccurate" »[49]. Cette qualification d'opinion et pas d'information est particulièrement importante, car la diffusion d'une opinion (par exemple une diffusion au marché lorsque l'agence émet une notation non sollicitée par l'émetteur) bénéficie d'une protection spécifique au regard du droit à la liberté d'expression[50].

Ces opinions peuvent avoir une influence particulièrement significative sur les marchés, certains investisseurs (« *rating-based buyers* ») fondant leurs décisions sur les positions des agences de notation (dont on relève qu'elles se présentent sous la forme de notes extrêmement simples à comprendre), et ce, sans nécessairement s'intéresser à l'information résultant des obligations des émetteurs (qui est, quant à elle, complexe et trop détaillée)[51]. Les États ont aussi leur part de responsabilité dans cet état de fait en exigeant un recours aux agences de notation pour les opérations de titrisation et permettant l'utilisation des notations dans le cadre de la régulation prudentielle des institutions financières[52]. Il en a résulté, comme le souligne le rapport Larosière, que les agences jouaient un « rôle central et presque réglementaire »[53] sans pour autant faire l'objet d'un encadrement à la hauteur de leurs responsabilités.

---

[49] Cf. www.fitchratings.com.

[50] Voir par exemple, *Compuware Corp. v. Moody's Investors Services, Inc.*, 499 F.3d 520, 529 (6th Cir. 2007) (relevant que « *[a] Moody's credit rating is a predictive opinion, dependent on a subjective and discretionary weighing of complex factors. We find no basis upon which we could conclude that the credit rating itself communicates any provably false factual connotation. Even if we could draw any fact-based inferences from this rating, such inferences could not be proven false because of the inherently subjective nature of Moody's ratings calculation* »).

[51] C. H. Hill, *op. cit.*, note 39, p. 8.

[52] Sur ces aspects, voir R. Bismuth, « La réforme de l'encadrement prudentiel des banques par le Comité de Bâle, reflet des tensions entre les différents espaces de régulation financière », *in* A. Delion, L. Vidal (dir.), *Les réformes des régulations financières – Annales de la Régulation, vol. 3*, Paris, IRJS Éditions, 2013, p. 181.

[53] High-Level Group on Financial Supervision in the EU, *Report*, 25 février 2009, p. 23, n°66.

L'ensemble de ces éléments a permis de démultiplier l'influence des agences sur les marchés et de conférer une dimension autoréalisatrice aux notations : il suffit en effet à une agence de dire qu'un émetteur est insolvable pour qu'il le devienne ; non parce qu'il est insolvable à l'origine, mais parce que la position de l'agence va générer des prises de décisions individuelles (désinvestissement, retrait des financements, etc.) qui, prises collectivement, peuvent rapidement aggraver sa situation financière. Comme cela a été souligné lors des auditions conduites devant la Chambre des représentants aux États-Unis, « *while the credit ratings [...] are intended to be opinions [...] and of course protected as opinions by the First Amendment, it appears that the treatment of these ratings by market participants is way beyond opinions* »[54]. Appréhendées à l'origine comme des opinions, les notations sont perçues comme des informations sensibles par le marché.

Est-il cependant possible pour les États de réguler ce Frankenstein informationnel qu'ils ont en partie généré ? Le choix de l'UE a par exemple été de s'employer à « désintoxiquer »[55] le marché des agences de notation tout en régulant leurs activités. On peut brièvement évoquer la façon dont les autorités européennes se sont employées à encadrer les notations souveraines non sollicitées (la notation de la dette d'une entité publique sans demande de celle-ci).

Le règlement 462/2013[56] encadre de manière très stricte le calendrier, de même que le moment et la fréquence des notations souveraines non sollicitées, et ce, afin de réduire le

---

[54] US House of Representatives, *Approaches to Improving Credit Rating Agency Regulation*, Hearing Before the Subcommittee on Capital Markets, Insurance, and Government Sponsored Enterprises of the Committee on Financial Services, n°111–33, 19 mai 2009, p. 43.

[55] Sénat, *Rapport d'information fait au nom de la mission commune d'information sur le fonctionnement, la méthodologie et la crédibilité des agences de notation*, n°598, t. 1, 18 juin 2012, p. 68, 77, 84, 86.

[56] Règlement (UE) n°1060/2009 du Parlement européen et du Conseil du 16 septembre 2009 sur les agences de notation de crédit, *JOUE* L 302 du 17 novembre 2009, p. 1.

risque de volatilité générée par des notations erratiques et imprévisibles[57]. Les agences doivent publier à la fin du mois de décembre de chaque année, un calendrier pour l'année suivante fixant, au maximum, trois dates pour la publication de notations souveraines non sollicitées et des perspectives de notation correspondantes[58]. Ces publications ne peuvent intervenir qu'après la clôture des marchés et au moins une heure avant leur ouverture[59]. Enfin, l'agence doit informer l'entité notée au moins un jour ouvré complet avant la publication de la notation ou des perspectives de notation et cette information « précise les motifs essentiels sur lesquels se fondent la notation de crédit ou les perspectives de notation, afin que l'entité notée ait la possibilité de signaler à l'agence de notation de crédit toute erreur matérielle »[60]. Cette procéduralisation *ex ante* de la production des notations, dont certains aspects peuvent évoquer les droits de la défense, constitue une évolution tout à fait inédite laissant transparaître une reconnaissance du pouvoir de fait que ces agences exercent.

De façon plus surprenante, le règlement interdit aux agences de formuler dans leurs évaluations des recommandations politiques. Il indique en ce sens que si « au moment d'annoncer une notation de crédit, une agence de notation de crédit est tenue d'expliquer dans ses communiqués de presse ou ses rapports les principaux facteurs sous-tendant la notation de crédit, et quoique les politiques nationales puissent servir de facteur sous-tendant une notation souveraine, les notations souveraines ou les perspectives de notation ne contiennent pas de recommandations, de prescriptions ou

---

[57] Règlement (UE) n°462/2013, préc., préambule, § 42.

[58] Article 8 bis (3) du règlement (UE) n°1060/2009 tel que modifié par le règlement (UE) n°462/2013.

[59] Annexe I, Section D, III(3) du règlement (UE) n°1060/2009 tel que modifié par le règlement (UE) n°462/2013.

[60] Annexe I, Section D, I(3) du règlement (UE) n°1060/2009 tel que modifié par le règlement (UE) n°462/2013.

d'orientations de politique (…) »[61]. Cette obligation, elle aussi inédite, semble en contradiction avec l'impératif de transparence que le règlement impose en dépit de ce qu'indique la disposition en question. Il suffit pour s'en convaincre de consulter les rapports publiés après l'entrée en vigueur du nouveau règlement dans lesquels l'agence indique qu'une croissance en berne résulte d'un marché du travail, mais sans pouvoir dire explicitement qu'il devrait être flexibilisé[62]. En réalité, en devant publier un « rapport de recherche circonstancié expliquant tous les paramètres, hypothèses, limites et incertitudes ainsi que toute autre information dont il a été tenu compte »[63], les agences de notation ne peuvent que formuler indirectement des recommandations politiques.

C'est peut-être ici que surgit une nouvelle interrogation manifestement ignorée des autorités européennes en matière de régulation informationnelle lorsque celles-ci se sont employées à encadrer les activités d'agences de notation dont les États ont en partie sacralisé la parole : est-il possible, afin d'assurer la stabilité du marché, de limiter la liberté d'opinion d'un acteur régulé dès lors que ces opinions sont perçues comme des informations sensibles par le marché ?

---

[61] Annexe I, Section D, III(3) du règlement (UE) n°1060/2009 tel que modifié par le règlement (UE) n°462/2013.

[62] Ainsi, la dégradation de la note de la dette italienne intervenue en juillet 2013 par Standard & Poor's a été accompagnée d'un rapport indiquant que « *the low growth stems in large part from rigidities in Italy's labor and product markets* », que l'excédent budgétaire primaire « *stems from a budgetary composition that deters growth* », que « *[c]urrent expenditure is disproportionately high compared with capital expenditure* » et que « *tax levels on capital and labor are higher than those on property and consumption* » (Standard & Poor's, *Long-Term Ratings On Italy Lowered To 'BBB' – Outlook Negative (Key Elements Underlying the Credit Rating)*, 9 juillet 2013 (www.standardandpoors.com).

[63] Annexe I, Section D, III(1) du règlement (UE) n°1060/2009 tel que modifié par le règlement (UE) n°462/2013.

Seconde partie :
L'information
objet de la régulation

La protection des informations commercialement sensibles

Étienne MULLER[1]

L'information commercialement sensible ne correspond pas – ou pas encore – à une notion juridique univoque. Susceptible de plusieurs définitions, cette expression renvoie, selon le contexte dans lequel elle est employée, à autant de régimes juridiques différents. La raison en est que les intérêts privés ou publics au regard desquels s'apprécie le caractère sensible d'une information sont divers. Il en va ainsi y compris dans le seul domaine, ici concerné, de la régulation économique et financière.

Cela n'a pas empêché que soient adoptées des dispositions qui posent, dans certains secteurs, les jalons d'un régime juridique spécial des informations commercialement sensibles. Les textes en cause concernent « les informations d'ordre économique, commercial, industriel, financier ou technique » collectées par les gestionnaires de réseaux et d'infrastructures dans les secteurs de l'électricité, du gaz naturel et des transports ferroviaires et dont la divulgation serait « de nature à porter atteinte aux règles [de] concurrence libre et loyale et de non-discrimination »[2]. L'effort de synthèse dont procèdent les formules ainsi employées ne parvient cependant pas à dépasser

[1] Professeur de droit public à l'Université de Strasbourg, membre de l'Institut de recherches Carré de Malberg (IRCM EA 3399).

[2] C. énergie, art. L. 111-72, L. 111-73 (électricité) et L. 111-77 (gaz naturel) ; C. transp., art. L. 2122-4-4.

le manque d'unité de la notion d'information commercialement sensible.

D'abord, le mode d'identification des informations concernées est en réalité énumératif, puisque les listes en sont fixées par décrets[3]. Ensuite et surtout, la pluralité des règles auxquelles la communication desdites informations est, selon ces textes, susceptible de porter atteinte montre qu'il existe au moins trois conceptions différentes de la « sensibilité » commerciale d'une information.

Considérées, en premier lieu, sous l'angle de la *loyauté* de la concurrence, les informations commercialement sensibles peuvent être rapprochées de la notion de *secrets d'affaires*. Or celle-ci n'est elle-même pas des plus précises. Visant à harmoniser les dispositifs très hétérogènes de protection des secrets d'affaires dans les différents États membres de l'Union européenne, la directive européenne du 8 juin 2016[4] est restée nettement en deçà des ambitions initialement affichées, de sorte que sa transposition en cours[5] ne devrait entraîner aucun bouleversement de la protection dont les secrets d'affaires bénéficient déjà en droit interne[6]. Celle-ci est permise par des mécanismes plus généraux comme l'action en concurrence déloyale ou certaines infractions pénales, mais aussi, en droit public, par les règles régissant l'accès aux documents

---

[3] C. énergie, art. R. 111-26 et D. 111-53 ; décret n°2015-139 du 10 février 2015 relatif à la confidentialité des données détenues par le gestionnaire de l'infrastructure ferroviaire et à la commission de déontologie du système de transport ferroviaire (*JORF* n°35 du 11 février 2015, p. 2548, texte n°5), art. 1er.

[4] Directive (UE) 2016/943 du Parlement européen et du conseil du 8 juin 2016 sur la protection des savoir-faire et des informations commerciales non divulguées (*JOUE* L 157 du 15 juin 2016, p. 1), art. 1er, § 4.

[5] Proposition de loi n°675 portant transposition de la directive du Parlement européen et du Conseil sur la protection des savoir-faire et des informations commerciales non divulguées, enregistrée à la Présidence de l'Assemblée nationale le 19 février 2018.

[6] Voir J. Lapousterle, « La directive (UE) 2016/943 du 8 juin 2016 sur la protection des secrets d'affaires : apports et perspectives de transposition », *Dalloz IP/IT*, 2016, p. 493.

administratifs[7], desquelles semble découler une obligation plus générale faite aux autorités administratives de respecter les « secrets protégés par la loi »[8], ainsi que par des dispositions plus particulières relatives notamment aux procédures contradictoires menées devant l'Autorité de la concurrence et différentes autres autorités de régulation[9].

Toutefois, l'intérêt d'une entreprise n'est pas nécessairement toujours de garder pour elle seule les informations commercialement sensibles qui la concernent. Loin de supposer un secret absolu, la protection des secrets d'affaires s'applique, selon la directive du 8 juin 2016, à des informations qui ne sont « pas généralement connues » ou « pas aisément accessibles »[10] ; même ainsi protégée, une information commercialement sensible est donc susceptible d'être partagée entre deux ou plusieurs opérateurs économiques. Le choix de retenir ou, au contraire, de communiquer, d'échanger ou de partager les informations commercialement sensibles participe donc de la *stratégie* des entreprises.

Or c'est ce caractère stratégique qui justifie que les informations commercialement sensibles soient, en second lieu, appréhendées au regard du principe de *libre concurrence*. Comme l'ont souligné tant l'Autorité de la concurrence[11] que la Commission européenne[12], le dévoilement réciproque de leur stratégie respective que permet l'échange d'informations commercialement sensibles entre concurrents risque de diminuer l'autonomie de leurs comportements et ainsi de faciliter voire de susciter des collusions néfastes à la

[7] CRPA, art. L. 311-6.
[8] CE, 6 avr. 2001, Ministre de Économie, des Finances et de l'Industrie, *RGDA*, 2001, p. 940, note F. Vincent.
[9] Voir *infra*.
[10] Directive (UE) 2016/943, préc., art., 2, § 1, a).
[11] Aut. conc., « Les échanges d'informations », *in Rapport annuel 2009*, mars 2010, pp. 105-147.
[12] Comm. UE, *Lignes directrices sur l'application de l'article 101 TFUE aux accords de coopération horizontale* (Communication), *JOUE* C 11 du 14 janvier 2011, p. 1.

concurrence. C'est pourquoi l'échange d'informations constitue un enjeu particulier dans le cadre de la lutte contre les ententes anticoncurrentielles.

Enfin, le fait qu'une entreprise détienne des informations « non aisément accessibles » lui permet de choisir qui peut y accéder et dans quelles conditions, ce qui justifie que les informations commercialement sensibles soient, en troisième lieu, appréhendées au regard des principes d'égalité et de non-discrimination. Si le respect de ces principes s'impose à l'évidence pleinement aux autorités de régulation dans leurs rapports verticaux avec les entreprises des secteurs régulés, dans la vie des affaires, en revanche, leur portée est fortement atténuée au profit de l'efficience économique[13], comme en témoigne l'abrogation de l'interdiction *per se* des pratiques de vente discriminatoire par la loi de modernisation de l'économie de 2008[14]. Il reste qu'une discrimination pratiquée par une entreprise en position dominante, notamment dans l'accès aux informations commercialement sensibles qu'elle détient, peut constituer un manquement à la « responsabilité particulière » qui est la sienne, surtout lorsque, comme c'est le cas là encore des entreprises gestionnaires de réseaux, cette entreprise contrôle une « installation essentielle ».

Les dispositions précédemment citées, si elles se justifient précisément par la prise en considération de l'importance croissante des données collectées et élaborées par les gestionnaires de réseaux et d'infrastructures, font donc apparaître que les problèmes posés par les informations commercialement sensibles non seulement dépassent ces seuls secteurs, mais encore, sont en réalité assez hétérogènes. En effet les informations commercialement sensibles ne sont pas protégées de la même manière selon que sont en cause les intérêts de leurs détenteurs légitimes ou celui du marché.

---

[13] Voir L. Vogel, « Discrimination tarifaire : quelle marge de manœuvre pour les entreprises ? », *Contrats Concurrence Consommation*, 2013, Dossier 5.
[14] Loi n°2008-776 du 4 août 2008 de modernisation de l'économie (*JORF* n°181 du 5 août 2008, p. 12471, texte n°1), art. 21 (C. com., art. L. 442-6).

I. La protection au bénéfice du détenteur légitime de l'information

Sous l'angle des intérêts de leur détenteur légitime, la protection des informations commercialement sensibles recoupe assez largement la protection des secrets d'affaires. En droit public, le régime des secrets d'affaires trouve sa source principale dans les dispositions de la loi du 17 juillet 1978 relative à la liberté d'accès aux documents administratifs[15], même s'il semble constituer un principe général dont la portée dépasse le strict champ d'application de ces dernières[16]. Si l'on se réfère à la doctrine de la CADA validée par le Conseil d'État, bénéficient de cette protection les informations stratégiques (fichiers de clients, volumes de production ou de vente, documents comptables, contractuels ou financiers...) dont la divulgation serait susceptible d'affecter la concurrence au détriment de leur détenteur légitime[17].

Dans le domaine plus particulier de la régulation économique et financière, le secret d'affaires est généralement inopposable aux autorités publiques dotées du pouvoir de recueillir des informations ou aux opérateurs auxquels une telle prérogative a été conférée ou déléguée ; mais ceux-ci sont tenus de le respecter dans l'usage qu'ils font des informations obtenues.

A. Le pouvoir de recueillir des informations

Le pouvoir de recueillir des informations est principalement celui des autorités de régulation. Dans certains

---

[15] CRPA, art. L. 311-1 s.

[16] CE, 6 avril 2001, Ministre de l'Économie, des Finances et de l'Industrie, préc.

[17] CE, 30 mars 2016, Centre hospitalier de Perpignan, *Contrats-Marchés publ.* 2016, comm. 148, note M. Ubaud-Bergeron, *JCP A*, n°25/2016, comm. n°2179, note J. Martin.

secteurs – en particulier ceux de l'électricité et du gaz naturel – de telles informations sont également collectées par les gestionnaires de réseaux et d'infrastructures. Dans l'ensemble de ces situations, la protection des secrets d'affaires ne fait généralement pas obstacle au recueil d'informations.

1. Les pouvoirs d'information des autorités de régulation

Dans la mesure où il leur appartient de veiller au bon fonctionnement d'un marché ou d'un secteur d'activités, l'exercice de leurs compétences par les autorités de régulation nécessite le recueil d'informations auprès des entreprises opérant sous leur contrôle.

Ce recueil d'informations peut d'abord s'effectuer dans l'exercice de leurs pouvoirs d'enquête ou au titre de missions spécifiques ; des sanctions sont alors souvent prévues en cas de refus d'un opérateur de transmettre les informations qui lui sont demandées[18]. Mais on assiste également au développement d'un pouvoir plus général des autorités de régulation de recueillir toute information utile à l'exercice de leurs missions, sans nécessairement ouvrir une enquête[19].

À dessein, les textes leur conférant un tel pouvoir le font généralement de manière particulièrement large : la Commission de régulation de l'énergie (CRE), par exemple, est expressément habilitée à recueillir « toutes les informations nécessaires » à l'accomplissement de ses missions auprès, notamment, de l'ensemble des entreprises « intervenant sur le marché de l'électricité ou du gaz naturel ou du captage,

[18] Par exemple, s'expose à un retrait ou une suspension de son autorisation toute entreprise opérant dans les secteurs de l'électricité ou du gaz naturel qui refuserait de communiquer les informations relatives à ses activités qui sont nécessaires à la politique énergétique (C. énergie, art. R. 443-11 et L. 142-1).
[19] Voir la communication au présent colloque de J. Mouchette : « Le recueil de l'information par les autorités de régulation ».

transport et stockage géologique de dioxyde de carbone »[20]. La question est d'ailleurs posée de savoir si, dans le silence des textes, un tel pouvoir d'information n'existe pas comme une *compétence implicite* nécessaire à l'exercice de celles qui sont expressément dévolues à l'autorité concernée ; le Conseil d'État semble enclin à l'admettre, dans la mesure où il a jugé que l'Autorité de régulation des communications électroniques et des postes (ARCEP) avait pu légalement organiser une collecte périodique d'informations relatives aux conditions techniques et tarifaires de l'interconnexion et de l'acheminement de données alors que seul le pouvoir de demander individuellement la transmission de telles informations était expressément prévu par les textes[21].

Le recueil d'informations commercialement sensibles par une autorité de régulation ne peut cependant s'effectuer arbitrairement. Le pouvoir d'information n'a en effet vocation à s'exercer que dans la mesure où il est « nécessaire »[22] ou « utile »[23], les textes mentionnant parfois plus précisément, comme c'est le cas pour l'ARCEP, que l'autorité est tenue de le mettre en œuvre « de manière proportionnée aux besoins liés à l'accomplissement de [ses] missions »[24].

En revanche, les textes conférant de tels pouvoirs d'information aux autorités de régulation ne prévoient pas d'exception permettant aux entreprises de refuser la transmission d'informations au nom du secret d'affaires ou du secret industriel et commercial. La directive européenne du 8

---

[20] C. énergie, art. L. 134-18.

[21] CE, Sect., 10 juillet 2013, Sté AT & T Global Network Services France e. a., n° 360397 et n° 360398, *RJEP*, avril 2014, p. 22, concl. D. Botteghi ; *AJDA*, 2013, p. 1953, note É. Glaser ; *Dr. adm.*, n°1/2014, comm. 7, note M. Bazex, *RTD eur.* ; 2014, p. 925, obs. É. Muller.

[22] C. énergie, art. L. 134-18.

[23] C. mon. fin., art. L. 621-8-4, relatif au pouvoir de l'Autorité des marchés financiers de se faire communiquer des informations ou documents par les personnes placées sous son contrôle.

[24] CPCE, art. L. 5-9 (secteur postal) et art. L. 32-4 (secteur des communications électronique).

juin 2016, en cours de transposition, prévoit d'ailleurs que la protection des secrets d'affaires n'est pas applicable aux informations qui sont transmises dans un but d'intérêt public « au public ou aux autorités administratives ou judiciaires » par application de règles de l'Union européenne ou nationales[25].

2. Le recueil d'information par les gestionnaires de réseaux

Dans le cadre des missions particulières qui leur sont confiées par les textes – entretien et développement, gestion des équilibres en matière énergétique, garantie de l'accès au réseau et de l'interconnexion... –, les gestionnaires de réseaux et d'infrastructures recueillent un grand nombre d'informations commercialement sensibles émanant des autres entreprises du secteur ou des consommateurs[26]. Dans ces cas, c'est l'activité même des entreprises qui suppose ou implique la transmission au gestionnaire de réseau ou d'infrastructure d'informations pouvant être couvertes par le secret des affaires.

En outre, la position et l'expertise technique des gestionnaires de réseaux et d'infrastructures justifient aussi que l'Administration puisse parfois leur déléguer le pouvoir de recueillir des informations auprès des opérateurs. Ainsi, le dernier alinéa de l'article L. 142-1 du Code de l'énergie relatif aux informations nécessaires à la politique énergétique prévoit que l'autorité administrative peut, au lieu de recueillir elle-même auprès des opérateurs les données relatives à leur activité, « déléguer le recueil, le traitement et la diffusion de ces informations » notamment aux gestionnaires de réseaux de transport et de distribution. Le secret d'affaires est alors inopposable, dans la mesure où le gestionnaire agit au nom et pour le compte de l'autorité publique.

---

[25] Directive (UE) 2016/943/UE, préc., art. 1er, § 2, b).
[26] Voir *infra*, II, B.

B. Le devoir de ne pas divulguer certaines informations

Si le secret d'affaires n'est pas opposable aux autorités de régulation et gestionnaires de réseaux ou d'infrastructures agissant dans le cadre des compétences et missions qui leur sont confiées par les textes, ils sont néanmoins tenus, en principe, de ne pas divulguer de tels secrets dans l'usage qu'ils font de ces informations. La protection des secrets d'affaires est garantie non seulement par les obligations disciplinaires et déontologiques des personnels des autorités et organismes concernés, mais aussi et surtout par les règles qui encadrent l'utilisation que ces derniers peuvent faire des informations qu'ils recueillent.

1. Les obligations des personnels

Au-delà de l'obligation de discrétion professionnelle applicable aux salariés comme aux agents publics, les textes régissant le statut et le fonctionnement des autorités de régulation instaurent fréquemment de véritables obligations de secret professionnel, pénalement sanctionnées en vertu de l'article 226-13 du Code pénal.

Le champ de ce secret professionnel comprend le plus souvent l'ensemble des « personnels »[27] de l'autorité, ce qui inclut non seulement les agents[28], mais aussi, conformément au statut général des autorités administratives indépendantes et autorités publiques indépendantes, les membres et anciens

[27] Voir s'agissant de l'Autorité de régulation des communications électroniques et des postes : CPCE, art. L. 132.

[28] Les dispositions relatives à la CRE citent expressément « les membres et agents » (C. énergie, art. L. 133-6) ; l'article L. 1261-3 du Code des transports utilise seulement le terme « agents », mais celui-ci est interprété comme englobant à la fois les agents au sens strict et les membres du collège et de la commission des sanctions de l'ARAFER (voir déc. n° 2017-035 du 22 mars 2017 portant adoption de la charte de déontologie, p. 5).

membres de ces dernières[29]. Il est parfois plus largement défini : ainsi, s'agissant de l'Autorité de contrôle prudentiel et de résolution (ACPR), est soumise au secret professionnel toute personne « qui participe ou a participé à l'accomplissement de ses missions[30], y compris les tiers qui y « contribuent » dans le cadre de consultations ou d'expertises[31].

Le secret professionnel est également imposé aux agents des gestionnaires de réseaux et d'infrastructures, mais, réserve faite du cas particulier du recueil d'informations nécessaires à la politique énergétique par délégation de l'État[32], il concerne alors un noyau dur d'informations commercialement sensibles listées par décret dont le régime, étudié *infra*, obéit à des considérations qui excèdent la seule protection du secret d'affaires.

2. Les conditions d'utilisation des informations

Les autorités de régulation et les gestionnaires d'infrastructures sont tenus de protéger les secrets d'affaires dans l'utilisation qu'ils font des informations dont ils disposent.

Cette protection est principalement assurée par le régime général de l'accès aux documents administratifs. Celui-ci interdit d'une part de donner suite aux demandes de tiers visant à obtenir des informations dont la divulgation porterait atteinte notamment « au secret en matière commerciale et industrielle, lequel comprend le secret des procédés, des informations économiques et financières et des stratégies commerciales ou industrielles »[33]. Comme le rappellent parfois les textes[34], les limites prévues par ce régime s'imposent y compris s'agissant

[29] Loi n° 2017-55 du 20 janv. 2017, préc., art. 9.
[30] C. mon. fin., art. L. 612-17.
[31] C. mon. fin. art. L. 613-50-7.
[32] C. énergie, art. L. 142-3.
[33] CRPA, art. L. 311-6.
[34] CRPA, art. L. 300-2.

de demandes émanant de personnes publiques[35]. D'autre part, les dispositions introduites par la loi du 7 octobre 2016 pour une République numérique subordonnent la diffusion d'informations auprès du public à un traitement permettant d'occulter les données couvertes par le secret industriel et commercial[36].

De telles restrictions sont susceptibles d'entraver le bon accomplissement des missions d'informations des autorités de régulation. Si la diffusion des données « sous une forme agrégée garantissant leur caractère anonyme »[37] peut permettre de concilier la bonne information du public et la protection des secrets d'affaires (sous réserve des potentialités du *data-processing*), la protection du marché ou des consommateurs nécessite parfois que des secrets d'affaires puissent être dévoilés, comme l'illustre le pouvoir, dévolu à l'Autorité des marchés financiers (AMF) et à l'ACPR, de « porter à la connaissance du public » certaines informations concernant des opérateurs soumis à leur contrôle[38] sans que le secret professionnel ne leur soit alors opposable[39].

Un problème plus particulier concerne le caractère contradictoire d'un nombre croissant de procédures suivies par les autorités de régulation[40] et, plus précisément encore, celles qui sont susceptibles d'impliquer plusieurs parties ou de faire intervenir des tiers intéressés. Contrairement au respect intransigeant du contradictoire qui – sans préjudice des

[35] Par ex. lorsqu'une collectivité territoriale demande à l'ARCEP la communication de tout ou partie du rapport établi par le prestataire du service universel de raccordement à un réseau fixe ouvert au public (CPCE, art. L. 35-7) ou d'informations sur les infrastructures et réseaux établis sur son territoire (CPCE, art. D. 98-6-3).
[36] CRPA, art. L. 312-1-2.
[37] C. énergie, art. L. 111-73-1, L. 111-77-1, R. 111-28 et D. 141-12-5.
[38] Voir, s'agissant l'AMF : C. mon. fin., art. L. 621-18.
[39] C. mon. fin., art. L. 612-1 et art. L. 561-36-20.
[40] Voir P. Idoux, « Débat contradictoire et régulation économique », *RJEP*, 2013, n°713, étude 15, spéc. § 36-37.

aménagements qui pourraient lui être prochainement apportés[41] notamment sous l'influence de la directive du 8 juin 2016[42] – prévaut à ce jour devant les juridictions administratives excepté dans les cas où la révélation de ce dernier constitue l'objet même du litige[43], ces procédures prévoient souvent la possibilité pour une partie ou un tiers intéressé de demander, le cas échéant après y avoir été invité par l'autorité, que certaines informations couvertes par le secret d'affaires ne soient pas versées au débat contradictoire[44]. Une telle demande de protection, dont l'accueil est conditionné par la production d'une version non confidentielle de la pièce concernée, peut être rejetée si elle n'est manifestement pas fondée ; en outre la protection peut être levée si la communication des informations confidentielles s'avère nécessaire à l'exercice des droits de la défense d'une entreprise mise en cause[45]. La question s'est alors posée du régime contentieux de telles décisions. L'atteinte irréversible au secret des affaires qui peut en découler a conduit le Conseil d'État à juger contraire au droit à un recours effectif leur contestabilité uniquement dans le cadre du recours contre la

---

[41] Voir V. Daumas, « Secret d'affaires et juge administratif », *JCP E*, 2016, n°35, étude n°1455.
[42] Directive (UE) n°2016/943, préc., art. 8, § 2.
[43] V. par ex. : CE, 11 juillet 2016, Centre hospitalier Louis Constant Fleming, n° 391899, *Contrats-Marchés publ.*, 2016, comm. 249, note G. Eckert.
[44] D'abord prévu pour la procédure contradictoire devant l'Autorité de la concurrence en matière de répression des pratiques anticoncurrentielles et de contrôle des concentrations (C. com., art. L. 463-4 et R. 463-13 s.), ce mécanisme de la « demande de protection » a ensuite été étendu à la procédure de sanction devant le CSA (Loi n°86-1067 du 30 septembre 1986 relative à la liberté de communication, art. 17-1 et 42-7 modifiés ; décret n°2013-1196 du 19 décembre 2013, art. 8 à 10), à la procédure de sanction devant l'ARJEL (Loi n°2010-476 du 12 mai 2010 relative à l'ouverture à la concurrence et à la régulation du secteur des jeux d'argent et de hasard en ligne, art. 43, III ; décret n°2010-495 du 14 mai 2010, art. 16 s.) et à la procédure de règlement des différends d'interopérabilité devant l'HADOPI (CPI, art. R. 331-56 s.).
[45] C. com., art. R. 463-15 ; décret n° 2013-1196, préc., art. 10 ; CPI, art. R. 331-65, III.

décision rendue sur le fond par l'Autorité de la concurrence[46] ; un recours en réformation a donc été instauré devant le premier président de la Cour d'appel de Paris[47]. On observe toutefois qu'une telle voie de droit n'existe pas toujours s'agissant d'autres autorités de régulation[48].

La protection des secrets d'affaires est donc pleinement prise en compte dans le cadre de l'exercice de leurs missions par les autorités et gestionnaires de réseaux et d'infrastructures ; mais les intérêts particuliers des entreprises ne constituent pas l'unique prisme par lequel les informations commercialement sensibles doivent être appréhendées.

II. La protection au bénéfice du marché

L'obtention d'informations stratégiques étant susceptible de modifier le comportement des entreprises sur les marchés, il n'est guère surprenant que la notion d'informations commercialement sensibles soit également appréhendée par le droit de la concurrence. Il apparaît alors que la sensibilité d'une information ne s'apprécie pas tout à fait de la même manière lorsque sont en cause les effets de son utilisation ou de son échange sur le marché que lorsqu'il s'agit uniquement de protéger les intérêts de son détenteur légitime. Toutefois, lorsque des missions particulières confiées à un opérateur lui permettent de collecter un grand nombre d'informations commercialement sensibles, la confidentialité qui lui est imposée sert à la fois l'une et l'autre de ces finalités. C'est

---

[46] CE, 10 octobre 2014, Syndicat national des fabricants d'isolants en laines minérales manufacturées, n°367807, *Rec. t.*, p. 501 ; *AJCA*, 2014, p. 386, obs. I. Luc ; Voir aussi : Cass. com. 19 janv. 2016, n°14-21.670 et n°14-21.671, *AJDA*, 2016, p. 1191, étude N. Le Broussois.

[47] Loi n°2016-1547 du 18 novembre 2016 de modernisation de la justice du XXIe siècle (JORF n°269 du 19 novembre 2016, texte n°1), art. 96 (C. com., art. L. 464-8-1).

[48] Par ex. celles prises par le président de la commission des sanctions de l'ARJEL (Décret n°2010-495 du 14 mai 2010, art. 22).

pourquoi les dispositions applicables aux entreprises gestionnaires de réseaux et d'infrastructures comportent un régime juridique spécial des informations commercialement sensibles.

A. Les informations commercialement sensibles en droit de la concurrence

Des distorsions de concurrence peuvent être occasionnées tant par les collusions constituées ou facilitées par les échanges d'informations stratégiques entre entreprises que par l'utilisation abusive des informations stratégiques accumulées par une entreprise.

1. Échanges d'informations et ententes

Les ententes permises par l'échange d'informations font l'objet d'une attention particulière, tant de la part de l'Autorité de la concurrence[49] que de la Commission européenne[50].

La particularité de l'échange d'informations stratégiques entre concurrents est qu'il tend à établir à la fois l'existence d'une collusion et l'effet anticoncurrentiel de celle-ci[51]. D'une part, des échanges d'informations sont susceptibles non seulement de faciliter des ententes, mais encore d'être en eux-mêmes constitutifs de collusions, comme l'illustre l'affaire

---

[49] Aut. conc., « Les échanges d'informations », rap. préc.

[50] Comm. UE, *Lignes directrices sur l'application de l'article 101 TFUE aux accords de coopération horizontale*, préc.

[51] Selon les termes de la professeure Catherine Prieto, « l'analyse de la collusion s'imbrique dans celle de la restriction de concurrence » (Ch. Prieto, « Ententes : concours de volonté », *Jcl. Europe Traité*, fasc. 1405 [28 octobre 2017], § 78). En effet, selon la Cour de justice, « *il y a lieu de présumer, sous réserve de la preuve contraire qu'il incombe aux opérateurs intéressés de rapporter, que les entreprises participant à la concertation et qui demeurent actives sur le marché tiennent compte des informations échangées avec leurs concurrents pour déterminer leur comportement sur ce marché* » (CJCE, 8 juillet 1999, Commission c/ Anic Partecipazioni SpA, aff. C-49/92 P, pt 121).

John Deere de 1998 dans le cadre de laquelle la Cour de justice a esquissé sa grille d'analyse de telles pratiques[52]. Il n'est d'ailleurs pas nécessaire, selon la jurisprudence, que l'échange d'informations s'insère dans le cadre formalisé d'une organisation professionnelle ou même seulement d'un contrat pour être collusif[53]. D'autre part, en créant une transparence artificielle sur le marché, l'échange d'informations diminue l'incertitude stratégique des entreprises et nuit à l'autonomie de leurs comportements[54]. C'est pourquoi la Cour de justice a estimé que l'échange d'informations peut, « lorsqu'il est susceptible d'éliminer les incertitudes quant au comportement envisagé par les entreprises concernées »[55], être une pratique anticoncurrentielle par son objet même. Tel est notamment le cas, selon la Commission, de l'échange d'informations particulièrement sensibles, comme les intentions des opérateurs sur les prix futurs ou les quantités envisagées[56]. Faisant écho aux critiques de certains auteurs[57], la Cour de cassation pu cependant se montrer réticente sur ce point, en exigeant qu'un effet anticoncurrentiel réel ou potentiel soit démontré « de façon concrète »[58].

---

[52] CJCE, 28 mai 1998, John Deere Ltd c/ Commission, aff. C-7/95 P.

[53] CJCE, 2 octobre 2003, Thyssen Stahl c/ Commission, aff. C-194/99 P.

[54] Voir par ex. CA Paris, 26 septembre 2006 (affaire dite des « palaces parisiens »), *JCP G*, 2006, II, n°10204 ; *D.*, 2006, p. 198, note É. Sabathié, *Contrats-concurrence-consommation*, 2006, comm. 226, note M. Malaurie-Vignal, *Concurrences*, n°4/2006, chron. n° 27404, obs. K. Biancone.

[55] CJCE, 4 juin 2009, T-Mobile, aff. C-8/08, pt 41 ; voir aussi : CJUE, 19 mars 2015, Dole Food, aff. C-286/13, pt 122.

[56] Comm. UE, *Lignes directrices sur l'application de l'article 101 TFUE aux accords de coopération horizontale*, préc., pt. 72-74.

[57] Voir F. Lévêque, « Échanges d'informations. Faut-il bâillonner tous les oligopoleurs ? La jurisprudence *John Deere* vue par un économiste », *Concurrences*, n° 3-2006, p. 33 ; Ch. Vilmart et Ch. Vilmart, « Les échanges d'informations selon les lignes directrices sur les restrictions horizontales », *JCP E*, n°4/2011, n°1052, spéc. § 15-18.

[58] Cass. com., 29 juin 2007, SA Bouygues Telecom, SA SFR, SA Orange France c/ UFC Que choisir ?, n°07-10.303, 07-10.354, 07, FS P+B+I, *JCP G*, 2007, II, n° 10153, note Ch. Prieto.

L'examen de la manière dont les échanges d'informations entre entreprises sont appréhendés par les autorités de concurrence fait apparaître que le caractère sensible d'une information n'est pas apprécié de la même manière que dans le contexte de la protection des secrets d'affaires. Certes, les deux ordres d'analyse ne sont évidemment pas sans rapport. L'échange d'informations couvertes par le secret des d'affaires est éminemment susceptible de constituer une collusion[59]. En outre, il existe des critères communs, comme celui de l'ancienneté qui peut faire perdre à l'information son caractère stratégique ; toutefois, l'on observe une différence des durées prises en compte, la protection du secret d'affaires[60] étant habituellement plus longue que la durée pendant laquelle une information est considérée comme sensible du point de vue de la répression des ententes[61].

Plus généralement, les éléments extrinsèques tirés du contexte et, plus particulièrement, de la structure du marché, revêtent, pour apprécier leur sensibilité au regard de la concurrence, une importance qu'elles n'ont pas lorsqu'il s'agit de dire si elles sont couvertes par le secret d'affaires. Ainsi, les effets potentiellement restrictifs sont plus forts dans le contexte

---

[59] Aut. conc., « Les échanges d'informations », rap. préc., p. 130. Sur le rapport entre les deux notions, v. : G. Decocq, A.-L.-H. des Ylouses, « Le secret des affaires et le droit des ententes anticoncurrentielles », *JCP E*, n°35/2016, Étude n°1456.

[60] Reprenant la position adoptée par la Commission européenne (Comm. CE, communication relative aux règles d'accès au dossier de la Commission dans les affaires relevant des articles 81 et 82 du traité CE, des articles 53, 54 et 57 de l'Accord EEE et du règlement (CE) n°139/2004 du Conseil, pt 23), les règles nationales prévoient que « sont réputées ne pas mettre en jeu le secret des affaires [...] [les] éléments portant sur les ventes, parts de marché, offres ou données similaires de plus de cinq ans » (C. com., art. R. 463-13, al. 3).

[61] S'il n'existe pas « de seuil prédéterminé » (Comm. UE, *Lignes directrices sur l'application de l'article 101 TFUE aux accords de coopération horizontale*, préc., pt 90, une durée d'un an est souvent retenue par la Commission européenne (Comm. CE, déc. n° IV/31.370 et 31.446, UK Agricultural Tractor Registration Exchange, *JOCE* L 68 du 13 mars 1992, p. 19, pt 50 ; déc. n° IV/36.069, Wirtschaftsvereiningung Stahl, *JOCE* L 1 du 3 janvier 1998, p. 10, pt 17).

d'un marché oligopolistique très concentré que dans celui d'un marché très concurrentiel, où les échanges d'informations peuvent générer des gains d'efficacité, notamment en permettant aux opérateurs de comparer leurs performances[62]. Par contraste, le Conseil d'État a jugé que si l'existence d'un secret d'affaires s'apprécie à l'aune des effets de sa divulgation sur la concurrence, la position monopolistique d'une entreprise n'est pas en soi un élément suffisant pour la priver de cette protection[63]. De même, le partage d'informations disponibles publiquement et donc ne pouvant par définition constituer des secrets d'affaires, peut générer une restriction de concurrence si l'échange rend l'obtention des informations moins difficile ou moins onéreuse[64], la Commission européenne estimant qu' « un échange d'informations est réellement public s'il rend les données échangées accessibles à tous les concurrents et clients dans des conditions identiques »[65].

2. Accès aux informations et abus de position dominante

Sans même évoquer l'hypothèse où les informations détenues constituent des « facilités essentielles », ce qui ne semble pas s'appliquer à des informations commercialement

---

[62] Voir en ce sens : CJCE, 28 mai 1998, John Deere Ltd, préc., pt 88-90.

[63] CE, 21 avril 2017, Sté FM Projet, *JCP A*, n°35/2017, comm. n°2207, obs. A. Virot-Landais.

[64] V. par ex., à propos d'échanges téléphoniques entre exploitants de stations-services portant sur les prix pratiqués – avant que le Gouvernement n'organise lui-même la diffusion instantanée de ces prix par Internet (arrêté du 12 décembre 2006 créant le site www.prix-carburants.gouv.fr) – : Cons. conc., déc. n°03-D-17 du 31 mars 2003 (décision cependant censurée au motif que l'effet anticoncurrentiel de l'échange n'avait pas été suffisamment caractérisé : CA Paris, 9 décembre 2003, SA Esso, *Contrats Concurrence Consommation*, 2004, comm. n°44, obs. M. Malaurie-Vignal).

[65] Comm. UE, *Lignes directrices sur l'application de l'article 101 TFUE aux accords de coopération horizontale*, préc., pt 94.

sensibles[66], l'utilisation de telles informations est également susceptible de donner lieu à des abus de position dominante.

Si le comportement abusif peut consister dans l'obtention d'informations stratégiques, comme l'illustrent les clauses contractuelles obligeant les clients à dévoiler les offres des fournisseurs concurrents[67], les risques les plus importants pour la concurrence paraissent résider dans l'utilisation par une entreprise des informations que sa position lui permet d'acquérir.

À cet égard, la gestion monopolistique d'un réseau ou d'une infrastructure par un opérateur expose à des risques tout à fait particuliers. Dans le cadre de l'exercice des missions qui leur sont confiées, ces opérateurs sont conduits à collecter de grandes quantités d'informations hautement stratégiques, lesquelles peuvent émaner des entreprises, à l'occasion notamment des pourparlers et études techniques relatives à leurs demandes d'accès ou d'interconnexion, ou des consommateurs, à l'instar des données de comptage de consommation d'énergie. Le gestionnaire appartenant souvent à un groupe verticalement intégré, la tentation de faire bénéficier ses filiales opérant sur le réseau de ces précieuses sources d'information est alors proportionnelle à la détérioration de la concurrence qui peut en résulter. Ayant eu à sanctionner de telles pratiques à plusieurs reprises, l'Autorité de la concurrence en a toujours souligné la particulière gravité. L'opérateur historique du secteur des communications électroniques a ainsi été sanctionné à deux reprises pour avoir utilisé à des fins commerciales des données issues de la gestion de la boucle locale relatives aux habitudes de consommation des utilisateurs[68]. Plus récemment, la SNCF a

---

[66] Dans la mesure où l'application de la théorie des facilités essentielles vise à rendre ces informations accessibles (voir CE, 29 juillet 2002, CEGEDIM, *CJEG*, 2003, p. 16, concl. Ch. Maugüe ; *AJDA*, 2002, p. 1072, note S. Nicinski).

[67] CJCE, 13 février 1979, Hoffmann-La-Roche, aff. 85/76, pt 107.

[68] Cons. conc., déc. n°07-D-33 du 15 octobre 2007 relative à des pratiques mises en œuvre par France Telecom dans le secteur de l'Internet à haut débit, *Contrats Concurrence Consommation*, 2007, comm. n°307, note D. Bosco ;

été sanctionnée dans des termes particulièrement sévères pour avoir mis au service de la stratégie commerciale de sa branche fret les données qu'elle avait collectées dans le cadre de sa mission de gestionnaire d'infrastructure à l'occasion notamment des demandes de sillons et des demandes de visites techniques formulées par les entreprises ferroviaires concurrentes[69].

Il est alors particulièrement intéressant, pour l'étude de la notion d'information commercialement sensible, de souligner la différence qui sépare ces affaires de celles où le gestionnaire du réseau ou de l'infrastructure est sanctionné pour avoir refusé de partager certaines informations nécessaires à l'activité de ses concurrents, comme les listes d'abonnés[70] ou les données relatives à l'éligibilité des lignes téléphoniques à l'ADSL[71]. S'agissant des données stratégiques collectées auprès des utilisateurs du réseau ou de l'infrastructure, ce n'est pas tant le caractère exclusif ou discriminatoire de leur utilisation qui est en cause que la finalité commerciale dans laquelle elle s'effectue : il est attendu de l'opérateur gestionnaire du réseau ou de l'infrastructure qu'il renonce à se servir de l'avantage à la fois étranger à ses mérites et déloyal vis-à-vis de ses concurrents[72] que constitue l'utilisation de ces informations et non qu'il les partage, leur divulgation à des tiers étant pareillement attentatoire à la concurrence.

RTD comm., 2008, p. 68, note É. Claudel ; *RLC*, n°15/2008, p. 131, note V. Sélinsky ; Aut. conc., déc. n°09-D-24 du 28 juillet 2009 relative à des pratiques mises en œuvre par France Telecom sur différents marchés de services de communications électroniques fixes dans les DOM.

[69] Aut. conc., déc. n°12-D-25, relative à des pratiques mises en œuvre dans le secteur du transport ferroviaire de marchandises, *Dr. adm.*, 2013, comm. 17, obs. M. Bazex ; *RLC*, n°35/2007, p. 19, note V. Sélinsky, spéc. pts. 72 s., 360, 679 s.

[70] Cons. conc., déc. n°06-D-20 du 13 juillet 2006 relative à des pratiques mises en œuvre par les sociétés France Telecom, Pages Jaunes Groupe et Pages Jaunes S.A.

[71] Cons. conc., déc. n°02-MC-03 du 27 février 2002, relative à la saisine et à la demande de mesures conservatoires présentées par la société T-Online France.

[72] Voir en ce sens Aut. conc., déc. n° 09-D-24, préc., pts. 207-210.

Ainsi vouées à la confidentialité, les informations stratégiques sur les marchés et les concurrents qui sont collectées par les gestionnaires de réseaux et d'infrastructures constituent, dès lors, un terrain où se conjuguent la protection des intérêts subjectifs des détenteurs légitimes de l'information stratégique par le secret d'affaires et la dimension plus objective de la protection du marché par le droit de la concurrence, terrain en cela propice à l'émergence d'un régime de l'information commercialement sensible.

B. Un régime spécial des informations commercialement sensibles

Les gestionnaires de réseaux et d'infrastructures sont amenés, dans le cadre de l'accomplissement de leurs missions, à recueillir de grande quantité d'informations revêtant un caractère stratégique d'un point de vue commercial et dont la divulgation est susceptible d'affecter significativement la concurrence. Afin de satisfaire aux objectifs des directives européennes[73], ont été identifiées, dans les secteurs de l'électricité, du gaz naturel et des transports ferroviaires, des listes d'« informations d'ordre économique, commercial, industriel, financier ou technique » dont la divulgation serait « de nature à porter atteinte aux règles [de] concurrence libre et loyale et de non-discrimination »[74]. Sont notamment concernées les informations échangées préalablement à la conclusion de contrats, protocoles et accords en vue de l'accès aux réseaux et infrastructures ou de l'attribution de sillons ferroviaires et les

---

[73] Directive n°2012/34/UE du Parlement européen et du Conseil du 21 novembre 2012 établissant un espace ferroviaire unique européen (*JOUE* L 343 du 14 décembre 2012, p. 32), art. 29, § 4 ; directive n°2009/72/CE du Parlement européen et du Conseil du 13 juillet 2009 concernant des règles communes pour le marché intérieur de l'électricité (*JOUE* L 211 du 14 août 2009, p. 55) art. 16 ; directive n°2009/73/CE du Parlement européen et du Conseil du 13 juillet 2009 concernant des règles communes pour le marché intérieur du gaz naturel (*JOUE* L 211 du 14 août 2009, p. 94), art. 16.

[74] C. énergie, art. L. 111-72, L. 111-73 (électricité) et L. 111-77 (gaz naturel) ; C. transp., art. L. 2122-4-4.

informations issues des systèmes de comptage d'énergie (puissances enregistrées, quantités livrées, mesures de débit...)[75]. Ces ensembles d'informations forment ainsi une sorte de noyau dur, plus restreint que celles protégées par le secret d'affaires et auquel tend d'ailleurs à être réservée, dans la pratique, l'appellation d'« informations commercialement sensibles » (ICS) au sens strict[76].

L'ampleur et la technicité des dispositions régissant ces informations reflètent une tension entre deux impératifs contradictoires : si tant la protection des intérêts des entreprises que celle de la concurrence requièrent que l'usage de ces informations ne soit pas détourné des finalités d'intérêt général en vue desquelles elles sont collectées, la montée en puissance du levier d'action que constitue l'information fait que, justement, ces finalités tendent à se multiplier. Il s'ensuit que la confidentialité applicable en principe à ces données s'accompagne de multiples dérogations, ce qui, au total, exige une gestion particulièrement fine et délicate des informations commercialement sensibles.

1. Un principe de confidentialité assorti de nombreuses exceptions

Le régime spécial des informations (particulièrement) sensibles collectées par les gestionnaires de réseaux et d'infrastructures est structuré autour d'un principe de confidentialité, qui vise à garantir que ces informations ne soient pas détournées à des fins commerciales par le gestionnaire lui-même ou par des tiers. Les dispositions applicables consistent tant à réprimer la divulgation des

[75] C. énergie, art. R. 111-26, art. R. 111-31 ; D. n° 2015-139 du 10 fév. 2015, art. 1er.

[76] Voir par ex. Y. Padova, *Rapport du comité d'études de la Commission de régulation de l'énergie relatif aux données dont disposent les gestionnaires de réseaux et d'infrastructures d'énergie*, 18 mai 2017, p. 17 s.

informations[77] qu'à la prévenir : des commissions de déontologie sont ainsi chargées de se prononcer sur les changements d'activités professionnelles non seulement des dirigeants des gestionnaires de réseaux ou d'infrastructures, mais aussi, sur saisine de ces derniers, de personnels ayant eu à connaître des informations sensibles[78].

Toutefois, la conscience des potentialités que recèlent ces mêmes informations comme moyen d'action au service des très divers objectifs politiques des régulations sectorielles a conduit, en particulier dans les secteurs énergétiques, à multiplier les hypothèses d'utilisation licite de ces données. Afin de résoudre ce paradoxe, les textes énumèrent une série d'exceptions au principe de confidentialité qu'ils tentent d'encadrer le plus strictement possible. Outre la communication des informations utiles aux activités de fourniture d'énergie et d'effacement de consommation[79] ou au raccordement des utilisateurs[80] et la publication de données agrégées [81], les gestionnaires de réseaux et d'infrastructures doivent mettre à disposition des personnes publiques chargées de la rédaction de divers schémas et plans relatifs à l'aménagement ou au développement durable[82] un certain nombre de données précisément énumérées[83] issues de leurs systèmes de comptages et relatives au transport, à la consommation et à la production d'électricité ou de gaz[84].

[77] Le secret professionnel au sens de l'article 226-13 du Code pénal couvre les informations commercialement sensibles détenues par le gestionnaire du réseau de transport d'électricité (C. énergie, art. L. 111-80) et celles détenues par le gestionnaire de l'infrastructure de transport ferroviaire (C. transp., art. L. 2122-4-4) ; une peine de 15 000 euros d'amende est prévue en cas de divulgation des informations commercialement sensibles détenues par les gestionnaires de réseaux de distribution d'électricité (C. énergie, art. L. 111-81) ou d'infrastructures gazières (C. énergie, art. L. 111-82).
[78] C. énergie, art. L. 111-74 et R. 111-22 s. ; C. transp., art. L. 2111-16-2 et décret n°2015-139 du 10 fév. 2015, préc., art. 7 s.
[79] C. énergie, art. R. 111-27.
[80] C. énergie, art. R. 111-27-1 à R. 111-27-3.
[81] C. énergie, art. R. 111-28.
[82] C. énergie, art. D. 111-55, V.
[83] C. énergie, art. D. 111-53.
[84] C. énergie, art. L. 111-72, L. 111-73, L. 111-77.

Enfin, la loi pour une République numérique leur a également imposé de procéder à la diffusion, après « traitement [...] dans le respect des secrets protégés par la loi », des données détaillées issues des systèmes de comptage en vue « [du] développement d'offres d'énergie, d'usages et de services énergétiques »[85].

2. La gestion délicate des informations commercialement sensibles

L'expérience montre qu'il n'est pas toujours évident, pour un gestionnaire de réseau verticalement intégré, de s'imposer à lui-même la confidentialité des informations commercialement sensibles qu'il collecte en renonçant à en faire profiter ses filiales[86]. Lorsqu'il lui est, en outre, demandé de procéder à des communications, publications et diffusions de plus en plus nombreuses de ces mêmes données, l'exercice prend un tour particulièrement délicat dont le caractère « schizophrénique » a pu être souligné par certains acteurs professionnels[87]. Deux difficultés méritent plus particulièrement d'être mentionnées.

La première est liée à l'identification même des informations, des buts dans lesquels elles peuvent être utilisées, des personnes auxquelles elles sont destinées et des conditions à respecter lors de leur communication, publication ou diffusion. Ceci nécessite que des mesures particulières soient prises par le gestionnaire de réseau ou d'infrastructure, sous le contrôle du régulateur[88] afin que soit dressée une véritable cartographie des informations commercialement sensibles. Dans le secteur des transports ferroviaires, la loi exige même que soit élaboré par le gestionnaire d'infrastructure un « plan de gestion des informations confidentielles », soumis à l'avis conforme de

---

[85] C. énergie, art. L. 111-73-1.
[86] Voir Aut. conc., déc. n° 12-D-25, préc., spéc. pt 82 s.
[87] Voir Y. Padova, Rapport préc., p. 14.
[88] Voir dans les secteurs de l'électricité et du gaz : C. énergie, art. L. 111-72, al. 3, art. L. 111-73, al. 3, art. L. 111-77, al. 3.

l'Autorité de régulation des infrastructures ferroviaires et routières, qui doit identifier les informations concernées ainsi que leurs conditions d'utilisation et de communication[89].

La deuxième difficulté découle du fait que ce régime spécial ne résout pas le problème posé par l'hétérogénéité de la notion d'informations commercialement sensibles qui constitue son objet. Sans même évoquer la question de la protection des données personnelles qui se pose dans de certains cas[90], ces règles particulières, si elles concourent aux mêmes objectifs, ne se substituent pas aux régimes plus généraux applicables aux informations commercialement sensibles en vue de la protection des secrets d'affaires ou de la concurrence, mais viennent s'y ajouter. Dès lors, les gestionnaires de réseaux et d'infrastructures se trouvent confrontés aux difficultés posées par l'articulation de ces différents régimes. Il se peut, d'une part, qu'une information non répertoriée comme commercialement sensible soit néanmoins susceptible, en cas de divulgation, d'affecter la concurrence ou de porter atteinte à un secret d'affaires[91]. D'autre part, le respect de ces règles particulières ne garantit nullement, indépendance des législations oblige, une quelconque immunité des décisions prises au regard de la protection des secrets d'affaires et du droit de la concurrence, ce qui conduit certains acteurs à s'interroger « sur la nécessité d'une interrégulation plus étroite et plus structurée »[92].

---

[89] C. transp., art. L. 2122-4-5 ; décret n°2015-139, préc., art. 5. Voir ARAFER, avis n°2017-059 du 21 juin 2017 relatif au projet de plan de gestion des informations confidentielles de SNCF Réseau.

[90] Loi n°78-17 du 6 janvier 1978 relative à l'informatique, aux fichiers et aux libertés, *JORF* du 7 janvier 1978, p. 227 ; voir sur ce point les communications au présent colloque de F. Berrod et de Y. Padova.

[91] Afin de prévenir ce risque, la liste des informations commercialement sensibles dans le secteur des transports ferroviaires se clôt par une catégorie résiduelle englobant toute information dont la divulgation est susceptible de conférer « un avantage injustifié » ou de porter « un préjudice » aux personnes qu'elle concerne (Décret n°2015-139, préc., art. 1er, 8°).

[92] Y. Padova, Rapport préc., p. 22.

Informations commercialement sensibles et régulation des communications électroniques

Élisabeth SUEL[93]

La régulation des communications électroniques appréhende les informations commercialement sensibles au regard notamment de la concurrence effective et loyale sur le marché[94].

Le caractère secret de certaines informations peut en effet conférer à leur(s) détenteur(s) un avantage, par rapport aux opérateurs tiers, susceptible de soulever des difficultés concurrentielles.

Aussi l'Autorité de régulation des communications électroniques et des postes (l'ARCEP) s'est-elle attachée à favoriser la transparence d'informations détenues par certains opérateurs pour instaurer une concurrence effective et loyale entre les opérateurs et s'assurer de l'absence de pratiques discriminatoires entre eux. L'ARCEP a ainsi organisé l'ouverture, au bénéfice des opérateurs tiers, d'informations détenues par les opérateurs ayant une position particulière sur le marché, notamment les opérateurs disposant d'une position dominante sur ce marché ou encore les opérateurs verticalement

[93] Directrice des affaires juridiques de l'Autorité de régulation des communications électroniques et des postes (ARCEP).

[94] La concurrence effective et loyale au bénéfice des utilisateurs est l'un des objectifs de régulation prévus par l'article L. 32-1 du Code des postes et des communications électroniques (CPCE).

intégrés (à savoir ceux qui vendent des prestations à d'autres opérateurs sur le marché de gros, tout en exerçant une activité sur le même marché de détail).

Plus largement, les textes confient à l'ARCEP le soin de publier, dans le respect du secret des affaires et des autres secrets protégés par la loi, « les informations susceptibles de contribuer à l'instauration d'un marché ouvert et concurrentiel »[95].

À front renversé, la divulgation de certaines informations, révélatrices d'un secret des affaires, peut porter atteinte à la concurrence effective et loyale sur le marché. L'action du régulateur au titre de la transparence doit donc être conciliée avec la protection d'un tel secret protégé par la loi.

Régulièrement amenée, pour l'exercice de ses missions[96], à demander aux opérateurs de lui transmettre des informations pouvant être commercialement sensibles, l'ARCEP est ainsi tenue à une obligation de confidentialité et un devoir de protéger le secret des affaires[97].

Dans l'exercice de ses missions, l'ARCEP est ainsi régulièrement confrontée, s'agissant des informations

---

[95] CPCE, art. D. 295, II.

[96] Le pouvoir des autorités réglementaires nationales de collecter des informations auprès des entreprises assurant la fourniture de réseaux et de services de communications électroniques est prévu par l'article 5 de la directive 2002/21/CE du Parlement européen et du Conseil du 7 mars 2002, dite directive « cadre », tel que modifié par la directive 2009/140/CE. En droit interne, le pouvoir de collecte d'informations de l'ARCEP est en particulier prévu par les articles L. 32-4, L. 33-1, L. 135, D. 98-11 et D. 295 du CPCE.

[97] En vertu de l'article 9 de la loi n°2017-55 du 20 janvier 2017 portant statut général des autorités administratives indépendantes et des autorités publiques indépendantes et de l'article L. 132 du CPCE, les membres et les agents de l'ARCEP sont tenus au secret professionnel pour l'ensemble des informations dont ils ont connaissance en raison de leurs fonctions. L'article 5 de la directive « cadre » précitée prévoit que lorsqu'une autorité réglementaire nationale considère que des informations collectées auprès des opérateurs sont confidentielles, conformément à la réglementation communautaire et nationale en matière de secret des affaires, les autorités réglementaires nationales veillent à assurer cette confidentialité.

commercialement sensibles, à la question de la conciliation entre transparence et protection du secret des affaires (I).

Dans le cadre de la procédure de règlement de différend[98], s'est également posée une question spécifique : celle de la conciliation entre « l'intérêt légitime des entreprises à ce que leurs secrets d'affaires ne soient pas divulgués »[99] et le principe du contradictoire (II).

I. Conciliation entre transparence et secret des affaires

A. L'action du régulateur en faveur de la transparence de certaines informations pour assurer une concurrence effective et loyale sur le marché

Depuis plusieurs années, l'ARCEP mène diverses actions pour que les opérateurs détenant une position particulière sur un marché mettent à disposition des opérateurs tiers un certain nombre d'informations pour prévenir les risques de pratiques discriminatoires en matière d'accès des tiers à leur réseau et assurer, ainsi, une concurrence effective et loyale sur le marché. À défaut d'une telle transmission, le détenteur de ces informations pourrait chercher, *via* des pratiques discriminatoires, à renforcer sa position sur le marché au détriment de ses concurrents.

À titre d'illustration, la régulation dite « symétrique » en matière de déploiement des réseaux en fibre optique prévoit que tout opérateur qui déploie dans un immeuble une ligne en fibre optique permettant de desservir un client (l'opérateur d'immeuble) doit notamment fournir aux autres opérateurs (les

[98] La procédure de règlement des différends devant l'ARCEP est prévue par l'article L. 36-8 du CPCE.
[99] CJUE, 24 juin 1986, Akzo Chemie e.a., aff. C-53/85, § 28.

opérateurs commerciaux) des informations relatives aux immeubles, à l'éligibilité des lignes, au service de livraison de la ligne et au service après-vente, qui doivent être comparables à celles que cet opérateur d'immeuble utilise en autofourniture pour sa propre banche de détail.

L'opérateur verticalement intégré doit ainsi, pour se conformer à son obligation de non-discrimination, transmettre à sa branche de détail des informations, sur les processus opérationnels et techniques d'accès à la ligne en fibre optique qu'il a déployée, comparables à celles transmises aux opérateurs concurrents qui lui achètent des prestations de gros d'accès à cette ligne[100].

Il convient en effet de s'assurer que les opérateurs tiers ne soient pas désavantagés par rapport à l'opérateur d'immeuble qui détient un avantage informationnel sur ces processus, et de veiller à ce que les opérateurs tiers puissent acquérir des abonnés dans des conditions de concurrence effective et loyale.

Cette non-discrimination constitue un enjeu majeur pour que la migration des clients vers la fibre n'entraîne pas de régression d'un point de vue concurrentiel.

---

[100] Cette obligation est qualifiée d'équivalence des extrants (au sens de la recommandation 2013/466/UE de la Commission européenne du 11 septembre 2013 sur des obligations de non-discrimination et des méthodes de calcul des coûts cohérentes pour promouvoir la concurrence et encourager l'investissement dans le haut débit (recommandation « non-discrimination et méthodes de coûts ») ; elle est prévue par la décision de l'ARCEP n°2015-0776 du 2 juillet 2015. Plus généralement, l'opérateur d'immeuble doit fournir aux opérateurs commerciaux l'accès à la ligne en fibre optique qu'il déploie en un point dit de mutualisation dans des conditions raisonnables et non discriminatoires (CPCE, art. L. 34-8-3 ; voir également les décisions de l'ARCEP n°2009-1106 du 22 décembre 2009 précisant, en application des articles L. 34-8 et L. 34-8-3 du CPCE, les modalités de l'accès aux lignes de communications électroniques à très haut débit en fibre optique et les cas dans lesquels le point de mutualisation peut se situer dans les limites de la propriété privée et n°2010-1312 du 14 décembre 2010 précisant les modalités de l'accès aux lignes de communications électroniques à très haut débit en fibre optique sur l'ensemble du territoire à l'exception des zones très denses).

En 2017, dans le cadre de ses travaux de révision de l'analyse des marchés du haut et du très haut débit fixe, l'ARCEP s'est interrogée sur l'opportunité d'imposer à Orange, principal opérateur d'immeuble, une obligation de non-discrimination impliquant, cette fois, l'utilisation, par sa branche de détail (en autofourniture), d'outils informatiques identiques à ceux proposés aux opérateurs commerciaux tiers (pour la vente externe) ainsi que le recours à des processus opérationnels communs[101].

Pour répondre aux préoccupations de l'ARCEP, Orange a soumis à l'Autorité des éléments qui permettent d'assurer un renforcement des garanties en matière de non-discrimination et d'efficacité des processus opérationnels et techniques d'accès aux lignes en fibre optique que l'opérateur déploie. Au regard des actions prévues par Orange, et sous réserve qu'elles soient effectivement mises en œuvre, l'ARCEP a estimé qu'il n'était, à ce jour, ni nécessaire ni proportionné d'imposer à cet opérateur une obligation spécifique de non-discrimination, allant au-delà de celle déjà prévue par le cadre symétrique sur le déploiement de la fibre[102].

---

[101] Il se serait agi d'une obligation dite d'équivalence des intrants (au sens de la recommandation précitée 2013/466/UE de la Commission européenne du 11 septembre 2013).

[102] ARCEP, décision n°2017-1347 du 14 décembre 2017 portant sur la définition du marché pertinent de fourniture en gros d'accès local en position déterminée, sur la désignation d'un opérateur exerçant une influence significative sur ce marché et sur les obligations imposées à cet opérateur sur ce marché (p. 150 et s.).

B. L'action du régulateur pour préserver la confidentialité d'informations commercialement sensibles : la protection du secret des affaires

Certaines informations commercialement sensibles doivent rester confidentielles pour préserver le secret des affaires et, *in fine,* la concurrence effective sur le marché.

C'est au regard de cette problématique que la CADA a rendu, le 7 mai 2015, un avis défavorable[103] à la communication à la société Bouygues Télécom du document que cette société avait demandé à l'ARCEP, à savoir le montant financier proposé par la société Free Mobile au titre de la part fixe de redevance qu'elle s'était engagée à verser en cas d'attribution de fréquences dans la bande des 800 MHz (les fréquences dites « en or » pour fournir des services 4G).

La société Free Mobile n'a pas été sélectionnée à l'issue de la procédure lancée en juin 2011, car son offre était « moins disante » que celles des trois autres opérateurs mobiles ; elle n'a donc pas obtenu de fréquences dans la bande[104].

Mais l'offre de Free Mobile, qui n'a pas été retenue, aurait révélé la stratégie de cet opérateur quant à la valorisation de son portefeuille de fréquences mobiles, alors qu'une nouvelle procédure d'attribution de fréquences allait avoir lieu quelques mois plus tard (la procédure d'attribution des fréquences de la bande 700 MHz).

La CADA a ainsi estimé que si le montant proposé dans une offre retenue est en principe communicable à toute personne qui en fait la demande (dans la mesure où il s'agit

---

[103] CADA, avis n°20150922, *ARCEP*, séance 7 mai 2015 (www.cada.fr/avis-20150922,20150922.html).

[104] ARCEP, décision n°2011-1510 du 22 décembre 2011 relative au compte rendu et au résultat de la procédure d'attribution d'autorisations d'utilisation de fréquences dans la bande 800 MHz en France métropolitaine pour établir et exploiter un réseau radioélectrique mobile ouvert au public.

d'une composante de la redevance à payer pour l'occupation du domaine public hertzien), en revanche, le montant proposé par toute offre non retenue (lequel, par construction, n'est pas constitutif d'une redevance d'occupation du domaine public) affecterait les conditions de mise en concurrence des opérateurs dans le cadre de la nouvelle procédure d'attribution à venir et porterait atteinte au secret en matière commerciale et industrielle.

Plus généralement, dans le contexte de la régulation par la donnée[105], l'exercice de conciliation entre protection du secret des affaires, d'une part, et transparence et intelligibilité des décisions et autres publications de l'ARCEP, d'autre part, est essentiel.

L'identification des éléments d'information relevant du secret des affaires est d'ailleurs un travail quasi-quotidien des services de l'ARCEP, que ce soit à l'occasion de réponses à apporter aux demandes de transmission de documents administratifs au titre de l'article L. 311-1 du Code des relations entre le public et l'administration, de la rédaction de décisions ayant vocation à être publiées, de l'élaboration des observatoires de l'ARCEP, de plus en plus fréquents dans le cadre de la régulation par la donnée, ou encore de la publication de données en *open data*[106].

---

[105] Voir sur le site de l'ARCEP le dossier intitulé « La régulation par la *data* », mis à jour le 26 janvier 2018 (www.arcep.fr/index.php?id=13329).

[106] Depuis la loi n°2016-1321 du 7 octobre 2016 pour une République numérique, l'ARCEP est chargée de mettre « à disposition du public, sous forme électronique, dans un standard ouvert aisément réutilisable, sous réserve de mentionner leurs sources, les cartes numériques de couverture du territoire que les fournisseurs de services de communications électroniques sont tenus de publier en application du présent code et des décisions prises pour son application, ainsi que les données servant à les établir dont elle fixe la liste et que les fournisseurs lui transmettent préalablement. » (11° de l'article L. 36-7 du CPCE). La loi pour une République numérique a également introduit des dispositions générales sur l'*open data*, codifiées à l'article L. 312-1-1 du Code des relations entre le public et l'administration, qui impliquent notamment la publication en *open data* des bases de données, mises à jour de façon régulière, que l'administration produit ou reçoit et qui

Il appartient en effet à l'ARCEP, comme à toute autorité administrative, « d'occulter de sa propre autorité », au stade de la publication de ses actes, « toute mention qui porterait atteinte au secret des affaires »[107].

Pour y parvenir, et en l'absence de définition précise de la notion de secret des affaires, en dehors des dispositions de l'article L. 311-6 du Code des relations entre le public et l'administration[108] et de la directive du 8 juin 2016[109], une appréciation au cas par cas est réalisée, au regard notamment de la pratique décisionnelle de la Commission d'accès aux documents administratifs (CADA) et de la jurisprudence tant nationale qu'européenne.

Dans le cadre de certaines procédures, les textes confient néanmoins aux détenteurs du secret des affaires la responsabilité de l'identifier : il leur appartient dans ce cas de demander la protection de ce secret sur les éléments qu'ils identifient, en justifiant leur demande, et de transmettre, en complément des versions confidentielles dans lesquelles figurent les éléments de secret des affaires, des versions publiques les occultant[110].

---

ne font pas l'objet d'une diffusion publique par ailleurs ou encore les données, mises à jour de façon régulière, dont la publication présente un intérêt économique, social, sanitaire ou environnemental.

[107] CE, 9 mai 2001, Sté Chep France, n°231320, au recueil.

[108] En vertu de l'article L. 311-6 du Code des relations entre le public et l'administration, ne sont communicables qu'à l'intéressé les documents administratifs dont la communication à des tiers porterait atteinte au secret en matière commerciale et industrielle, lequel comprend le secret des procédés, des informations économiques et financières et des stratégies commerciales ou industrielles.

[109] Directive (UE) 2016/943 du Parlement européen et du Conseil du 8 juin 2016 sur la protection des savoir-faire et des informations commerciales non divulgués (secret d'affaires) contre l'obtention, l'utilisation et la divulgation illicites, *JOUE* L 157 du 15 juin 2016, p. 1.

[110] Voir en ce sens, l'article D. 599 du CPCE sur la publicité des actes relatifs à une procédure de sanction ; l'article prévoit notamment que « les informations, documents ou parties de documents pour lesquels une demande

II. Conciliation entre protection du secret des affaires et principe du contradictoire

Le principe du contradictoire[111] exclut en principe la possibilité pour le juge de prendre en compte, pour la résolution d'une affaire, des éléments (mémoires et pièces) qui auraient été produits par une partie sans que son adversaire n'ait eu la possibilité d'en prendre connaissance. Le Conseil d'État a ainsi considéré que, « conformément au principe du caractère contradictoire de l'instruction, le juge administratif est tenu de ne statuer qu'au vu des seules pièces du dossier qui ont été communiquées aux parties »[112].

Comment dès lors concilier ce principe avec la protection du secret des affaires ?

L'ARCEP a été confrontée à cette question dans le cadre de sa procédure de règlement de différend.

La loi[113] précise à cet égard que l'ARCEP se prononce, en règlement de différend, après avoir mis les parties à même de présenter leurs observations et « peut refuser la communication de pièces mettant en jeu le secret des affaires. Ces pièces sont alors retirées du dossier », sauf si la partie concernée ne s'oppose pas à la communication à l'autre partie.

Dans un arrêt du 24 février 2010, LRN contre Mobius, la cour d'appel de Paris a jugé que « [e]n l'absence de disposition particulière l'autorisant à lever le secret des affaires, l'ARCEP

---

de protection au titre du secret des affaires n'a pas été présentée sont réputés ne pas mettre en jeu le secret des affaires ».

111 Consacré en tant que principe général du droit par le Conseil d'État (CE, 5 mai 1944, Dame Veuve Trompier Gravier), puis en tant que principe constitutionnel et institué comme composante du droit au procès équitable au titre de l'article 6-1 de la Convention européenne de sauvegarde des droits de l'homme.

112 CE, Ass., 6 novembre 2002, Moon Sun Myung, n°194295.

113 CPCE, art. L. 36-8.

ne disposait pas d'autre option que celle qui a consisté à écarter des débats les pièces pour lesquelles Mobius avait précisément invoqué le secret des affaires ; toute autre interprétation se serait heurtée aux exigences du contradictoire qui interdisait de toute façon à l'autorité de se référer à des pièces soumises au secret transmises par une partie » et que l'autre partie, en raison de ce secret des affaires n'aurait pas pu être en mesure discuter.

Plus récemment, et à l'égard d'une procédure de règlement de différend devant l'Autorité de régulation des activités ferroviaires et routières (ARAFER), la cour a jugé que « le principe du contradictoire ne revêt pas un caractère absolu et son étendue varie en fonction des spécificités des procédures en cause. Par ailleurs, il doit être concilié avec le secret des affaires. Il appartient à la partie qui se plaint du défaut de communication de pièces, de démontrer que cette absence de communication lui a fait grief, c'est-à-dire était de nature à avoir une incidence sur l'issue du litige »[114]. En l'espèce, la partie au litige n'avait pas démontré que l'absence de communication intégrale d'un document lui avait fait grief ; la cour en a déduit que le principe du contradictoire n'avait pas été méconnu.

Une telle solution vise à assurer l'efficacité de la procédure de règlement de différend, tout en assurant le respect du principe du contradictoire et du secret des affaires.

Au niveau européen, la Cour de justice de l'Union européenne a également eu l'occasion de se prononcer sur la manière dont il convient de concilier le principe du contradictoire et la protection du secret des affaires, dans un contentieux spécifique, celui des procédures de passation des marchés publics[115].

La Cour a tout d'abord rappelé que le principe du contradictoire implique, en règle générale, le droit pour les

---

[114] CA Paris, 17 décembre 2015, SNCF Réseau c/ Sté T3M, n°2014/17688. Un recours en cassation a été formé contre cet arrêt.

[115] CJCE, 14 février 2008, Varec SA c/ État belge, aff. C-450/06.

parties à un procès de prendre connaissance des preuves et des observations présentées devant le juge et de les discuter. Cependant, dans certains cas, il peut être nécessaire de ne pas communiquer certaines informations aux parties afin de préserver les droits fondamentaux d'un tiers ou de sauvegarder un intérêt public important[116], tel que le maintien d'une concurrence loyale dans le cadre des procédures de passation de marchés publics auquel contribue la protection du secret des affaires d'opérateurs économiques tiers.

La Cour en a déduit que, dans le cadre d'un recours formé contre une décision prise par un pouvoir adjudicateur relative à une procédure de passation d'un marché public, le droit d'accès des parties aux pièces du dossier « doit être mis en balance avec le droit d'autres opérateurs économiques à la protection de leurs informations confidentielles et de leurs secrets d'affaires ».

Pour concilier ce droit avec les exigences d'une protection juridique effective et le respect des droits de la défense des parties au litige, « l'instance responsable des recours doit nécessairement pouvoir disposer des informations requises pour être à même de se prononcer en toute connaissance de cause, y compris les informations confidentielles et les secrets d'affaires ».

La Cour a ainsi jugé que l'instance compétente pour connaître des recours relatifs à la passation des marchés publics « doit garantir la confidentialité et le droit au respect des secrets d'affaires au regard des informations contenues dans les dossiers qui lui sont communiqués par les parties à la cause, notamment par le pouvoir adjudicateur, tout en pouvant elle-même connaître de telles informations et les prendre en considération. Il appartient à cette instance de décider dans quelle mesure et selon quelles modalités il convient de garantir la confidentialité et le secret de ces informations, en vue des exigences d'une protection juridique effective et du respect des

---

[116] CEDH, 16 février 2000, Rowe et Davis c/ Royaume-Uni n°28901/95 ; CEDH, 24 avril 2007, V. c/ Finlande, n°40412/98.

droits de la défense des parties au litige et, dans le cas d'un recours juridictionnel ou d'un recours auprès d'une instance qui est une juridiction au sens de l'article 234 CE, afin que la procédure respecte, dans son ensemble, le droit à un procès équitable ».

La Cour de justice a ainsi reconnu la possibilité pour le juge d'admettre des pièces couvertes par le secret des affaires qui ne seront pas soumises au contradictoire dès lors que cela se justifie par la préservation de droits fondamentaux d'un tiers ou d'un intérêt public important. Il revient néanmoins au juge de définir les modalités adéquates pour respecter les exigences qui s'attachent au droit au procès équitable.

Cette jurisprudence n'est toutefois pas sans soulever d'interrogations quant à son champ d'application et sa portée.

Notons qu'une affaire en cours devant la Cour de justice pourrait être l'occasion pour la Cour, comme l'indique l'avocat général, de « relever le défi de concilier la protection du secret professionnel et celle des droits de la défense »[117].

[117] CJUE, UBS (Luxembourg) SA, aff. n° C-358/16, conclusions de l'avocat général présentées le 26 juillet 2017.

Informations commercialement sensibles et régulation ferroviaire

Le point de vue de l'Autorité de régulation des activités ferroviaires et routières *

Matthieu POUJOL[1]

Dans le secteur ferroviaire, la question de la protection de la confidentialité des informations commercialement sensibles se pose au premier abord dans des termes assez classiques. Afin d'accéder aux infrastructures ferroviaires, les entreprises ferroviaires doivent en faire la demande au gestionnaire d'infrastructure qui est donc amené à connaître de nombreuses informations commercialement sensibles dont la divulgation comporte un risque d'atteinte au bon fonctionnement de la concurrence sur le marché. Ainsi, les demandes d'allocation de sillons et le trafic prévu (identité du client, provenance et composition du convoi...), le montant des redevances facturées, les réclamations introduites ou encore la performance d'une entreprise ferroviaire sont autant d'informations dont la divulgation inappropriée est susceptible de conférer un avantage injustifié à l'entreprise ferroviaire qui en serait la destinataire. Ce risque paraît d'autant plus prégnant dans un secteur à forte culture monopolistique où la distinction entre la gestion de

* Les opinions exprimées ici le sont à titre personnel et ne sauraient engager l'institution à laquelle l'auteur appartient.

[1] Docteur en droit public (École de droit de la Sorbonne) - Adjoint au directeur des affaires juridiques de l'Autorité de régulation des activités ferroviaires et routières (ARAFER).

l'infrastructure, d'une part, et l'exploitation des services de transport, d'autre part, n'est pas toujours claire.

La décision rendue le 18 décembre 2012 par l'Autorité de la concurrence a permis de prendre conscience de l'ampleur du problème[2]. La SNCF y a été sanctionnée à hauteur de 60,9 millions d'euros pour avoir mis en œuvre plusieurs pratiques ayant entravé ou retardé l'entrée de nouveaux opérateurs sur le marché du transport ferroviaire de marchandises. En particulier, l'opérateur historique a été sanctionné pour abus de position dominante pour avoir transmis, en tant que gestionnaire d'infrastructure délégué, des informations confidentielles à sa branche Fret entre avril 2006 et septembre 2008. Sur ce point, il convient de rappeler qu'avant la réforme ferroviaire de 2014, la loi du 13 février 1997 avait créé un gestionnaire du réseau, RFF, sans lui confier les moyens nécessaires à l'exercice de ses missions, la gestion du trafic et des circulations, ainsi que le fonctionnement, et l'entretien des installations techniques restant dans le giron de l'opérateur historique de transport, gestionnaire d'infrastructure délégué[3]. Cette répartition complexe comportait un risque majeur pour le développement de la concurrence sur le marché, les principales fonctions de gestion de l'infrastructure étant confiées à une entité, la SNCF, qui exerçait également des activités d'exploitation de services ferroviaires de transport. Cette situation de conflits d'intérêts était susceptible de générer des effets d'éviction pouvant nuire à l'activité et au développement des entreprises ferroviaires alternatives[4]. L'enquête ayant donné lieu à la décision du 18 décembre 2012 a montré que cette hypothèse était loin d'être

---

[2] Aut. conc., décision n°12-D-25 du 18 décembre 2012 relative à des pratiques mises en œuvre dans le secteur du transport ferroviaire de marchandises.

[3] Loi n°97-135 du 13 février 1997 portant création de l'établissement public « Réseau ferré de France » en vue du renouveau du transport ferroviaire, *JORF* n°39 du 15 février 1997, p. 2592. Sur la question, voir M. Vermeulen et B. Cosperec, « Transports ferroviaires », *in Dictionnaire des régulations*, Lexis Nexis, 2016, Fiche 70, p. 635.

[4] Risque plusieurs fois rappelé par l'Autorité de la concurrence, voir avis n°13-A-14 du 4 octobre 2013 relatif au projet de loi portant réforme ferroviaire, pts 50-53.

théorique. L'Autorité de la concurrence a constaté que la SNCF avait procédé à la transmission d'informations confidentielles reçues dans le cadre de ses fonctions de gestionnaire d'infrastructure délégué, soit à l'occasion d'une demande de sillons (informations propres au trafic prévu sur le sillon demandé, à l'identité du client ou au trafic concerné...) ou dans le cadre de demandes de visite de sites techniques à une de ses divisions commerciales, la branche Fret, alors soumise aux règles de concurrence. Ces informations commerciales stratégiques avaient largement circulé au sein de la branche Fret et avaient été utilisées par l'entreprise ferroviaire SNCF afin de renforcer ou maintenir sa position dominante sur ce marché. Ainsi par exemple, la connaissance du contenu des demandes de sillons d'une entreprise ferroviaire avait permis à la SNCF de comprendre le plan de transport et la stratégie commerciale d'un concurrent et d'en tirer avantage en formulant des offres commerciales agressives ciblées sur ces trafics.

Face à de tels risques pour le développement de la concurrence, le droit de l'Union européenne a posé un principe d'indépendance du gestionnaire du réseau dans l'exercice de ses fonctions essentielles (tarification de l'infrastructure et répartition des capacités) et lui impose de respecter la confidentialité des informations qui lui sont communiquées dans ce cadre[5]. Ces principes, qui réduisent l'obligation de respecter la confidentialité des informations au seul exercice des fonctions essentielles, ne sont pas totalement satisfaisants. En effet, la question de la circulation d'informations confidentielles peut également se poser à l'occasion de la gestion des circulations, des situations de crise ou dans le cadre des missions d'entretien du réseau. Dans un contexte où l'expérimentation de l'ouverture à la concurrence des transports ferroviaires de voyageurs est désormais fixée, il est indispensable que le législateur mette en place les garde-fous

[5] Directive 2012/34/UE du Parlement européen et du Conseil du 21 novembre 2012 établissant un espace ferroviaire unique européen (refonte), *JOUE* L 343 du 14 décembre 2012, p. 32, art. 7, 29 § 4 et 39 § 2.

nécessaires pour prévenir toute pratique discriminatoire au détriment des nouveaux entrants.

La réforme ferroviaire votée en 2014 ne répond pas totalement à cet objectif. Elle a profondément modifié le paysage ferroviaire français en créant un gestionnaire d'infrastructure unifié, SNCF Réseau, et en l'intégrant verticalement aux côtés de l'activité de transport ferroviaire de l'opérateur historique au sein d'un groupe public ferroviaire[6]. Cette intégration du gestionnaire d'infrastructure dans le même groupe que l'activité de transport ferroviaire de l'opérateur historique n'est pas sans risque, tant pour l'indépendance du nouveau gestionnaire d'infrastructure unifié que pour l'accès des nouveaux entrants au réseau. C'est la raison pour laquelle la réforme a défini des garanties destinées à assurer l'indépendance du gestionnaire de l'infrastructure et a mis en place les outils destinés à garantir une protection satisfaisante de la gestion des informations confidentielles au sein de SNCF Réseau, en y associant le régulateur (I). Ces garanties, si elles sont bienvenues, ne sont pas suffisantes. L'organisation institutionnelle issue de la réforme n'assure pas toujours une protection satisfaisante en cas de circulation des informations confidentielles au sein du groupe public ferroviaire, certaines fonctions de gestion de l'infrastructure n'étant pas assurées par SNCF Réseau (II).

---

[6] Sur la réforme, voir A. Laget-Annamayer, « La loi du 4 août 2014 portant réforme ferroviaire : une imparfaite adaptation au cadre européen sous contrainte nationale », *Droit adm.*, 2014, Étude 18 ; J. Geffard, « Le système de transport ferroviaire national à la recherche de son équilibre. À propos de la loi n°2014-872 du 4 août 2014 portant réforme ferroviaire », *RLC*, 2015, n°2716.

I. La protection des informations confidentielles au sein du gestionnaire d'infrastructure unifié : des avancées notables

La réforme ferroviaire de 2014 comporte d'indéniables avancées destinées à garantir une protection satisfaisante de la circulation des informations confidentielles au sein du nouveau gestionnaire d'infrastructure unifié, SNCF Réseau.

En premier lieu, les garanties matérielles destinées à assurer l'indépendance des services du gestionnaire du réseau en charge des fonctions essentielles et protéger ainsi la confidentialité des données qui leur ont été communiquées ont été précisées[7]. Ainsi, l'accès aux locaux aux personnes étrangères à ces services est strictement encadré et soumis à la délivrance d'une autorisation[8]. En outre, les systèmes d'information susceptibles de contenir des données confidentielles doivent être sécurisés de manière à garantir l'indépendance vis-à-vis de toute entreprise exerçant une activité d'entreprise ferroviaire, notamment de SNCF Mobilités[9]. À cet égard, il convient de souligner que si la loi prévoit que l'EPIC de tête « SNCF » peut, dans le cadre de ses fonctions mutualisées exercées au bénéfice de l'ensemble du groupe public ferroviaire[10], gérer des systèmes d'information, toute mutualisation est exclue s'agissant de l'exercice des fonctions essentielles du gestionnaire du réseau. Enfin, la loi renvoie plus généralement à SNCF Réseau le soin de définir les

---

[7] C. transp., art. L. 2111-16-3 ; décret n°2015-140 du 10 février 2015 relatif aux missions et aux statuts de SNCF Réseau, *JORF* n°35 du 11 février 2015, p. 2250, texte n°6.
[8] Décret n°97-444 du 5 mai 1997 relatif aux missions et aux statuts de SNCF Réseau, *JORF* n°106 du 7 mai 1997, p. 6897, art. 41-2.
[9] *Ibidem*.
[10] Décret n°2015-137 du 10 février 2015 relatif aux missions et aux statuts de la SNCF et à la mission de contrôle économique et financier des transports, préc., art. 5.

mesures d'organisation interne destinées à prévenir les risques de pratiques discriminatoires entre entreprises ferroviaires. Ces mesures sont soumises pour avis au régulateur[11].

Si ces garanties sont prévues par les textes, leur portée réelle reste sujette à caution. À ce jour, SNCF Réseau n'a, à l'exception de quelques informations relatives à la nomination d'un directeur général sur la sécurité, jamais soumis de mesures d'organisation interne à l'avis de l'Autorité, qui n'a jamais été en mesure d'apprécier l'efficacité de ces garanties.

En deuxième lieu, la loi prévoit que tout gestionnaire d'infrastructure doit établir un plan de gestion des informations confidentielles à destination de son personnel, soumis à avis conforme du régulateur[12]. Ce plan détaille les informations confidentielles détenues par les services du gestionnaire du réseau en charge des fonctions essentielles dont la divulgation serait de nature à porter atteinte aux règles d'une concurrence libre et loyale. Il précise les conditions d'utilisation et de circulation de ces informations. Enfin, il appartient au gestionnaire d'infrastructure de mettre en place un dispositif d'information, de formation et de contrôle de la mise en œuvre du plan par les personnels ayant accès aux informations confidentielles. Chacun des membres du personnel doit signer une attestation écrite confirmant que le plan a bien été porté à sa connaissance.

La mise en place d'un plan de gestion des informations confidentielles constitue une garantie importante contre les risques liés à la diffusion d'informations commercialement sensibles. Associé à son élaboration *via* un avis conforme, le régulateur en devient le garant. Ainsi, le plan de gestion des informations confidentielles proposé par SNCF Réseau plus

---

[11] C. transp., art. L. 2111-16-4.

[12] C. transp., art. L. 2122-4-5 ; Décret n°2015-139 du 10 février 2015 relatif à la confidentialité des données détenues par le gestionnaire de l'infrastructure ferroviaire et à la commission de déontologie du système de transport ferroviaire, *JORF* n°35 du 11 février 2015, p. 2548, art. 5 et 6.

d'un an après l'entrée en vigueur de la réforme a fait l'objet d'un avis conforme de l'ARAFER, assorti de trois réserves[13].

S'agissant du périmètre des informations confidentielles, SNCF Réseau a effectué, au terme d'une longue concertation avec les acteurs, un important travail de recension de l'ensemble des données confidentielles détenues par ses services, en les regroupant en sept cartographies détaillées[14]. Chacune d'entre elles précisait, en les regroupant autour de grands thèmes, les informations pouvant être portées à la connaissance des services. Dans chaque cas, la nature confidentielle ou non de l'information est mentionnée ainsi que son origine et la possibilité pour chacun des services de SNCF Réseau d'y avoir accès, de l'utiliser ou de la diffuser, le cas échéant avec accord hiérarchique. Ce travail détaillé et complet a été jugé suffisant par l'Autorité qui a cependant relevé l'absence de marquage particulier des informations confidentielles au sein des systèmes d'information et a demandé à SNCF Réseau d'apporter des améliorations sur ce point. En effet, l'appréhension du caractère confidentiel d'une information repose sur la seule vigilance des agents concernés, sur la base des cartographies portées à leur connaissance en interne. Une identification plus précise des informations confidentielles au sein des systèmes d'information utilisés pourrait contribuer à limiter les risques de diffusion inopinée des informations.

Le dispositif d'information, de formation et de contrôle de la mise en œuvre du plan de gestion des informations confidentielles a en revanche fait l'objet de plusieurs critiques de l'Autorité qui en a dénoncé le caractère trop général. En effet, la diffusion et l'application du plan relèvent des managers

---

[13] ARAFER, avis n°2016-218 du 23 novembre 2016 relatif au projet de plan de gestion des informations confidentielles de SNCF Réseau.

[14] Capacités travaux et commerciales ; tarification de l'utilisation du réseau et des installations et services associés ; facturation des redevances ; réclamations commerciales ; régularité horaire ; accidents/incidents ferroviaires sur le réseau ; essais de matériel roulant sur le réseau.

qui, une fois formés, doivent partager leurs acquis avec leurs collaborateurs. Sans remettre en cause ce principe, l'Autorité a relevé que le contenu et le calendrier de formation des managers n'étaient pas précisés, pas plus que les modalités de transmission du plan aux agents de SNCF Réseau. Enfin, aucune procédure d'identification et de traitement des incidents n'était prévue[15]. Ce dernier point est particulièrement problématique, car en dépit des précautions prises, une circulation inappropriée d'informations confidentielles ne peut jamais être exclue, comme en témoignent les pratiques sanctionnées par l'Autorité de la concurrence en 2012. Il est donc fondamental qu'un dispositif efficace soit mis en place afin de permettre d'identifier les circulations anormales d'informations sensibles.

À la suite des modifications proposées par SNCF Réseau, l'Autorité a finalement levé les réserves qu'elle avait formulées le 21 juin 2017[16]. Il appartient désormais au gestionnaire d'infrastructure d'assurer la mise en place effective de ce dispositif.

En dernier lieu, la protection des informations confidentielles implique également un encadrement des mobilités des agents du gestionnaire d'infrastructure. En effet, l'impartialité de SNCF Réseau suppose éviter toute diffusion inopinée d'informations commercialement sensibles lorsqu'un membre de son personnel en charge de fonctions essentielles choisit de rejoindre une entreprise ferroviaire. C'est la raison pour laquelle le Code des transports prévoit l'application d'une sanction pénale en cas de divulgation à des personnes extérieures aux services de SNCF Réseau en charge des

---

[15] On notera que l'Autorité avait pourtant insisté sur l'importance du dispositif de contrôle dès son avis sur le projet de décret consécutif à la réforme ferroviaire, voir ARAFER, avis n°2014-026 du 27 novembre 2014 sur le projet de décret portant diverses dispositions relatives à l'indépendance des fonctions de répartition des capacités et de tarification de l'infrastructure ferroviaire, pt. II. 20.

[16] ARAFER, avis n°2017-059 du 21 juin 2017 relatif au plan de gestion des informations confidentielles de SNCF Réseau.

fonctions essentielles, d'informations d'ordre économique ou commercial de nature à porter atteinte aux règles d'une concurrence libre et loyale et de non-discrimination[17]. En outre, une commission de déontologie du système de transport ferroviaire, dont l'ARAFER assure le secrétariat[18], se prononce sur la prise de fonctions de certains dirigeants et membres du personnel de SNCF Réseau dans une entreprise ferroviaire lorsque celle-ci intervient moins de trois ans après la cessation de leurs fonctions au sein du gestionnaire d'infrastructure[19].

L'ensemble de ces avancées, impulsées par la réforme ferroviaire de 2014, garantissent, sous réserve de leur application effective, une protection satisfaisante contre la divulgation des informations commercialement sensibles. Plusieurs inquiétudes persistent cependant.

II. La protection des informations commercialement sensibles au sein du groupe public ferroviaire : des inquiétudes persistantes

L'architecture du groupe public ferroviaire issue de la réforme ne permet pas de dissiper totalement les doutes quant à la circulation inopinée d'informations confidentielles entre les différents établissements publics qui le composent. En effet, dans un système verticalement intégré sous l'égide d'un EPIC « de tête » (SNCF), plusieurs fonctions caractéristiques d'un gestionnaire d'infrastructure ne sont pas exercées par SNCF Réseau, mais demeurent dans le giron de l'opérateur historique de transport (SNCF Mobilités) ou de SNCF (EPIC « de tête »). La mise en œuvre de ces fonctions implique cependant de

[17] C. transp., art. L. 2122-4-4.
[18] Depuis juillet 2016, la commission a statué sur dix dossiers.
[19] C. transp., art. L. 2111-16-2. Décret n° 2015-139 du 10 février 2015, préc., art. 7 à 9.

connaître de nombreuses informations confidentielles qui revêtent un caractère commercialement sensible et dont la divulgation présente un risque majeur d'atteinte à la concurrence. Or, les garanties mises en place par les textes ne paraissent pas suffisantes pour prévenir une telle atteinte.

L'exemple de la gestion des gares de voyageurs constitue le cas le plus frappant. Ces installations revêtent toutes les caractéristiques d'une infrastructure essentielle dont l'accès doit être garanti de façon non discriminatoire à toutes les entreprises ferroviaires. Or, la réforme ferroviaire n'a pas remis en cause leur rattachement à l'opérateur historique, *via* sa branche SNCF Gares & Connexions, direction autonome disposant d'une comptabilité séparée. Cette intégration verticale du gestionnaire des gares à l'opérateur historique de transport paraît difficilement justifiable dans la perspective proche de l'ouverture à la concurrence du trafic national de voyageurs[20]. Il existe en effet un risque que des informations obtenues par SNCF Gares & Connexions circulent au sein de l'entreprise ferroviaire historique et soient utilisées par cette dernière afin de renforcer sa position dominante sur le marché. Ce risque paraît d'autant plus grand les agents affectés à SNCF Gares & Connexions n'étant pas en nombre suffisant pour assurer la gestion des gares, cette activité est sous-traitée en interne aux différentes activités voyageurs de SNCF Mobilités (Voyages SNCF, Transilien, TER) ou en externe pour certaines prestations, ce qui favorise la dispersion potentielle d'informations commercialement sensibles. Face à ces risques, le document de référence des gares prévoit la signature d'un

---

[20] L'ARAFER a, à plusieurs reprises, souligné le problème : voir Étude thématique sur la gestion des gares ferroviaires de voyageurs en France, juillet 2016 (accessible sur le site de l'Autorité) ; ARAFER, avis n°2014-026 du 27 novembre 2014 sur le projet de décret portant diverses dispositions relatives à l'indépendance des fonctions de répartition des capacités et de tarification de l'infrastructure ferroviaire, pt II. 11. Pour l'Autorité de la concurrence, voir Aut., conc., avis n°09-A-55 du 4 novembre 2009 sur le secteur du transport public terrestre de voyageurs, pp. 14-18 et 32-37 ; Aut. conc., avis n°15-A-01 du 6 janvier 2015 relatif à des projets de décrets pris pour l'application de la loi portant réforme ferroviaire, p. 14 et s.

accord de confidentialité entre chaque entreprise ferroviaire et SNCF Gares & Connexions préalablement à toute première demande de fourniture d'accès ou de services. Cet engagement est complété par une clause de confidentialité insérée dans chaque contrat. En outre, le directeur des gares établit un code de déontologie qui détaille notamment les informations auxquelles les personnels peuvent avoir accès ainsi que leurs conditions d'utilisation. Ce code a été soumis à l'Autorité, qui a émis un avis défavorable sur celui-ci, le document se contentant de rappeler la réglementation en vigueur, sans la traduire de manière concrète en guide de référence pour l'action quotidienne du personnel concerné[21].

Le second exemple est relatif au rôle de l'EPIC de tête SNCF dans la coordination des situations de gestion de crise[22]. On peut en effet s'étonner que cette mission indispensable au bon fonctionnement du système de transport ferroviaire national ne relève pas du gestionnaire du réseau. Cette situation, critiquée à plusieurs reprises par l'Autorité[23], conduit la SNCF à assurer la coordination opérationnelle des opérations lors de crises nationales de grande ampleur, ce qui implique notamment la définition des orientations et le contrôle de l'ensemble des opérations ferroviaires jusqu'à la fin de la crise (définition de la stratégie de retour à la normale, prise en charge et information

---

[21] Ainsi, le code de déontologie multiplie l'énoncé de principes généraux peu opératoires, par exemple « adopter un comportement professionnel conforme à l'ensemble des textes de prescription nationaux et locaux décrivant la consistance des missions de Gares & Connexions et la limite de ses prérogatives », sans en préciser l'application à des situations concrètes, voir ARAFER, avis n°2013-003 du 20 février 2013 relatif au projet de code de déontologie de Gares & Connexions.

[22] C. transp., art. L. 2102-1, 2° ; décret n°2015-137 du 10 février 2015 relatif aux missions et aux statuts de la SNCF et à la mission de contrôle économique et financier des transports, préc., art 3.

[23] ARAFER, avis n°2014-023 du 27 novembre 2014 sur le projet de décret relatif aux missions et aux statuts de la SNCF, pt II.46 ; ARAFER, avis n°2016-127 du 29 juin 2016 sur le document de référence de la SNCF relatif à la coordination de la gestion des situations de crise du système ferroviaire, pts 23-27.

des voyageurs, mise en place d'un dispositif d'assistance aux personnes en cas d'accident grave...) ainsi que la mise à disposition de l'ensemble des acteurs ferroviaires d'espaces communs garantissant un partage optimal de l'information[24]. Outre le fait que cette situation est susceptible de créer des difficultés d'articulation avec les missions de SNCF Réseau, qui reste chargé de la gestion opérationnelle des circulations en cas de crise, elle n'est pas sans risque pour la protection des informations commercialement sensibles détenues par les services du gestionnaire d'infrastructure. En effet, il est parfaitement envisageable qu'à l'occasion de la gestion d'une situation perturbée, l'EPIC de tête SNCF puisse accéder à des informations confidentielles qui lui seraient communiquées par le gestionnaire du réseau. Une telle hypothèse est d'ailleurs prévue par les textes qui imposent aux services de SNCF Réseau en charge des fonctions essentielles de communiquer les informations, y compris confidentielles, nécessaires à la gestion d'une situation perturbée[25]. Ici encore, l'architecture du groupe public ferroviaire et la répartition ambiguë des compétences entre l'EPIC de tête et ses EPIC « filles » porte atteinte à l'indépendance du gestionnaire du réseau et pourrait permettre, sans que le régulateur dispose d'un quelconque pouvoir de contrôle[26], une divulgation inappropriée d'informations confidentielles.

***

Deux ans avant la mise en concurrence des transports ferroviaires nationaux de voyageurs[27], la protection de la

---

[24] SNCF, Document de référence. Coordination de la gestion des situations de crise du système ferroviaire, septembre 2016, pp. 7-8.
[25] Décret n°2015-139 du 10 février 2015, préc., art. 2, 3°.
[26] Contrairement à ce qu'avait suggéré l'Autorité de la concurrence, voir Aut. conc., avis n°15-A-01, préc., pts 155-162.
[27] À la suite de l'adoption définitive du quatrième paquet ferroviaire le 14 décembre 2016 : voir directive (UE) 2016/2370 du Parlement européen et du Conseil du 14 décembre 2016 modifiant la directive 2012/34/UE en ce qui concerne l'ouverture du marché des services nationaux de transport de voyageurs par chemin de fer et la gouvernance de l'infrastructure ferroviaire

confidentialité des informations commercialement sensibles constitue un enjeu majeur. Des adaptations de l'architecture du groupe public ferroviaire sont indispensables pour garantir le succès de l'ouverture du marché à la concurrence.

(*JOUE* L 352 du 23 décembre 2016, p. 1) et règlement (UE) 2016/2337 du Parlement européen et du Conseil du 14 décembre 2016 abrogeant le règlement (CEE) n°1192/69 du Conseil relatif aux règles communes pour la normalisation des comptes des entreprises de chemin de fer (*JOUE* L 354 du 23 décembre 2016, p. 20). À partir du 3 décembre 2019, il n'y aura plus de monopole d'État et les lignes conventionnées pourront être ouvertes à d'autres opérateurs. Sur les lignes nationales non conventionnées, les opérateurs pourront commercialiser des liaisons à partir de décembre 2020 pour l'horaire de service 2021, sous le contrôle du régulateur.

Informations commercialement sensibles et régulation énergétique

Mathieu CACCIALI[1]

Le nombre d'informations collectées quotidiennement tant par les opérateurs du secteur que par la Commission de régulation de l'énergie (CRE) ne cesse de croître.

À titre d'exemple, la société GRTgaz indiquait en 2017 qu'elle recueillait chaque jour 28 millions de données sur son réseau de transport de gaz naturel. Le déploiement des compteurs évolués Linky et Gazpar conduira demain les gestionnaires de réseaux de distribution de gaz et d'électricité à collecter des centaines de millions de données quotidiennement.

Si le rapprochement des notions d'« information commercialement sensible » (ci-après « ICS ») et de « régulation » peut paraître de prime abord contradictoire dès lors que dans le secteur de l'énergie, ces informations font davantage l'objet d'une réglementation stricte que d'une régulation, la multiplication des données collectées et l'enthousiasme normatif qui l'accompagne depuis quelques années en font un sujet d'importance pour le régulateur sectoriel de l'énergie.

À cette multiplication des données de natures diverses, s'ajoute en effet une diversité de régimes juridiques.

Certaines données tombent ainsi sous le coup d'un double, voire d'un triple régime juridique de protection : protection au titre réglementation au titre des informations commercialement

---

[1] Chef du département « Marché aval, énergies renouvelables et contentieux » à la direction des affaires juridiques de la Commission de régulation de l'énergie (CRE).

sensibles propre au secteur de l'énergie, protection au titre des données personnelles[2], protection au titre du secret en matière industrielle et commerciale (loi CADA)[3]. Tel est par exemple le cas des données de consommation, qui sont assujetties à au moins deux de ces régimes juridiques : la protection des données personnelles et la réglementation au titre des ICS. D'autres données doivent au contraire désormais faire l'objet de publication.

Cette contribution se propose de rappeler la réglementation existante en matière de données énergétiques (I), avant d'en observer les mutations (II) et de s'intéresser à la pratique décisionnelle de la CRE depuis sa création (III).

---

[2] Loi n°78-17 du 6 janvier 1978 relative à l'informatique, aux fichiers et aux libertés, dite « Loi informatique et libertés », *JORF* du 7 janvier 1978, p. 227.

[3] La loi n°78-753 du 17 juillet 1978 modifiée, portant diverses mesures d'amélioration des relations entre l'administration et le public et diverses dispositions d'ordre administratif, social et fiscal, définit à l'article 1er les documents administratifs : « Sont considérés comme documents administratifs, au sens des chapitres Ier, III et IV du présent titre, quels que soient leur date, leur lieu de conservation, leur forme et leur support, les documents produits ou reçus, dans le cadre de leur mission de service public, par l'État, les collectivités territoriales ainsi que par les autres personnes de droit public ou les personnes de droit privé chargées d'une telle mission. Constituent de tels documents notamment les dossiers, rapports, études, comptes rendus, procès-verbaux, statistiques, directives, instructions, circulaires, notes et réponses ministérielles, correspondances, avis, prévisions et décisions ».

I. La réglementation des données énergétiques

A. Une réglementation sectorielle abondante...

1. Cadre juridique européen

Le principe de la protection des ICS a été posé dès les premières directives (1996 pour l'électricité[4] 1998 pour le gaz[5]) instaurant l'ouverture à la concurrence des marchés du gaz et de l'électricité.

S'agissant de l'électricité, les articles 9 et 12 de la directive du 19 décembre 1996 précisent que pour l'exploitation des réseaux de transport et de distribution, les gestionnaires doivent préserver la confidentialité des informations commercialement sensibles dont ils ont connaissance au cours de l'exécution de leurs tâches.

S'agissant du gaz, les articles 8 et 11 de la directive du 22 juin 1998 imposent la même obligation de confidentialité aux entreprises de distribution, de transport et de stockage.

La deuxième série de directives, en 2003, reprend le même principe en précisant toutefois que les informations commercialement avantageuses résultant de la propre activité des gestionnaires de réseaux et d'infrastructures peuvent être divulguées de façon non discriminatoire.

Le 3ème paquet énergie, adopté le 13 juillet 2009, reprend l'ensemble de ces principes, mais étend leur application aux

---

[4] Directive 96/92/CE du Parlement européen et du Conseil du 19 décembre 1996 concernant des règles communes pour le marché intérieur de l'électricité, *JOCE* L 27 du 30 janvier 1997, p. 20.

[5] Directive 98/30/CE du Parlement européen et du Conseil du 22 juin 1998 concernant des règles communes pour le marché intérieur du gaz naturel, *JOCE* L 204 du 21 juillet 1998, p. 1.

entreprises verticalement intégrées[6]. Celles-ci sont ainsi tenues de bâtir un « *chinese wall* » en leur sein.

2. Cadre juridique national

Ces principes ont été transposés en droit national dès la première loi de libéralisation du marché de l'électricité en 2000[7]. Le Code de l'énergie consacre aujourd'hui une section spécifique à la confidentialité des informations sensibles détenues par les gestionnaires de réseaux de transport et de distribution[8].

Il dispose, dans ses articles L. 111-72, L. 111-73 et L. 111-77, que la « confidentialité des informations d'ordre économique, commercial, industriel, financier ou technique dont la communication serait de nature à porter atteinte aux règles de concurrence libre et loyale et de non-discrimination » doit être préservée par le gestionnaire du réseau de transport d'électricité, chaque gestionnaire de réseau public de distribution d'électricité et chaque opérateur exploitant des ouvrages de transport, de distribution ou de stockage de gaz naturel ou des installations de gaz naturel liquéfié. La liste des informations visées par ces articles est déterminée par décret en Conseil d'État[9].

Leur divulgation est passible de sanctions pénales[10].

Sont notamment protégées les données relatives à la puissance souscrite, l'énergie consommée, la qualité en

[6] Entreprise ou un groupe d'entreprises qui assure au moins une des fonctions suivantes : transport ou distribution ainsi qu'une des fonctions suivantes : production ou de fourniture.
[7] Loi n°2000-108 du 10 février 2000 relative à la modernisation et au développement du service public de l'électricité, *JORF* n°35 du 11 février 2000, p. 2143, texte n°1.
[8] C. énergie, art. L. 111-72 et s.
[9] C. énergie, art. R. 111-26 (pour l'électricité) ; C. énergie, art. R. 111-31 (pour le gaz).
[10] C. pén., art. 226-3.

électricité, la courbe de charge, le volume de gaz consommé, les mesures effectuées sur l'ouvrage de raccordement en gaz naturel, les informations relatives à l'identité des parties à un contrat de fourniture, aux prix de transaction de l'électricité, aux données financières relatives à l'équilibre des transactions, aux caractéristiques de la production, de la fourniture ou de la consommation, à la durée des contrats et protocoles d'accès ou de fourniture, aux conditions techniques et financières de raccordement, aux pénalités et sanctions contractuelles.

La publication de ces informations est en revanche autorisée lorsqu'elle s'effectue sous forme agrégée ou lorsque celles-ci sont échangées entre gestionnaires de réseaux pour les besoins de leurs missions[11].

B. ...qui coexiste avec une réglementation générale

La réglementation sectorielle relative aux données énergétiques coexiste avec d'autres réglementations, en particulier celle sur les données administratives au sens de la loi « CADA » et celle sur les données à caractère personnel. L'articulation de ces différents régimes juridiques n'est pas toujours aisée.

1. Les informations soumises à la loi CADA dans le secteur de l'énergie

Il s'agit notamment de toutes les données détenues par la Commission de régulation de l'énergie, mais également de certaines données des opérateurs ou encore de l'administration centrale. Elles sont nombreuses, variées et communicables sous deux réserves principales :

- le respect du secret industriel et commercial ;

---

[11] C. énergie, art. R. 111-27 à R. 111-29 (pour l'électricité) ; C. énergie, art. R. 111-31 à R. 111-35 (pour le gaz).

- les informations demandées ne doivent pas constituer des documents inachevés, c'est-à-dire en cours d'élaboration, préparatoires à une décision tant que celle-ci n'est pas prise ou diffusée publiquement.

Les informations relatives à l'environnement, définies à l'article L. 124-1 du Code de l'environnement, sont pour leur part accessibles même si elles ne figurent pas dans un document et l'exception du « caractère préparatoire » à une décision n'est pas applicable.

En matière d'énergie, les données communicables sont notamment :

- éléments variables de la nouvelle formule déposée auprès de la CRE, permettant d'estimer les coûts d'approvisionnement à prendre en compte dans le calcul de l'évolution des tarifs réglementés de vente de gaz naturel proposés par la société GFS Suez, qui ne comportent pas de données relatives aux coûts issus de la comptabilité de GDF Suez (avis CADA n° 20090193 du 15 janvier 2009) ;

- liste des producteurs en file d'attente de raccordement (avis CADA du 3 mars 2011) ;

- fiches d'instruction des candidats retenus dans le cadre d'un appel d'offres portant sur la réalisation et l'exploitation d'installations de production photovoltaïque, ainsi que du rapport de synthèse des offres déposées (avis CADA 20161244 du 28 avril 2016) ;

- tableaux statistiques transmis à la CRE par la société EDF depuis le 1er janvier 2010, dans le cadre des discussions relatives aux tarifs réglementés de vente (tableaux de type sondage au 100e, répartition par centile/décile des clients bénéficiant de ces tarifs) (avis CADA 20161147 du 9 juin 2016).

Ne sont en revanche pas communicables :

- la consommation d'électricité d'une entreprise dans la mesure où cette information serait susceptible de révéler son niveau d'activité (CADA, avis n°20072429 du 21 juin 2007) ;
- la constante de la formule permettant d'estimer les coûts d'approvisionnement de la société GDF Suez à prendre en compte dans le calcul de l'évolution des tarifs réglementés de vente de gaz naturel, qui reviendrait à rendre public le prix moyen négocié par GDF Suez dans ses contrats d'approvisionnement de long terme (avis CADA 20090193 du 15 janvier 2009) ;
- la base de données des clients TRV « à température normale » de la société EDF, au titre de la protection de la vie privée des clients et de la protection du secret industriel et commercial d'EDF (avis CADA 20161147 du 9 juin 2016).

2. La protection des données personnelles dans le secteur de l'énergie

Introduite par la loi n° 78-17 du 6 janvier 1978 relative à l'informatique, aux fichiers et aux libertés, dite « loi informatique et libertés », la protection des données à caractère personnel recouvre « toute information relative à une personne physique identifiée ou qui peut être identifiée, directement ou indirectement, par référence à un numéro d'identification ou à plusieurs éléments qui lui sont propres ».

Dans le secteur de l'énergie, soucieuse de protéger les utilisateurs contre toute intrusion liée à une exploitation de leurs données à caractère personnel, la CNIL a souhaité dès 2012 encadrer les conditions de collecte et d'utilisation par les gestionnaires de réseaux de distribution des données de consommation issues des compteurs évolués[12]. Pour la mise en place de tarifs adaptés à la consommation des ménages et la fourniture de services complémentaires, la CNIL recommandait qu'elles ne puissent être collectées qu'avec le consentement exprès des personnes concernées. Sa position s'est ensuite assouplie en 2015[13]. L'article D. 341-21 du Code de l'énergie a désormais inscrit dans la réglementation les recommandations de la CNIL. Il dispose, en effet, d'une part, que « la courbe de charge d'électricité est enregistrée, au pas horaire, dans la mémoire du dispositif de comptage, sauf si le consommateur s'y oppose ». D'autre part, il précise qu'« à la demande du consommateur, la courbe de charge est collectée dans le système informatique du gestionnaire de réseau et mise à sa disposition, sans préjudice d'une collecte effectuée par le gestionnaire de réseau » lorsque la courbe de charge est utile à l'accomplissement de ses missions de service public. La CNIL a également publié en mai 2014 un « pack de conformité » sur les données produites par les systèmes de comptage évolués, notamment pour mettre en garde les acteurs du secteur d'une potentielle captation des données par les GAFAM.

II. Un régime juridique en mutation : de la protection à l'*open data*

Le règlement « REMIT » de 2011[14], qui met en place un cadre de supervision des transactions sur les marchés de gros de l'électricité et du gaz, en lien avec les caractéristiques physiques de l'offre et de la demande, prévoit que les acteurs de

[12] CNIL, délibération n°2012-404 du 15 novembre 2012 portant recommandation relative aux traitements des données de consommation détaillées collectées par les compteurs communicants.
[13] CNIL, délibération du 30 novembre 2015.
[14] Règlement (UE) n°1227/2011 du Parlement européen et du Conseil du 25 octobre 2011 concernant l'intégrité et la transparence du marché de gros de l'énergie, *JOUE* L 326 du 8 décembre 2011, p. 1.

marché doivent, d'une part, fournir à l'Agence de coopération des régulateurs de l'énergie (ACER) les données relatives à leurs transactions sur les marchés de gros de l'énergie, y compris les ordres et, d'autre part, fournir à l'ACER et aux autorités de régulations nationales les informations relatives à la capacité et à l'utilisation des installations de production, de stockage, de consommation ou de transport d'électricité ou de gaz naturel ou des informations relatives à la capacité et à l'utilisation des infrastructures de GNL.

Le règlement « transparence » de 2013[15] prévoit la possibilité pour les gestionnaires de réseaux de transport de divulguer un certain nombre d'informations dans la perspective d'améliorer l'information du marché (ex. : plate-forme centrale d'informations ; indisponibilités des centrales...).

A. La « LTECV » renforce la mise à disposition de données agrégées

La loi n°2015-992 du 17 août 2015 relative à la transition énergétique pour la croissance verte « LTECV » a ajouté de nouveaux cas de mise à disposition de données. Son article 28 prévoit notamment que « les gestionnaires des réseaux publics de distribution d'électricité mettent à la disposition du propriétaire ou du gestionnaire de l'immeuble, dès lors qu'il en formule la demande et qu'il justifie de la mise en œuvre d'actions de maîtrise de la consommation d'énergie engagées pour le compte des consommateurs de l'immeuble, les données de comptage de consommation sous forme anonymisée et agrégée à l'échelle de l'immeuble. »

De la même manière, son article 179 prévoit une mise à disposition par les gestionnaires de réseaux des données

[15] Règlement (UE) n°543/2013 de la Commission du 14 juin 2013 concernant la soumission et la publication de données sur les marchés de l'électricité et modifiant l'annexe I du règlement (CE) n°714/2009 du Parlement européen et du Conseil, *JOUE* L 163 du 15 juin 2013, p. 274.

nécessaires à l'élaboration des dispositions réglementaires définissant les dispositifs de soutien à la production de certaines formes d'énergie et aux économies d'énergie au profit des personnes publiques dans certaines conditions, notamment pour l'accomplissement de leurs missions.

B. La loi pour une République numérique opère pour sa part un changement de paradigme en instaurant le principe de l'*open data* par défaut

Initialement, la « réglementation CADA » était construite autour du principe selon lequel l'administré devait solliciter la communication des documents administratifs, à l'exception de ceux limitativement énumérés aux articles L. 311-5 et L. 311-6 du Code des relations entre le public et l'administration (ex. : avis du Conseil d'État, documents secret défense, documents portant un jugement ou une appréciation sur une tierce personne, etc.).

L'article 6 de la « loi Lemaire »[16] pose le principe de l'*open data* par défaut. En application de cette disposition, les administrations et les personnes morales de droit privé chargées d'une mission de service public doivent publier en ligne :

- les « documents qu'elles communiquent » aux personnes,
- « les bases de données mises à jour qu'elles produisent ou reçoivent »,
- les données mises à jour de façon régulière « dont la publication présente un intérêt économique, social, sanitaire ou environnemental ».

[16] Loi n°2016-1321 du 7 octobre 2016 pour une République numérique, *JORF* n°235 du 8 octobre 2016, texte n°1.

À cette disposition à caractère général, l'article 23 de la même loi ajoute une disposition propre au secteur de l'énergie prévoyant la mise à disposition du public par les gestionnaires de réseaux publics d'électricité et de gaz de données de consommation et de production détaillées « dans l'objectif de favoriser notamment le développement d'offres d'énergie, d'usages et de services énergétiques ».

C. Le 4ème paquet ne restera pas muet sur le sujet

Le chapitre III de la proposition de directive contient des dispositions relatives aux compteurs intelligents (articles 19 à 21) et améliore la réglementation relative à la possibilité qu'ont les consommateurs de partager leurs données avec les fournisseurs et prestataires de services. Le projet publié par la Commission européenne affiche l'objectif d'améliorer la réglementation existante notamment à travers la mise en place d'un format de données européen commun visant à faciliter l'accès des fournisseurs aux marchés de détail.

III. La pratique décisionnelle de la CRE : une régulation s'articulant autour des principes d'intelligibilité, de protection et de transparence

On ne compte pas moins d'une dizaine de délibérations portant « avis » ou « recommandations » ayant trait aux ICS.

Historiquement, les ICS sont plutôt apparues dans les débats comme un frein ou un blocage à la diffusion de données que les fournisseurs réclamaient. Les déblocages ont été rendus progressivement possibles soit par une évolution de la réglementation (évolution du décret ICS en électricité en 2004 pour permettre la transmission des puissances souscrites et consommations des consommateurs domestiques actuels et passés), soit par la jurisprudence statuant sur périmètre des données relevant des ICS[17].

Si l'on essaie de résumer les positions de la CRE, on observe - sans surprise - une certaine constance. La position de la CRE paraît équilibrée et s'articuler autour de trois grands principes : protection, intelligibilité et transparence

A. Protection et intelligibilité de la norme

La CRE a depuis sa création manifesté son souci d'intelligibilité de la norme et, dès son premier avis sur le projet de décret relatif aux ICS en 2001[18], invité le gouvernement à définir plus précisément cette notion, afin que la protection des données puisse être assurée correctement tant par les opérateurs que par les agents de la CRE eux-mêmes.

La CRE s'est également interrogée très tôt sur l'articulation de cette réglementation spécifique avec d'autres réglementations instituant un droit d'accès à certaines informations au profit de tiers et pouvant parfois paraître contradictoire avec l'obligation de préserver la confidentialité des ICS. S'agissant plus précisément de l'objectif de protection, et à tire d'exemple, la CRE a refusé de rendre public le prix moyen négocié par GDF SUEZ dans ses contrats d'approvisionnement, publicité qui aurait été susceptible d'influer sur leur renégociation (avis CADA du 15 janvier 2009 susmentionné).

Enfin, dans son avis sur le projet de décret « *Open data* »[19] résultant de l'article 23 de la loi « Lemaire », la CRE a

---

[17] CRE, CoRDIS, 26 septembre 2007, Sté POWEO.

[18] CRE, délibération du 1er février 2001 portant avis sur le projet de décret relatif à la confidentialité des informations détenues par les gestionnaires de réseaux publics de transport ou de distribution d'électricité.

[19] CRE, délibération n°2017-080 du 23 mars 2017 portant avis sur le projet de décret relatif aux modalités d'accès par les consommateurs aux données de consommation d'électricité ou de gaz naturel et à la mise à disposition de ces données par les fournisseurs, *JORF* n°52 du 3 mars 2018, texte n°57.

demandé un certain nombre de précisions sur les données visées par le décret et incité à ce que le texte permette aux gestionnaires de réseaux de « mettre à disposition, notamment des producteurs, toute information susceptible de les informer, voire d'orienter leurs possibles investissements », dès lors que le niveau d'agrégation permettait de se conformer à la réglementation sur les ICS.

B. Transparence

La CRE a rapidement conjugué cet objectif de protection avec d'autres objectifs tel que celui du bon fonctionnement du marché dans l'intérêt du consommateur final.

Elle a ainsi considéré que la réglementation sur les ICS ne devait pas constituer un frein à l'ouverture des marchés et que les données devaient au contraire être mises au service du bon fonctionnement du marché, notamment au moment de l'ouverture des marchés à tous les consommateurs au 1er juillet 2007. Dans un avis de la même année, la CRE a par exemple souhaité que les gestionnaires de réseaux puissent « transmettre aux fournisseurs certaines informations de nature à faciliter l'exercice de leur activité, notamment lors des demandes de changement de fournisseur ou de mise en service » sans pour autant exiger un mandat signé par le client, la transmission systématique du mandat représentant un frein à la fluidité des échanges entre les gestionnaires de réseaux et les fournisseurs.

Le CoRDiS - qui est l'organe de règlement des différends et des sanctions de la CRE - a également dès 2007 pris position sur le sujet.

Il a notamment considéré que la cartographie du réseau de gaz (savoir dans quelle rue et quel immeuble le gaz est distribué) constituait une information indispensable à un accès efficace au réseau pour les fournisseurs nouveaux entrants et ce, d'autant plus que le fournisseur historique, lui, connaissait parfaitement ces éléments et n'avait aucun effort à fournir pour prospecter des clients. Le CoRDIS a ainsi estimé que la liste des adresses et numéros des points de comptage ne constituait pas une ICS dès lors qu'elle ne permettait pas d'identifier un consommateur ou un fournisseur[20].

Dans le même sens et quelques années plus tard, l'Autorité de la concurrence ordonnera au titre de mesures conservatoires à ENGIE de transmettre à ses concurrents le fichier client hérité de l'ancien statut de monopole de GDF et dont l'accès était, selon l'Autorité de la concurrence, indispensable aux concurrents pour se développer[21].

Par ailleurs, à travers ses communications annuelles sur les travaux des groupes de concertation, la CRE émet régulièrement des recommandations visant à faciliter l'accès aux données détenues par les GRT pour favoriser la fluidité du marché et mettre à la disposition des fournisseurs toutes les informations dont ils ont besoin, à l'instar par exemple des historiques de consommation, afin de leur permettre de proposer des offres adaptées à leurs clients et prospects.

Depuis 2009, la CRE publie également chaque année un rapport de suivi sur la régulation incitative de la qualité de service. Y sont définis des indicateurs permettant de suivre la performance des opérateurs dans plusieurs domaines jugés pertinents pour évaluer la qualité de leurs services (interventions auprès des clients finals, relations avec les fournisseurs, relations avec les clients finals, raccordements, relève et facturation, mesures et prévisions de consommation, environnement, etc.). Ces indicateurs s'accompagnent, pour les plus significatifs pour le bon fonctionnement du marché, d'incitations financières, bonus ou pénalités en fonction des résultats constatés.

---

[20] CRE, CoRDiS, 26 septembre 2007, Sté Poweo.

[21] Aut. conc., déc. n°14-MC-02 du 9 septembre 2014 relative à une demande de mesures conservatoires présentée par la société Direct Energie dans les secteurs du gaz et de l'électricité.

Plus récemment, notamment dans le cadre de ses délibérations sur les *Smart grids*[22], la CRE a invité les GRT à développer des plateformes ou « interfaces » de mise à disposition des données à destination des personnes publiques (notamment quand la loi impose de transmettre à ces personnes certaines données), tout en invitant dans le même temps – et l'on retrouve ici le souci de protection – les porteurs de projets *Smart grids* à se rapprocher de la CNIL pour s'assurer de la protection des données qu'ils pourraient détenir.

Suivant cette même logique, la CRE a également mis en place des observatoires de marchés de détails et de gros, publications trimestrielles ayant pour but d'informer un large public des progrès de l'ouverture des marchés de gros et de détail de l'électricité et du gaz en France métropolitaine. L'observatoire des marchés de détail mentionnant les parts de marché des fournisseurs historiques et celles, mais de façon agrégées, des fournisseurs alternatifs, la CRE a estimé, face au problème de confidentialité qui pouvait se poser, qu'un délai de carence de quelques mois permettant de garantir une certaine protection tout en donnant une information utile au marché s'imposait.

En plus de ces observatoires, la CRE publie également annuellement des rapports de surveillance des marchés de détail et de gros, qui dressent un état des lieux de la concurrence et ont vocation à donner un accès à tous les acteurs de marché à une information fiable et régulière.

La CRE publie systématiquement les études technico-économiques réalisées par des consultants externes servant de base pour l'élaboration des tarifs réseaux. S'il n'y a pas vraiment de difficultés lorsqu'il s'agit d'élaborer un tarif pour un acteur bénéficiant d'un monopole légal, la question est plus délicate lorsqu'il s'agit d'élaborer la rémunération des

[22] CRE, délibération du 8 décembre 2016 portant communication sur l'état d'avancement des feuilles de route des gestionnaires de réseaux et proposant de nouvelles recommandations sur le développement des réseaux intelligents d'électricité et de gaz naturel.

fournisseurs pour le service qu'ils rendent au gestionnaire de réseaux. Le juste équilibre entre transparence (la fixation d'un tarif est indissociable d'une consultation des acteurs sur des données chiffrées) et protection (risque de révéler les coûts de chaque fournisseur) est une tâche délicate.

Parallèlement à cela, la protection des données associée à l'égal accès à ces données permet d'éviter pour partie au moins l'asymétrie d'information entre les acteurs du secteur et constitue donc une condition nécessaire au développement de la concurrence. La CRE a donc toujours été attentive au respect de cette réglementation sur les ICS, mais n'a jamais eu à sanctionner un manquement de la part d'un gestionnaire de réseau à cette réglementation.

Enfin, face à l'ampleur des changements de réglementation récents et aux incertitudes qu'ils engendrent, la CRE, au titre de sa mission générale de concourir au « bon fonctionnement » des marchés de l'électricité et du gaz naturel « au bénéfice du consommateur final », a décidé en 2016 de créer un Comité d'études qui a rencontré cinquante et un organismes (entreprises régulées, *start-up*, associations d'élus et de consommateurs, administrations nationales et européennes, régulateurs européens, etc.) et reçu près de 300 pages de contributions écrites de ces derniers. Après avoir dressé un état des lieux des données dans le secteur de l'énergie, le comité d'études a souhaité émettre quinze recommandations pour que la gestion des données devienne « un levier d'efficacité du système énergétique français »[23].

---

[23] Rapport du comité d'études relatif aux données dont disposent les gestionnaires de réseaux et d'infrastructures d'énergie, 18 mai 2017.

IV. La régulation du traitement des données demain ?

Subsistent un certain nombre d'interrogations pour l'avenir au premier rang desquelles l'articulation et le maillage futurs entre ICS et *open data*, le format standard des données, et leur caractère éventuellement gratuit. Une réflexion doit également être menée tant sur le modèle de gouvernance et de gestion des données (centralisé ou décentralisé) que sur les modalités de mise à disposition des données avec d'autres secteurs économiques (télécoms, mobilité...). Enfin, entre données brutes et « méta-donnée » (donnée « retraitée »), une réflexion sur le traitement de la donnée par les gestionnaires de réseaux demain paraît nécessaire : où s'arrête le monopole et où commence la concurrence ?

Données personnelles et politique énergétique : une mutation stratégique pour les énergéticiens européens

Frédérique BERROD[1]

Dire que les données personnelles font le monde de demain est si évident que toute précaution juridique semble inutile, voire encombrante. Comme le soulignait en mai 2017 Yann Padova, ancien commissaire de la CRE et rapporteur du Comité d'études relatif aux données, il y a aujourd'hui une véritable « mise en données » du monde de l'énergie[2]. Cette mise en données ne peut se concevoir sans mise à jour du logiciel de fonctionnement du droit ; la protection de la vie privée quand cette vie est exposée sur internet est l'un des enjeux auquel devront s'attaquer les juristes. Les données que récupèrent tous les acteurs du secteur de l'énergie sont en effet personnelles ou non, ouvertes ou non, commercialement sensibles ou non, susceptibles d'être traitées comme une sorte de matière première ou non ; bref le développement du marché intérieur du numérique est la source de très nombreuses incertitudes juridiques tant les régimes juridiques de ces nouveaux objets sont multiples. L'objectif de cette étude est de montrer comment la protection des données personnelles est un facteur

[1] Professeure de droit public à l'Université de Strasbourg, membre du Centre d'études internationales et européennes (CEIE EA 7307).
[2] Dans le rapport du 18 mai 2017, publié sur le site internet de la CRE, spéc. p. 5 (www.cre.fr/documents/deliberations/decision/rapport-donnees).

de transformation de la production de biens ou de services d'énergie en Europe.

Le choix de réfléchir à partir des données personnelles se justifie parce qu'elles sont gouvernées par une logique proprement européenne : elles doivent faire l'objet d'une protection conçue comme un droit fondamental de l'individu au titre de l'article 8 de la Charte des droits fondamentaux de l'UE. L'article 16 du traité FUE constitue une base juridique pour adopter des législations européennes pour ce faire, comme par exemple le règlement général sur la protection des données personnelles (ci-après RGPD)[3]. Est ainsi assurée la protection des personnes physiques dont les données sont traitées « par les institutions, organes et organismes de l'Union, ainsi que par les États membres dans l'exercice d'activités qui relèvent du champ d'application du droit de l'Union, et à la libre circulation de ces données ». Ce régime juridique est calqué sur la protection de la vie privée : la divulgation des données et leur éventuel traitement commercial ne sont possibles que si l'individu y consent, comme il met ou non un rideau sur la fenêtre de son logis.

On peut constater que l'environnement réglementaire de la protection des données est en importante transformation dans l'Europe, puisque les entreprises, et plus généralement les organisations, qui peuvent traiter des données personnelles, doivent mettre en œuvre le RGPD au plus tard le 25 mai 2018[4]. Dans le secteur de l'énergie, la nécessité promue par l'Union européenne d'interconnecter les réseaux d'énergie et d'assurer en Europe la sécurité des approvisionnements rend leur « intelligence » inéluctable. Or, les réseaux intelligents ou *smart grids* recouvrent donc peu à peu le territoire des États membres, en drainant avec eux des masses de plus en plus importantes de

---

[3] Règlement (UE) n°2016/679 du Parlement européen et du Conseil du 27 avril 2016 relatif à la protection des personnes physiques à l'égard du traitement des données à caractère personnel et à la libre circulation de ces données, et abrogeant la directive 95/46/CE, *JOUE* L 119 du 4 mai 2016, p. 1

[4] L'étude se concentrera sur ce seul instrument.

données[5]. Enfin, les objets connectés, la domotique, l'utilisation de télévision intelligente ou de robots ménagers font partie de la maison ou de l'environnement de travail de chacun, nouveaux « compagnons » qui sont autant de sources de collecte de données, personnelles ou non, qui viennent nourrir les logarithmes des entreprises, pour fournir par exemple des services énergétiques. Le libre flux des données est alors vital pour développer le marché intérieur de l'énergie. Il entre inexorablement en conflit avec la protection des données personnelles, qui subordonne le traitement de la donnée au consentement de l'individu.

Les données collectées par tous les acteurs du jeu énergétique et, le cas échéant, traitées par eux ou leurs sous-traitants sont très nombreuses[6] : données de consommation et de production, données patrimoniales de réseau, données d'exploitation des réseaux et des infrastructures, données de mesure de la qualité des opérateurs et données financières et environnementales des opérateurs. Toutes ne sont pas des données personnelles ; les courbes de charge collectées par les compteurs intelligents entrent dans cette catégorie[7]. Cette collecte provient des compteurs dits intelligents (ou communicant) - comme *Linky* pour l'électricité et *Gazpar* pour le gaz en France, qui doivent être posés d'ici 2021. Cette obligation a pu déclencher des réticences des consommateurs,

---

[5] RGPD, consid. 5 : « L'intégration économique et sociale résultant du fonctionnement du marché intérieur a conduit à une augmentation substantielle des flux transfrontaliers de données à caractère personnel. Les échanges de données à caractère personnel entre acteurs publics et privés, y compris les personnes physiques, les associations et les entreprises, se sont intensifiés dans l'ensemble de l'Union. Le droit de l'Union appelle les autorités nationales des États membres à coopérer et à échanger des données à caractère personnel, afin d'être en mesure de remplir leurs missions ou d'accomplir des tâches pour le compte d'une autorité d'un autre État membre ».

[6] Rapport de la CRE, préc.

[7] CNIL, délibération n°2012-204 du 15 novembre 2012 portant recommandation relative aux traitements des données de consommation détaillées collectées par les compteurs communicants.

entre autres parce qu'ils craignent une surexploitation commerciale de leurs données personnelles. La Cour des comptes s'est fait aussi l'écho de doutes sur les masses financières en jeu et la nécessité de mieux protéger les personnes pour qu'elles soient à même de maîtriser leurs données et profiter de nouveaux services énergétiques[8]. Cette collecte a également des effets potentiellement très positifs : les consommateurs peuvent être éclairés sur les défaillances énergétiques de leur domicile et les variations de leur consommation pour les rendre acteurs de la transition énergétique (c'est sur ce point que le rapport de la Cour des comptes est très critique en l'état actuel du déploiement) ; les fournisseurs d'énergie vont pouvoir intensifier la concurrence par l'offre de services personnalisés et les producteurs d'énergie vont pouvoir développer la production décentralisée, intégrer la production d'électricité par des ENR (énergies nouvelles et renouvelables) sur les réseaux, et gérer ainsi pleinement le principe européen de complémentarité des énergies. Les informations personnelles ou non sont donc des ressources économiques stratégiques. Elles vont permettre de cartographier des flux d'échanges, établir des typologies de profils de consommation, et de proposer aux consommateurs des services sur mesure. En croisant ces données, il est même possible de renforcer l'efficacité des politiques publiques, comme par exemple la lutte contre la précarité énergétique[9]. Les données sont donc au cœur de l'efficacité de l'Union de l'énergie et leur régime de protection est central pour développer, ou non, la capacité de collecter et surtout de traiter ces informations tout au long des réseaux d'énergie et pour que le consommateur soit acteur de la transition énergétique et que l'offre s'adapte en conséquence[10].

---

[8] Voir le rapport annuel 2018 de la Cour des comptes, 7 février 2018 (www.ccomptes.fr/fr/publications/le-rapport-public-annuel-2018).

[9] Voir par exemple le rapport de la CRE, préc.

[10] F. Berrod et A. Ullestad, *La mutation des frontières dans l'espace européen de l'énergie*, Larcier, 2016 (deuxième partie) et le rapport public annuel 2018 de la Cour des comptes, préc.

La notion de données personnelles (plus précisément de données à caractère personnel) est commune à tous les États de l'UE dans le RGPD. La conception de l'article 4 est particulièrement large et vise « toute information se rapportant à une personne physique identifiée ou identifiable ; est réputée être une « personne physique identifiable » une personne physique qui peut être identifiée, directement ou indirectement, notamment par référence à un identifiant, tel qu'un nom, un numéro d'identification, des données de localisation, un identifiant en ligne, ou à un ou plusieurs éléments spécifiques propres à son identité physique, physiologique, génétique, psychique, économique, culturelle ou sociale ». Le principe européen est l'accès restreint à ces données, si et seulement si, il existe un consentement de la personne pour une finalité de traitement déterminée. Le RGPD contient aussi des droits subjectifs de nature à permettre à la personne physique de contrôler la diffusion de ses données personnelles. Ces droits induisent en contrepartie un alourdissement de la responsabilité des entreprises qui traitent ou stockent ces données et impactent l'activité commerciale de ces acteurs du marché, qui doivent prévoir des mécanismes pour les mettre en œuvre de manière effective, avec les autorités de contrôle, y compris étatiques.

L'étude de l'influence de la protection des données personnelles sur les acteurs énergétiques révèle un besoin général d'adapter leurs structures pour trouver un équilibre entre l'exploitation et la protection des données. L'enjeu est de taille si l'on considère les déclarations du Président Trump estimant que le modèle européen de protection des données personnelles ne permettait pas le développement du *big data* et mettant en danger le « bouclier de confidentialité » négocié par le Président Obama et l'Union européenne[11]. Or, dans le secteur de l'énergie, l'exploitation des données est primordiale pour

[11] Voir S. Lipovetsky, « L'impact de l'Executive Order de Donald Trump sur la sécurité des données personnelles d'origine européenne », *Les Echos*, 12 mars 2017 (www.lesechos.fr/idees-debats/cercle/cercle-167394-limpact-de-lexecutive-order-de-donald-trump-sur-la-securite-des-donnees-personnelles-dorigine-europeenne-2071564.php).

passer d'un marché des produits énergétiques à un produit de services énergétiques, supposant l'adaptation de l'offre aux besoins de bien-être du consommateur[12].

Pour laisser cette mutation opérer, et renforcer la concurrence entre les fournisseurs d'énergie dans le sens de la transition énergétique, le marché intérieur de l'énergie ne doit plus être un simple espace de libre circulation. Il doit être un espace d'épanouissement de la confiance des consommateurs d'énergie. Outre la dimension de droit fondamental protégée par le règlement, le modèle européen de la protection des données personnelles a pour objectif de créer un écosystème de la confiance nécessaire au développement de l'économie numérique[13], priorité de la Commission Juncker, en mettant les citoyens en capacité de contrôler l'utilisation des données qu'ils acceptent de diffuser. En ce sens, la protection des données personnelles n'est pas une simple contrainte technique de plus, mais un facteur de changement vers un nouveau modèle d'énergéticien. Ce nouveau modèle d'entreprise énergétique favorise l'innovation technologique dans l'Union de l'énergie (I). Il implique aussi de penser une gouvernance des entreprises énergétiques européennes apte à protéger la protection de la donnée énergétique (II).

I. La protection des données personnelles facteur d'innovation technologique

Le secteur de l'énergie doit se mettre aux normes européennes de la protection des données personnelles, dans la perspective de la mise en application du RGPD. Les acteurs du jeu énergétique sont des producteurs et des utilisateurs de

---

[12] Voir cette notion dans l'objectif 7 « Garantir l'accès de tous à des services énergétiques fiables, durables et modernes, à un coût abordable », des objectifs de développement durable de l'ONU (www.un.org/sustainabledevelopment/fr/energy/).

[13] RGPD, consid. 7.

données comme toutes les autres entreprises et doivent à ce titre assurer la protection des données personnelles. Le RGPD pèse sur tous les acteurs aptes à collecter et traiter les flux de données présents sur les réseaux d'énergie – fournisseurs, transporteurs et producteurs – et la diversité des droits à protéger suppose de modifier à la fois les processus de production des entreprises (A) et leur modèle de production de services énergétiques (B). Ces changements sont de nature à dynamiser l'innovation technologique du secteur de l'énergie.

A. L'impact du modèle européen de protection sur les processus de production des entreprises

L'Union européenne a mis le développement du marché intérieur du numérique au cœur de sa stratégie normative. Elle négocie en 2018 le règlement sur la libre circulation des données non personnelles[14], qui implique la fin des restrictions à la localisation des données sur le territoire national pour leur stockage et/ou leur traitement[15], pour que l'économie numérique relance la croissance et la compétitivité du marché intérieur. Le deuxième type d'obstacles aux échanges interdit par la proposition de règlement est lié aux difficultés contractuelles empêchant ou rendant excessivement difficiles la portabilité des données ou aux pratiques de blocage géographique[16]. La proposition de règlement met en place des

[14] Proposition de règlement du Parlement européen et du Conseil concernant un cadre applicable à la libre circulation des données à caractère non personnel dans l'Union européenne du 13 septembre 2017, COM (2017) 495 final.

[15] Ce qui peut passer aussi par l'obligation de respecter des facilités technologiques certifiées ou approuvées par l'État en fonction de critères purement nationaux, ce qui rend excessivement difficile la sortie du territoire national.

[16] Le droit à la portabilité des données personnelles est consacré par l'article 20 du RGPD ; ce droit est renforcé par la proposition par de codes de conduite visant à faciliter le droit de changer de fournisseur de service internet et la diffusion de l'information idoine. L'interdiction du blocage géographique fait

règles uniformes sur tout le territoire de l'UE, applicables aux personnes physiques et morales, de manière à éliminer dans les douze mois suivant son entrée en vigueur tous les obstacles à la libre circulation des données. Pour garantir ensuite que de nouveaux obstacles ne réapparaissent pas, il existe une obligation pour les États de notifier leurs projets de nouvelles prescriptions géographiques en matière de stockage, pour qu'ils soient évalués par la Commission et les autres États membres[17]. Pour renforcer la confiance dans le stockage sur le territoire d'un autre État membre, il faut aussi travailler sur l'interopérabilité des données et les capacités technologiques de stockage sécurisé, et enfin accorder un droit pour les États à accéder à ces données où qu'elles soient situées sur le territoire de l'UE, pour des motifs d'intérêt public[18].

Le RGPD complète ces principes pour les données personnelles des seules personnes physiques. Brièvement[19], il s'articule autour de trois points : développement de droits subjectifs pour que la personne soit mise en capacité de contrôler l'utilisation de ses données personnelles (droit à la transparence des informations et des communications, droit d'accès de la personne à ses données, droit à la rectification et à l'effacement, droit à l'oubli, droit à la limitation du traitement, droit à la portabilité des données, droit de ne pas faire l'objet d'une décision automatisée, droit au déréférencement)[20] ;

---

l'objet d'un texte spécifique de l'UE : proposition de règlement du Parlement européen et du Conseil visant à contrer le blocage géographique et d'autres formes de discrimination fondée sur la nationalité, le lieu de résidence ou le lieu d'établissement des clients dans le marché intérieur du 25 mai 2016, COM (2016) 289 final.

[17] Proposition de règlement du 13 septembre 2017, préc., art. 4.

[18] Proposition de règlement, préc., art. 5.

[19] Pour une présentation complète de ses enjeux de régulation, voir O. Tambou, « L'émergence d'un modèle européen d'interrégulation en matière de protection des données personnelles », *in Liber Amicorum en l'honneur du professeur Joël Monéger*, Lexis Nexis, 2017, pp. 381-394.

[20] RGPD, art. 15 : Droit d'accès aux données personnelles. RGPD, art. 16 : Droit de rectification. RGPD, art. 17 : Droit à l'oubli. RGPD, art. 18 : Droit à la limitation du traitement. RGPD, art. 20 : Droit à la portabilité des données.

responsabilité accrue des entreprises[21] qui traitent ces données (traitement licite, loyal, proportionné et transparent des données[22], recueil du consentement libre et éclairé de la personne[23], finalisation du traitement de données[24], transparence de l'information, désignation du délégué à la protection des données[25]) et sécurité des systèmes de traitement (développement des pouvoirs de l'autorité de contrôle, élaboration de codes de conduite par les parties prenantes, certification, développement de labels et marques, droit à un recours juridictionnel effectif contre l'autorité de surveillance et le responsable du traitement[26], droit à la réparation).

Ce modèle européen a un impact direct sur les entreprises, qui doivent s'adapter à ces nouvelles contraintes réglementaires. Il s'impose ainsi pour les données personnelles recueillies dans les foyers par les compteurs intelligents ou l'ensemble des objets connectés. Dans le secteur de l'énergie, il faut rappeler que ces données sont très diverses[27]. Elles peuvent littéralement éprouver la distinction entre données personnelles et non personnelles et rendent l'évaluation des risques par rapport à la protection des premières encore plus décisive[28]. Les entreprises doivent s'adapter à la gouvernance européenne des données personnelles. Par exemple, il faut que chaque entreprise organise le consentement au traitement de ses données dans un document distinct du contrat ou retraite les données collectées pour que la personne y ait un accès effectif. Pour être traitées, les données personnelles devront donc être

---

RGPD, art. 21 : Droit d'opposition. RGPD, art. 22 : Droit à une décision individuelle en cas de profilage.

[21] Y compris les sous-traitants, RGPD, art. 24 à 31.

[22] RGPD, art. 5 et 6..

[23] RGPD, art. 7. RGPD. art. 8 : pour protéger les enfants.

[24] Traitement interdit pour des données sensibles, RGPD, art. 9.

[25] RGPD, art. 37.

[26] RGPD, art. 78 et 79.

[27] Voir le rapport de la CRE, préc.

[28] CNIL, « Pack de conformité sur Les compteurs communicants », mai 2012, (www.cnil.fr/sites/default/files/typo/document/Pack_de_Conformite_COMPTEURS_COMMUNICANTS.pdf).

anonymisées et agrégées. La difficulté est que les objets connectés et les capteurs sont nombreux et répartis dans toute votre maison et tout au long des différents réseaux. Il importe de protéger les données tout au long de cette chaîne, y compris quand elles sont collectées par des sous-traitants, en les distinguant selon leur nature[29]. On mesure l'ampleur de la tâche !

Pour aider les opérateurs économiques et les consommateurs, la CNIL a publié un « pack de conformité », conçu comme un référentiel établi avec les parties prenantes dans une logique *bottom-up* de nature à promouvoir un guide des problèmes juridiques et de leurs solutions. Le pack de conformité rappelle qu'il est impératif de ne pas collecter des données au-delà des besoins de traitement établis par référence aux finalités auxquelles a consenti le consommateur. Elles ne doivent pas être indûment conservées, sauf si elles sont agrégées (et dans le cadre d'un contrat à durée indéterminée), pour réaliser par exemple des bilans énergétiques. Les données personnelles collectées doivent être anonymisées le plus tôt possible dans cette chaîne de collecte, nécessaires au développement de services de pilotage à distance de certains équipements de logement par exemple.

Tout l'enjeu est aussi que le traitement des données personnelles de consommation est, dans le secteur de l'énergie, tout à fait stratégique pour renforcer la concurrence entre les fournisseurs : elles vont servir à personnaliser l'offre d'énergie électrique ou gazière et à cartographier ces besoins en énergie en fonction de critères qui permettront au consommateur de

---

[29] Pour les données de l'énergie, les textes applicables sont les suivants : la loi n°2015-992 du 17 août 2015 relative à la transition énergétique pour la croissance verte (*JORF* n°189 du 18 août 2015, p. 14263, texte n°1) a introduit des dispositions précisant la manière dont certaines des données collectées notamment par les gestionnaires de réseaux de transport et de distribution d'électricité et de gaz naturel devront être mises à disposition. La loi n°2016-1321 du 7 octobre 2016 pour une République numérique a renforcé et élargi l'ouverture des données publiques (*JORF* n°235 du 8 octobre 2016, texte n°1).

maîtriser sa facture d'énergie et de participer à la transition énergétique. Le pack de conformité divise ces hypothèses de traitement des données personnelles en trois schémas possibles : le système in-in qui comprend les services de domotique permettant de gérer des équipements à l'intérieur de la maison sans sortie des données personnelles ; un schéma in-out qui consiste à collecter des données personnelles dans le logement pour les traiter en dehors par des services de bilans énergétiques ou de prospection commerciale ; le troisième schéma in-out-in consiste à collecter des données personnelles pour les traiter à l'extérieur du logement et proposer sur cette base des services de pilotage à distance de la consommation domestique.

Pour optimiser la consommation énergétique d'un individu, il faut aussi prendre conscience que le nombre de données personnelles à collecter est extrêmement important. Dans une expérience citoyenne, la coop.net a conçu et testé un modèle pour obtenir un véritable « paysage des données énergétiques de l'individu »[30]. Outre les données de consommations énergétiques de l'individu (liées à son domicile, mais aussi à ses déplacements ou son alimentation), la cartographie esquissée comprend des données personnelles non énergétiques (agenda, déplacements professionnels ou réguliers, mode de vie…) considérées comme nécessaires pour donner du sens à la consommation énergétique de chaque individu et l'interpréter. La cartographie comprend enfin des données de « contexte » (météo, trafic…), des données liées aux caractéristiques des équipements (marque, puissance, consommation énergétique d'un lave-vaisselle par exemple) ou du logement. Enfin, certaines valeurs de référence (consommation moyenne pour un foyer similaire au mien) ou informations issues de croisements (énergie induite par tel produit alimentaire) peuvent aussi être requises pour

---

[30] Établi lors d'ateliers de « chasse aux données d'énergie » (cf. mesinfos.fing.org/deuxieme-atelier-de-chasse-aux-donnees-denergies-a-la-coop-infolab-grenoble/).

comprendre sa propre consommation ou même agir sur elle[31]. Pour que le fournisseur puisse renforcer une offre concurrentielle, il doit donc disposer d'un nombre important de données, recueillies après le consentement de la personne à leur traitement. L'UE, tout comme les délibérations de la CRE en France, poussent à utiliser les données pour accompagner la transition énergétique : les gestionnaires de réseau doivent ainsi apporter aux utilisateurs une pleine connaissance de tous les consentements à l'exploitation de ses données personnelles par les fournisseurs, les agrégateurs d'effacement, les gestionnaires d'immeubles, les sociétés de conseils en diagnostics énergétiques etc.[32]

L'autre défi à assumer pour chaque entreprise qui collecte et/ou traite des données personnelles est celui de la sécurité du traitement, qui doit se faire tout au long de la chaîne de distribution, de transport et de production. Cette sécurisation est d'autant plus complexe que les données sont stockées en nuage (*cloud*), ce qui les rend en quelque sorte d'autant plus vulnérables[33]. L'Union européenne a bien saisi ce problème et promeut deux principes : premièrement les données non

---

[31] Voir le schéma interactif développé par la FING (mesinfos.fing.org/cartographies/mie.html).

[32] CRE, délibération du 8 décembre 2016 portant communication de l'état d'avancement des feuilles de route des gestionnaires de réseaux et proposant de nouvelles recommandations sur le développement des réseaux intelligents d'électricité et de gaz naturel, (www.cre.fr/documents/deliberations/communication/reseaux-intelligents2).

[33] Interrogé sur la sécurité des données véhiculées le long des *smart grids*, le Professeur Bruno Martin, directeur du département d'informatique à l'Université Nice Sophia Antipolis et chercheur au laboratoire I3S, estime que cette question soulève un ensemble de problèmes relativement compliqué à traiter. « Il faut assurer de la confidentialité sur ce qui a été transmis puis stocké et sur ce qui est alors disponible. Il faut aussi garantir l'intégrité de l'information, c'est-à-dire ne pas la modifier. Elle doit correspondre à quelque chose de pertinent. Enfin, simultanément, il faudrait conserver une traçabilité de l'information », énumère-t-il. Les usages associés aux nuages de données relativisent toutefois grandement le recours à la notion de respect de la vie privée selon lui. Consultable à l'adresse : http://filuns.unice.fr/fil/service-communication/actualites/vers-une-transition-energetique-intelligente

personnelles ou personnelles ayant été anonymisées par cryptage et agrégées sont stockées librement sur tout le territoire de l'Union en fonction du lieu où elles sont le plus sécurisées. Un traitement de données personnelles en dehors de l'UE est soumis aux conditions du *privacy shield* mis en place par les articles 3 et 44 et suivants du RGPD[34]. Le problème est sensible dans le secteur de l'énergie puisque l'UE dépend de réseaux d'approvisionnement en gaz surtout, qui sont situés en dehors de l'UE, y compris dans des pays comme la Russie, très friande de ce type de données pour accentuer sa maîtrise du marché européen de l'énergie.

C'est pourquoi l'UE propose de déployer aussi un *cloud* européen[35], dont l'objectif est de sécuriser le stockage des données conformément au modèle européen de protection et d'exploitation des données. L'initiative est d'autant plus importante que le RGPD lui-même ne comprend pas de disposition sur la conservation des données collectées et/ou traitées. À ce développement technique s'ajoute la logique promue par la proposition de règlement sur la libre circulation des données non personnelles : promouvoir des systèmes de protection des données sûrs, sur tout le territoire de l'UE. Les États ont encore tendance à privilégier des centres de stockage situés sur leur territoire pour certaines données sensibles. L'UE change cette perspective : la sécurité de la protection des données n'est pas une affaire de stockage au plus près du lieu de la puissance publique, mais est une question de système technique. La protection des données personnelles est donc un facteur évident d'innovation technologique, parce que le produit ou le service doit assurer la garantie d'une série de droits subjectifs. Toute la révolution du règlement général est

---

[34] Y. Padova, "The Safe Harbour is invalid: what tools remain for data transfers and what comes next?", *International Data Privacy Law*, Volume 6, Issue 2, 1 May 2016, pp. 139-161.

[35] Communication de la Commission du 19 avril 2016, "European Cloud Initiative - Building a competitive data and knowledge economy in Europe", COM (2016) 178 final.

d'induire en plus un changement du mode de production des produits ou des services.

B. Un nouveau mode de production garantissant la protection des données

Le RGPD innove en responsabilisant les entreprises et organisations qui collectent et traitent, voire stockent les données personnelles. Dans le secteur de l'énergie, cela vise tout autant les fournisseurs d'énergie que les transporteurs, voire les producteurs, mais aussi l'ensemble des réseaux transfrontaliers de gestion des flux d'énergie. Plus largement, tous les fabricants d'objets connectés qui recueillent des données de consommation d'énergie ou proposent des services connectés de contrôle de la consommation de gaz ou d'électricité sont englobés dans cette nouvelle stratégie.

Protéger les données personnelles suppose en effet des procédés techniques pour les rendre anonymes en les cryptant ou en les agrégeant à un niveau de granularité qui empêche d'identifier ou de rendre identifiable une personne. Ce faisant, les données deviennent non personnelles et peuvent circuler librement pour nourrir le *big data*. L'ensemble des entreprises du secteur énergétique vont devoir se conformer à ces obligations ; pour pouvoir en tirer profit sur le plan commercial, elles doivent veiller à l'interopérabilité des données. L'Union européenne intervient aussi dans ce sens, par sa politique de normalisation. L'autre enjeu de cette transformation à la source de collecte et de production de données est la détermination du niveau idoine de granularité, compte tenu des évolutions technologiques. Le modèle technologique de protection des données personnelles devra donc être en constante évaluation et transformation. Il doit aussi tenir compte du droit à la portabilité des données. Ces dernières doivent alors être retraitées pour les rendre intelligibles[36] et permettre au titulaire d'en reprendre le

[36] Principe de transparence de l'article 12 du RGPD.

contrôle à tout moment, soit pour les modifier, soit pour les utiliser et garantir ainsi la transition énergétique par exemple, soit enfin pour les reprendre et les transférer à un autre opérateur de données. Ces éléments doivent être pensés dans le contexte de la libre circulation des données non personnelles, qui rabotent les frontières et contraint à rendre interopérables les normes elles-mêmes[37].

Les énergéticiens ou les entreprises captant des données de consommation énergétique vont en outre devoir concevoir leur système de protection à partir d'un haut niveau de protection des données (*privacy by default*). Ils doivent aussi et surtout obéir au modèle du *privacy by design*. Il leur faut concevoir leurs produits ou leurs services en incorporant les exigences normatives européennes de protection des données personnelles. Cette protection doit être à la fois constante en termes de niveau des droits garantis et en termes d'évolution des procédés technologiques sur tous les supports de collecte (objets connectés, tablettes, ordinateurs, smartphones…). Le pack de conformité de la CNIL sur les compteurs intelligents insiste sur cette conception « holistique » de la protection des données personnelles, en particulier dans son schéma in-out-in[38] : pour piloter certains équipements à distance par un spécialiste extérieur au consommateur, en fonction du prix de l'énergie et des pics de consommation par exemple, les équipements et les services fournis doivent assurer l'anonymisation des données par cryptage le plus tôt possible dans le système de collecte.

Cette évolution majeure traduit la responsabilisation des acteurs de la collecte et du traitement des données : on passe d'une logique de déclaration préalable à celle de la conception de processus permanents de protection, inclus dans les produits et les services fournis. Ces mesures techniques doivent se doubler de « mesures organisationnelles »[39] pour assurer une

---

[37] Voir la proposition de règlement, préc.
[38] Voir *supra*.
[39] RGPD, consid. 78.

protection effective des données personnelles. Le RGPD précise que le responsable du traitement doit « être en mesure de démontrer qu'il respecte le présent règlement, [et] devrait adopter des règles internes et mettre en œuvre des mesures qui respectent, en particulier, les principes de protection des données dès la conception et de protection des données par défaut »[40].

La conséquence de cette approche est d'universaliser la protection des données personnelles par son incorporation dans le produit ou le service même, presté sur le territoire de l'Union. On peut se demander, à partir du moment où la protection des données personnelles est un droit fondamental au sens de l'article 8 de la Charte des droits fondamentaux, si cette protection ne devrait pas être attachée à la personne, au citoyen de l'Union, plutôt que sur le territoire de l'UE, ce qui conduirait à exporter le niveau de protection dans tout le monde, afin de sauvegarder les droits de la personne à la protection de ses données[41]. L'enjeu est sensible parce que la notion de données personnelles diverge, comme on l'a dit, entre l'UE et les États-Unis.

Le secteur de l'énergie permet de mesurer un autre effet de ce modèle de gouvernance de la donnée personnelle, qui doit se diffuser tout au long des réseaux de distribution et de transport de l'énergie. La CRE en France l'a rappelé, en soulignant l'impératif de sécurisation de ces réseaux, pour éviter tout risque de captation illicite de données ou d'attaque informatique contre les infrastructures. Comme elle le rappelle sur son site internet, « la normalisation, c'est-à-dire l'élaboration sur une base consensuelle de spécifications techniques auxquelles se soumettent volontairement les industriels, joue un rôle clé dans ce processus de prise en compte de la sécurité et de la protection des données dès la conception (*privacy and security*

---

[40] *Ibidem.*

[41] Pour la question de la portée territoriale du droit au déréférencement, voir les questions préjudicielles posées par le Conseil d'État à la Cour de justice de l'Union européenne, CE, 19 juillet 2017, Google Inc., n°399922.

by design). Les enseignements du secteur des communications électroniques montrent en effet qu'une prise en compte *a posteriori* de la protection des données personnelles est plus complexe et coûteuse à mettre en œuvre »[42].

Le RGPD suggère fortement une manière de valoriser l'investissement dans un modèle de production et de distribution respectueux des données ; celui de la certification[43]. Les obligations d'assurer la protection des données dès la conception des produits et reposant par défaut sur le plus haut niveau possible rendent les processus de certification attractifs pour les entreprises, qui ont tout intérêt à vendre leurs investissements dans ce sens, pour être des opérateurs économiques hautement protecteurs des données personnelles. Elles disposent à ce jour de normes élaborées dans un groupe de travail conjoint CEN/Cenelec, ce qui leur permettra de ne plus avoir à prouver qu'elles ont conçu leurs processus de fabrication en fonction de la protection des données personnelles, mais de bénéficier d'une présomption de conformité. Comme le souligne Olivia Tambou, « l'utilisation de la norme a pour but de faire évoluer la responsabilisation des responsables de traitement vers le concepteur de technologie »[44]. Un label européen de protection des données permettrait aussi de donner corps à la notion de modèle européen de protection des données personnelles dans le sens d'une véritable certification commune.

Le service fourni par une entreprise dans la protection/sécurisation des données personnelles peut ainsi devenir un facteur de concurrence entre les fournisseurs d'énergie. Les réticences manifestées en France lors de la pose

---

[42] Voir « Le cadre juridique de la protection et de la sécurité des données issues des Smart grids », dans le dossier *La gestion des données*, Smartgrids-cre (www.smartgrids-cre.fr/index.php?p=gestion-donnees-cadre-juridique-protection-securite).
[43] RGPD, art. 40.
[44] O. Tambou, « L'introduction de la certification dans le règlement général de la protection des données personnelles : quelle valeur ajoutée ? », *Revue Lamy du droit de l'immatériel*, mai 2016, pp. 43-48, spéc. p. 45.

des compteurs *Linky* montrent cependant qu'avant de profiter de ces avantages, il est fondamental de renforcer la confiance des consommateurs dans le modèle de protection des données pour qu'ils en acceptent à la fois le principe et les modalités. En ce sens, la protection de la donnée se trouve bien au cœur de la gouvernance des entreprises énergétiques européennes.

II. La protection de la donnée énergétique, cœur de la gouvernance des entreprises européennes

L'enjeu juridique de la protection des données personnelles ne peut pas se concevoir en occultant les enjeux économiques du traitement des données. En croisant des données personnelles, un logarithme sait déterminer un profil de consommation, une tribu de valeurs communes, des préférences culinaires, musicales ou vestimentaires. S'il importe de laisser le logarithme développer une offre personnalisée, il faut aussi éviter un profilage systématique des individus. C'est pourquoi le RGPD requiert une transformation de l'écosystème organisationnel de chaque entreprise (A). Plus profondément, il suppose aussi une éducation de chacun aux données, afin de mettre les individus en capacité de gérer leurs données personnelles et de donner leur consentement à leur traitement à bon escient (B).

A. La protection des données change l'organisation politique de l'entreprise

C'est toute l'organisation de l'entreprise qui doit s'adapter au RGPD. Un exemple bien connu est la désignation d'un responsable de la protection des données personnelles au sein de chaque entreprise. Il lui revient de cartographier les données collectées et d'évaluer les risques de violation des droits du règlement, pour établir ensuite un plan de gestion des risques[45]. Cette gouvernance assure une détection des failles de sécurité et une mise en conformité en continu de l'organisation interne des entreprises, y compris d'ailleurs de leurs sous-traitants.

Le responsable des données doit aussi documenter la conformité des processus internes avec le règlement général. Chaque entreprise doit donc établir sa propre politique de protection et doit en répondre devant les autorités publiques, les consommateurs et plus généralement ses concurrents. Cette conception a pour objectif de renforcer la responsabilité des entreprises au sens de l'*accountability*. L'idée est que les entreprises doivent s'organiser pour être en capacité de rendre compte de leur politique de protection des données personnelles. La concurrence va se développer à la fois sur les avancées technologiques au service de la sécurisation des droits fondamentaux des personnes, mais aussi sur les changements d'organisation interne à l'entreprise pour assurer cette mise en conformité au règlement et, en conséquence, la mise en sécurité des données.

L'un des risques premiers du RGPD est de ne pas assurer les conditions pour un consentement éclairé à son traitement. Le consommateur reste alors méfiant. Les entreprises devront d'abord mettre en place un consentement distinct du contrat, ensuite un consentement suffisamment éclairé et donc en lien avec une explicitation de la finalité du traitement[46]. Dans un arrêt du Conseil d'État du 8 février 2017[47], il est rappelé que le traitement d'une donnée personnelle doit garantir que cette personne ne peut pas être identifiée ou identifiable par l'entreprise qui collecte et/ou traite cette donnée. En l'espèce, la société JCDecaux France voulait mettre en œuvre un traitement automatisé de données à caractère personnel ayant pour finalité

[45] Voir l'ensemble de la méthodologie proposée par la CNIL pour la mise en œuvre du RGPD (www.cnil.fr/fr/cartographier-vos-traitements-de-donnees-personnelles).
[46] RGPD, art. 5-1 b).
[47] CE, 8 février 2017, Sté JCDecaux, n°393714.

de tester une méthodologie d'estimation quantitative des flux de piétons sur la dalle de La Défense. La CNIL, appuyée par les juges, a estimé que les techniques et les objectifs de la collecte n'assuraient pas leur anonymisation, parce que la société n'assurait pas, selon le Conseil d'État que « l'identification de la personne concernée, directement ou indirectement, [devienne] impossible, que ce soit par le responsable du traitement ou par un tiers ». Selon la juridiction, l'identification pouvait en effet résulter d'un croisement de données qui sont reliées entre elles et ainsi permettre l'identification de la personne. En concevant son système de collecte, JCDecaux a pour objectif d'identifier les déplacements des personnes et leur répétition sur la dalle piétonne de La Défense, pour ensuite savoir quels sont les flux de passage. Cette finalité de données personnelles est en réalité incompatible avec une anonymisation des informations recueillies. Le standard de protection privilégié par le Conseil d'État est sur ce point exigeant, ce qui rend stratégique la mise en conformité de la pratique des entreprises avec le RGPD.

Dans le secteur de l'énergie, l'application du RGPD génère une réflexion sur le type de données collectables. Par le biais des compteurs *Linky*, ce sont les courbes de charge de la consommation horaire qui sont enregistrées sur l'année. Ce n'est qu'avec le consentement du propriétaire que ces données peuvent être transmises au gestionnaire de réseau, pour permettre un traitement dans l'optique d'une proposition tarifaire personnalisée par exemple[48]. L'idée est d'éviter toute fuite inopinée de données personnelles dans le réseau. Le pack de conformité de la CNIL permet de préciser un autre paramètre, celui des finalités d'un traitement de ces données accumulées par les compteurs intelligents ; le RGPD protège en effet ces données par le consentement de l'individu à ce qu'elles soient traitées pour une finalité précisée. Ces finalités varient en fonction des schémas considérés par la CNIL : dans un schéma in-in les finalités sont la gestion de la consommation

---

[48] Voir, C. énergie, art. D. 341-21.

d'énergie par le consommateur ou le respect des obligations réglementaires de maîtrise de la consommation d'énergie dans les logements neufs. Dans un schéma in-out, les données personnelles peuvent servir aussi à établir un bilan énergétique ou même réaliser de la prospection commerciale. Il est évident que ces dernières finalités induisent des obligations plus lourdes pour les prestataires de service de collecte et/ou de traitement. Les données collectées doivent en effet être anonymisées et leur conservation être strictement proportionnée aux finalités poursuivies. Par exemple, si le contrat est à durée déterminée le stockage des données personnelles ne devrait pas excéder trois ans et doit ensuite être soumis à l'obligation d'agréger les données personnelles afin de les ouvrir[49] à tous les opérateurs économiques.

Il reste que tout le système de protection repose sur le consentement de la personne, dans une logique de protection de sa vie privée. Le prochain enjeu juridique consiste, comme l'y invite d'ores et déjà la Charte des droits fondamentaux de l'UE[50], à distinguer vie privée et protection des données. Sans prétendre épuiser ce sujet, on peut suggérer d'autres modèles de protection, partiellement incorporés dans le RGPD, dont le *privacy by responsability*. L'idée serait de déterminer des données plus spécifiquement sensibles et d'encadrer leur traitement pour éviter les risques de dérives. Le RGPD le fait dans son article 9 pour « les données à caractère personnel qui révèle l'origine raciale ou ethnique, les opinions politiques, les convictions religieuses ou philosophiques ou l'appartenance syndicale, ainsi que le traitement des données génétiques, des données biométriques aux fins d'identifier une personne physique de manière unique, des données concernant la santé ou des données concernant la vie sexuelle ou l'orientation sexuelle d'une personne physique ». Le traitement est interdit,

---

[49] L'*open data* est en effet un élément important de la politique énergétique, voir. le rapport de CRE, préc.

[50] L'article 8 de la Charte protège les données personnelles alors que la vie privée est protégée par l'article 7.

sauf pour des finalités liées à la protection de l'intérêt public, voire des fins de recherche scientifique ou par « consentement explicite au traitement de ces données à caractère personnel pour une ou plusieurs finalités spécifiques ». On pourrait concevoir de développer cette technique de réservation de certaines données en fonction de l'évaluation des risques de non-protection des données personnelles encourus ; cette option n'a pourtant pas été retenue dans le RGPD, ce qui peut poser problème parce que l'évolution technologique peut rendre inefficaces les moyens privilégiés par le règlement pour assurer la protection, tels que l'agrégation des données ou leur anonymisation. Il existe donc un risque dans le maniement de données dont l'agrégation ou le profilage révèlent non pas la personne elle-même, et qui ne sont donc pas des données personnelles, mais révèlent beaucoup de son intimité par son profil de consommation. À cet égard toutes les données de consommation énergétique dans un logement privé peuvent être personnellement très sensibles. Peut alors se poser la question de protections complémentaires à celle du RGPD, sous la forme d'une obligation de confidentialité par exemple pour des données non strictement personnelles, mais personnellement sensibles.

Les négociations sur la réforme de la directive *E-privacy*[51] par le règlement du 10 janvier 2017[52] montrent que certaines données personnelles de données électroniques doivent ainsi être traitées de manière à garantir leur confidentialité. Il doit exister un équilibre entre le respect des communications, droit fondamental reconnu dans la Charte[53], et la protection de la vie

---

[51] Directive 2002/58/CE du Parlement européen et du Conseil du 12 juillet 2002 concernant le traitement des données à caractère personnel et la protection de la vie privée dans le secteur des communications électroniques, *JOUE* L 201 du 31 juillet 2002, p. 37.

[52] Proposition de règlement du Parlement européen et du Conseil concernant le respect de la vie privée et la protection des données à caractère personnel dans les communications électroniques et abrogeant la directive 2002/58/CE du 10 janvier 2017, COM (2017) 10 final.

[53] Art. 11.

privée. Or, le contenu des communications électroniques peut révéler des informations extrêmement sensibles sur les utilisateurs finaux intervenant dans la communication. De même, les métadonnées découlant de communications électroniques peuvent révéler des informations très sensibles et personnelles, comme la CJUE le reconnaît expressément[54]. Elles peuvent révéler les « préférences sexuelles et opinions politiques, dont la divulgation pourrait causer un préjudice personnel ou social, des pertes économiques ou un embarras. De même, les métadonnées découlant de communications électroniques peuvent aussi révéler des informations très sensibles et personnelles »[55]. Il convient donc de garantir la confidentialité du contenu des communications électroniques. Cette obligation vient s'ajouter à celles du RGPD et montre que des informations peuvent bénéficier d'une obligation de confidentialité[56] parce qu'elles peuvent porter préjudice si elles sont ouvertes à tous (et à tous les traitements). Les données énergétiques pourraient constituer de telles informations personnellement sensibles, parce qu'elles révèlent les habitudes de vie et le type de consommation des individus qui vivent dans un foyer.

Si les producteurs sont responsables de l'effectivité de cette protection, ils doivent aussi mettre en capacité chaque individu de choisir du devenir de ses propres données personnelles. Encore faut-il que ce dernier sache en revendiquer le droit.

---

[54] Voir CJUE, 8 avril 2014, Digital Rights Ireland et Seitlinger e. a., aff. jtes C-293/12 et C-594/12 ; CJUE, gde ch., 21 décembre 2016, Tele2 Sverige AB et Secretary of State for the Home Department, aff. jtes C-203/15 et C-698/15.

[55] Proposition de règlement du 10 janvier 2017, préc., consid. 2.

[56] Sur le modèle des informations commercialement sensibles, voir la communication de É. Muller.

B. La protection des données personnelles oblige l'entreprise à une politique d'information transparente

Le consommateur change de positionnement juridique : ce n'est plus seulement la partie faible du contrat (et qu'il faut protéger par des droits spécifiques), mais il devient un prosommateur dont la fonction est de prendre en main la protection de ses données personnelles, pour tirer parti de ses droits comme la portabilité ou son droit de les modifier par exemple. Le consommateur doit donc être mis en capacité de comprendre ses droits afin de pouvoir les exercer pleinement. Cela se traduit par une politique d'information/éducation.

Le consommateur doit ainsi savoir pour quelles finalités ses données vont être traitées, mais aussi quelles sont les données que son produit est capable de capter. Cela rappelle les problèmes rencontrés par Samsung avec sa télévision connectée à commande vocale. Le consommateur ne savait pas que son appareil comprenait bien plus que les commandes pour changer de chaîne ou augmenter le son et que toutes les données déchiffrées étaient transmises par connexion à Samsung ou même à la société tierce responsable du traitement de ces données vocales. Afin qu'il le réalise, et face au scandale provoqué par cette découverte, Samsung a dû changer ses conditions de vente, pour mieux informer le consommateur. La société responsable de la conception du produit doit y inclure la protection des données, mais elle doit aussi prévenir en toute transparence le consommateur. C'est ainsi que l'on peut lire, au fond du carton qui contient sa télévision à commande vocale : "*Please be aware that if your spoken words include personal or other sensitive information, that information will be among the data captured and transmitted to a third party through your use of Voice Recognition*".

Le consommateur doit littéralement être en mesure de comprendre le risque de captation non intentionnelle de données personnelles et donc des conditions réelles de fonctionnement de son produit. À défaut, c'est tout le consentement qui se trouve mis à mal. Dans sa gouvernance du risque, le producteur doit évaluer ce risque précis lors de la conception du produit et l'écriture des conditions d'utilisation. Il doit aussi, et surtout, prévoir la possibilité technique de désactiver une ou plusieurs fonctions afin de rester maître de l'appareil ; Samsung a dû l'expliciter et prévoir un bouton pour activer spécifiquement la commande vocale et comment cette fonctionnalité interopère avec une société tierce, qui permet de bénéficier de la commande vocale et des services associés. Elle a donc changé le contenu de son texte d'information pour préciser que « *You may disable Voice Recognition data collection at any time by visiting the "settings" menu. However, this may prevent you from using some of the Voice Recognition features* »[57]. Drôle d'expérience que la télévision à commande vocale ; si on lui ajoute l'intelligence artificielle, l'information du consommateur n'en sera que plus complexe ! Ce dispositif technique de désactivation permet bien au consommateur de disposer de ses données et de les gérer en toute conscience afin d'obtenir un service prédéterminé. C'est la condition pour le traitement des données ne dépossède pas l'individu de sa capacité d'action[58]. Pour le réaliser, il faut que la protection des données personnelles soit une véritable composante de la gouvernance des entreprises européennes. Cela suppose aussi de faire de la protection des données personnellement sensibles une obligation éthique.

Une protection effective des données personnelles et des données personnellement sensibles suppose d'éduquer les responsables du traitement des données dans les entreprises, mais surtout les ingénieurs aux données, à leur diversité de nature et de régimes juridiques. Dans la Charte de la robotique développée par le Parlement européen en avril 2016[59], sont

---

[57] Voir par exemple « Votre Smart TV Samsung vous "écoute" », *Journal du Geek*, 10 février 2015 (www.journaldugeek.com/2015/02/10/votre-smart-tv-samsung-vous-ecoute/).

[58] F. Ost, *À quoi sert le droit ?*, Bruylant, 2015, spéc. p. 325.

[59] Voir la résolution du Parlement européen du 16 février 2017 contenant des recommandations à la Commission concernant des règles de droit civil sur la robotique (2015/2103(INL)).

énumérés des principes, dont celui qui postule que les robots ne peuvent pas nuire aux humains, tout en maintenant l'autonomie de décision de ces derniers. Elle est accompagnée d'un Code de déontologie des ingénieurs en robotique comprenant une obligation spécifique de respect de la vie privée des utilisateurs : l'ingénieur doit s'assurer que les informations privées sont conservées en toute sécurité et toujours utilisées et utilisables à bon escient. Le pack de conformité de la CNIL insiste sur la nécessité de concevoir les dispositifs techniques qui assurent au consommateur la maîtrise de ses données personnelles : le logement qui incorpore des dispositifs de recueil des données de consommation énergétique doit ainsi comprendre des dispositifs techniques qui permettent l'effacement des données ou le débranchement des appareils pour vider leur mémoire ou supprimer[60] les données personnelles du consommateur soit parce qu'il quitte le logement soit parce qu'il souhaite modifier ses données ou en retirer certaines. Les données personnelles doivent aussi être sécurisées ce qui suppose le chiffrement et la protection de la clé qui le permet, mais aussi l'accès aux données avec un code secret et des certifications de sécurité.

On le voit, les ingénieurs sont les seuls à même d'ajouter à leurs machines le « bouton magique » qui assure toute sa plénitude et son efficacité au consentement. Pour que les données personnelles soient effectivement protégées, il faut en effet que la machine qui récolte et traite des données soit capable de connaître les limites imposées par le droit. Curieux retour vers les travaux d'un certain Asimov…

---

[60] Avec toute l'ambiguïté technique de cette notion.

Information privilégiée et régulation financière*

Jérôme CHACORNAC[61]

Faut-il limiter la circulation et l'exploitation d'informations privilégiées en matière financière ? Question que l'on ne se pose plus guère, mais qui, à l'origine, fit l'objet d'un débat particulièrement âpre il y a environ un demi-siècle outre-Atlantique[62]. Ce débat a cependant été un peu oublié par les juristes tant la volonté semble aujourd'hui forte et univoque de construire par le droit un marché dans lequel tous les « joueurs » doivent disposer d'une information égale.

Dans les années soixante, les fondements d'un tel modèle juridique de marché étaient tout sauf sûrs.

Au camp des *« régulateurs »*, dénonçant les périls des situations d'asymétrie d'informations sur les marchés financiers, s'opposait le camp oublié des perdants face à l'histoire, celui des *« dérégulateurs »*[63], critiques de la répression des opérations d'initiés à de nombreux égards :

---

* Le style oral de l'intervention a été conservé, les notes de bas de page prenant cependant en compte les éléments d'actualité survenus jusqu'à la publication.

[61] Maître de conférences de droit privé à l'Université Paris 2 Panthéon-Assas.

[62] Pour une synthèse, notre ouvrage, *Essai sur les fonctions de l'information en droit des instruments financiers*, préf. F. Drummond, Dalloz, 2014, n°748-751, pp. 439-441 ; égal. D. Martin, É. Dezeuze, F. Bouaziz, *Les abus de marché – Manquements administratifs et infractions pénales*, LexisNexis 2013, n°63, p. 43.

[63] Dont la figure principale a d'abord été incarnée par Henry G. Manne, par de nombreuses publications dont la plus couramment citée est « Insider trading and the stock market », *New York Free Press, Collier-Macmillan Ltd.* 1966.

- l'utilisation d'informations privilégiées par un initié est conforme au fonctionnement du marché. L'initié, rationnel, agira toujours en fonction de l'information qu'il détient et permettra ainsi son intégration progressive au cours ;

- fondamentalement, la recherche d'égalité entre les investisseurs est un mythe : les marchés financiers reposent nécessairement sur les choix des initiés ;

- on ajoutera encore l'absence de victimes et l'ineffectivité redoutée de la répression.

Tout au long de la seconde moitié du XXème siècle, ces réserves d'une inégale pertinence ont été dépassées par une théorie économique plus compréhensive dite de « l'efficience des marchés financiers »[64].

Selon celle-ci, en substance, les marchés fonctionnent bien lorsque le cours reflète l'intégralité de l'information disponible pour un public d'investisseurs. Pour veiller à ce que le cours reflète les anticipations du public, le marché doit réagir aux anticipations faites par tous et non par effet de décisions prises par une caste de privilégiés.

Ainsi, la régulation de l'information privilégiée constitue, en quelque sorte, la forme parachevée du choix de politique juridique réalisé par les législations du *New Deal* au lendemain de la crise de 29 : celui de la *disclosure philosophy*[65], de la

---

[64] En germe chez les néo-classiques, cette théorie évalue la performance d'un marché par son aptitude à permettre l'intégration immédiate de toute l'information au cours de chaque actif et a surajouté au postulat de la rationalité l'étude du rôle de la connaissance nécessaire à la formulation d'anticipations rationnelles. Elle a fait l'objet d'une systématisation par degré par Eugene Francis Fama, « Efficient Capital Markets : A Review of Theory and Empirical Work », 25 *Journ. Of fin.* 383 (1970).

[65] Sur le débat politique au Congrès entourant l'adoption des premières législations fédérales en matière de « valeurs mobilières », l'exposé lumineux réalisé dans l'ouvrage fondamental de L. Loss et J. Seligman, *Securities regulation,* 3rd éd., Little Brown and Company, 1989, pp. 171-173, dans un développement intitulé « The Battle of the philosophies ».

transparence comme meilleure forme possible de régulation des marchés financiers ; la transparence comme garantie minimale de bon fonctionnement de marchés qui reposent, il ne faut jamais l'oublier, sur la prise d'un risque économique[66].

Un peu comme en droit de la concurrence[67], le droit fédéral américain des *securities* est devenu le système matriciel dont se sont inspirés les législateurs nationaux et, aujourd'hui, les institutions européennes.

Depuis peu, la régulation de l'information privilégiée est exclusivement de source européenne. À une première directive adoptée en 2003[68], ont récemment succédé un règlement, applicable en matière administrative[69] et une directive « pénale »[70], qui impose aux États membres la pénalisation des opérations d'initiés et renvoie, pour les principales notions, dont celle de l'information privilégiée, aux définitions du règlement[71].

S'il en est ainsi, c'est parce qu'un mouvement général de basculement de la directive vers le règlement est en train de

---

[66] Voir *Essai sur les fonctions de l'information…*, préc., n°68-70 pp. 43-44 et, plus spécialement, sur la définition du risque d'investissement, n°121 et s., spéc. n°124, p. 74.

[67] Pour une présentation synthétique et exacte de la construction du droit de la concurrence, J.-B. Blaise et R. Desgorces, *Droit des affaires,* LGDJ, 8e éd., 2015, n°704 et s., p. 375.

[68] Directive 2003/6/CE du Parlement européen et du Conseil du 28 janvier 2003 sur les opérations d'initiés et les manipulations de marché (abus de marché), *JOCE* L 96 du 12 avril 2003, p 16.

[69] Règlement (UE) n°596/2014 du Parlement européen et du Conseil du 16 avril 2014 sur les abus de marché (règlement relatif aux abus de marché) et abrogeant la directive 2003/6/CE du Parlement européen et du Conseil et les directives 2003/124/CE, 2003/125/CE et 2004/72/CE de la Commission, *JOUE* L 173 du 12 juin 2014, p. 1.

[70] Directive 2014/57/UE du Parlement européen et du Conseil du 16 avril 2014 relative aux sanctions pénales applicables aux abus de marché (directive relative aux abus de marché), *JOUE* L 173 du 12 juin 2014, p. 179.

[71] En particulier, concernant la définition de l'information privilégiée, pour laquelle, l'article 2, 4) de la directive précitée renvoie en effet aux définitions figurant aux paragraphes 1 à 4 de l'article 7 du règlement.

s'opérer à Bruxelles[72]. Et, s'il en est ainsi, c'est parce que les anciennes directives en matière financière ont naturellement préparé le terrain de « l'uniformisation en marche ». La régulation de l'information privilégiée le révèle avec éclat : les normes de comportements qui tendent à en encadrer la circulation et en interdire l'exploitation sont désormais connues et comprises partout.

Mais si tout allait bien, mon intervention pourrait s'arrêter ici. Tel n'est, chacun s'en doute, nullement le cas. Si les normes de comportements relatives à l'information privilégiée, c'est-à-dire la régulation par les normes substantielles, sont arrivées à maturité, il n'en va pas de même du dispositif de sanctions applicables.

J'envisagerai donc successivement une régulation substantielle arrivée à maturité (I) et une régulation par la sanction « en crise » (II).

I. Une régulation substantielle « mature »

Les éléments sont nombreux pour affirmer que, dans la définition des comportements, tant au titre de la prévention que de la répression des opérations d'initiés, les règles sont arrivées à maturité.

Le constat procède tant de la définition de l'information privilégiée (A) que de l'encadrement dont son utilisation ou sa transmission fait l'objet (B).

---

[72] Dernier exemple en date de cette évolution des sources, en matière de prospectus, la publication du règlement (UE) 2017/1129 du Parlement européen et du Conseil du 14 juin 2017 concernant le prospectus à publier en cas d'offre au public de valeurs mobilières ou en vue de l'admission de valeurs mobilières à la négociation sur un marché réglementé, et abrogeant la directive 2003/71/CE.

A. La définition de l'information privilégiée

L'information privilégiée est en réalité appréhendée à un double égard. Elle l'est par ses caractères propres (1), comme par son domaine, aujourd'hui entendu le plus largement possible (2).

1. Les caractères

À la différence des autres informations qui circulent sur les marchés financiers, *l'information privilégiée n'est pas définie par son objet* : elle ne vise pas des comptes ; elle ne vise pas des normes sociales ou environnementales, ni même certaines opérations en particulier. Elle est définie par *ses caractères*. L'information privilégiée c'est l'information attendue par le marché parce qu'elle est importante, quel que soit l'évènement visé. C'est l'information intrinsèquement identifiable par sa gravité. Elle permet au législateur de « prévoir l'imprévu » en indiquant simplement les caractères de l'information, sans anticiper le contenu du message[73].

L'information privilégiée présente désormais une définition établie par trois caractères : elle est précise, confidentielle et sensible[74]. Ces caractères sont définis à l'identique, tant au niveau interne qu'européen ; tant au titre des obligations de prévention qu'à celui des obligations d'abstention ; tant au titre de la répression administrative que de la répression pénale[75].

---

[73] Voir en ce sens, *Essai sur les fonctions de l'information…*, préc., n°426, p. 249.

[74] Il est renvoyé aux définitions données par l'article 7 par la directive pénale et, par contrecoup, par le droit interne, depuis sa transposition à l'article L. 465-1, I, du Code monétaire et financier, réalisée par la loi n°2016-819 du 21 juin 2016 réformant le système de répression des abus de marché.

[75] Venant ainsi tout bonnement éradiquer les difficultés nées des divergences parfois recherchées entre la jurisprudence pénale et l'interprétation donnée du manquement administratif. Les questions relatives à la différence entre

Certes, les enrichissements et incertitudes sont constants. Exemple d'enrichissement ? La consécration par le nouveau règlement abus de marché de la jurisprudence « Daimler » relative à la précision d'une information privilégiée[76]. Reprenant les enseignements de la Cour de justice de l'Union européenne, le nouveau règlement abus de marché énonce désormais à son article 7 § 3 qu'« une étape intermédiaire d'un processus en plusieurs étapes est réputée constituer une information privilégiée si, en soi, cette étape satisfait aux critères relatifs à l'information privilégiée visés au présent article ».

Exemple d'incertitude ? À partir de quand une information perd-elle son caractère confidentiel ? La casuistique est peut-être inévitable, comme le révèle une sévère décision de la Commission des sanctions de l'AMF tout récemment confirmée par la cour d'appel de Paris[77] dans laquelle il a été retenu que l'information transmise lors d'une conférence téléphonique à laquelle participait pas moins de 900 intervenants dont des cabinets d'analyse financière n'avait pas suffi à faire perdre à cette information son caractère confidentiel.

Mais si les discussions pratiques sur les critères sont inévitables, ceux-ci sont désormais bien établis et rendent compte d'une notion cohérente : l'avantage informationnel doit être bien réel et rendre possible la réalisation d'anticipations profitables dont est privé, dans sa généralité, le public des investisseurs.

---

condition préalable du délit et du manquement appartiennent désormais à l'histoire.

[76] CJUE, 28 juin 2012, Gelti c/ Daimler, aff. C-19/11, *RD bancaire et fin.*, 2012, comm. 174, note Th. Bonneau ; *Europe*, 2012, comm. 325, note M. Meister ; *Bull. Joly Bourse*, 2012, p. 398, § 187, note S. Torck.

[77] CA Paris, 30 juin 2016, n°15/04219, *Banque & droit*, n°171, janv.-févr. 2017, pp. 28-29, obs. J.-J. Daigre ; sur cette question de l'absence de seuil au-delà duquel le nombre d'initiés cesserait… d'en faire des initiés, D. Martin, É. Dezeuze, F. Bouaziz, *Les abus de marché…*, préc., n°84-86, pp. 65-67.

2. Le domaine

Le domaine de l'information privilégiée a été étendu tant au regard de ceux qui peuvent la détenir – c'est son domaine personnel – (a) qu'au regard de son objet – soit, son domaine matériel (b).

a. Le domaine personnel : qui peut être initié ?

D'un point de vue personnel, le contrôle de l'information privilégiée coïncidait à l'origine avec un contrôle des premiers dépositaires des secrets de l'entreprise : les dirigeants. L'origine historique de la régulation de l'information privilégiée se situait dans des règles de pur droit des sociétés[78] : les interdictions de réaliser des informations privilégiées furent cantonnées initialement aux seuls dirigeants de société. L'idée était de délimiter l'interdiction aux personnes structurellement à connaissance des informations importantes. *La fonction faisait l'initié.*

Cette idée a vite montré ses limites résultant de la nature de l'information. En elle-même, l'information est en effet porteuse d'un surcroît de connaissance pour quiconque, quelle qu'en soit la fonction au sein ou en dehors d'une entreprise, et elle est susceptible plus que n'importe quel bien de circuler.

En vérité, c'est l'information qui fait l'initié. S'est ainsi opéré un passage d'une règle de droit des sociétés à une règle boursière assurant de manière généralisée le contrôle et l'interdiction d'utilisation d'une information privilégiée par les dirigeants, mais aussi bien au-delà : les personnes ayant des fonctions clés dans l'entreprise et même « toute personne », du serveur d'un restaurant au chauffeur de taxi à l'écoute d'une

[78] Pour un rappel historique du passage de la règle de droit des sociétés à l'interdit, en droit fédéral américain, puis en France, D. Martin, É. Dezeuze, F. Bouaziz, *Les abus de marché…*, préc., n°41-48, pp. 31-35.

conversation ou encore le réparateur de photocopieuses qui se trouve au contact de papiers confidentiels[79].

Cette extension de la qualité d'initié opérait un recentrage sur l'objet de la régulation : le contrôle de l'avantage informationnel, quel qu'en soit le bénéficiaire.

b. Le domaine matériel

Dans son domaine matériel, l'information privilégiée a également connu une extension remarquable reposant sur la prise de conscience des relations entre les marchés financiers et leur environnement. C'est d'abord la jurisprudence qui a admis que la prévention de délit d'initié trouvait à s'appliquer alors même que les titres d'une société cotée avaient fait l'objet d'une cession en dehors du marché[80]. Ce que l'on sait d'un émetteur peut aider, tant à la bourse qu'en dehors.

Aujourd'hui, la définition de l'information privilégiée se décline pour englober également des activités d'échange portant sur d'autres objets que des instruments financiers. La réalité économique nous a montré que les avantages informationnels sur les marchés réels peuvent en charrier d'autres dans les domaines financiers qui leur sont liés : l'information privilégiée couvre ainsi désormais les instruments dérivés sur matière première ou les contrats au comptant sur matières premières et même les quotas d'émissions de gaz à effet de serre[81].

---

[79] Sur l'élargissement progressif de la catégorie des initiés, D. Martin, É. Dezeuze, F. Bouaziz, *Les abus de marché…*, préc., n°124-128, pp. 92-94.

[80] Com. 18 juin 1996, n°94-13.660, *Bull. civ.* IV, n°175, s'agissant d'un manquement d'initié ; *JCP*, 1997.II.22710, note H. Hovasse ; arrêt de rejet sur pourvoi formé contre : CA Paris, 16 mars 1994, *Gaz. Pal.*, 1.297, concl. Y. Jobard et 432 ; *JCP*, 1994.II.22321, note J.-H. Robert ; *Dr. et patr.*, déc. 1994, p. 37, note A. Pezard.

[81] Art. 7 § 1, b) et c), règlement (UE) n°596/2014, préc. Sur l'extension de l'information privilégiée aux contrats au comptant et instruments dérivés sur matière première, S. Torck, « L'extension de la répression des opérations d'initiés aux marchés dérivés de matières premières : faut-il privilégier une approche sectorielle ? », *Dr. sociétés*, août 2013, comm. 143.

B. L'encadrement de l'information privilégiée

J'en arrive à présent à l'encadrement de l'information privilégiée qui, quelle que soit l'hypothèse, repose sur deux piliers : la prévention (1) et la répression (2).

1. La prévention

La prévention des opérations d'initiés fait l'objet d'un dispositif d'une formidable richesse qui s'est construit par alluvion. L'idée est simple : si les opérations d'initiés sont interdites, c'est parce que l'information privilégiée intéresse le public dans son ensemble.

L'information privilégiée n'est, au fond, qu'une information publique en devenir[82], ce qui impose deux choses. La première consiste à assurer sa divulgation au moment opportun. Premiers acteurs de l'information du marché, les sociétés, qui prennent le nom « d'émetteurs », doivent publier toutes les informations privilégiées les concernant « dès que possible »[83].

Comme par un jeu de miroir, le droit des sociétés cotées parvient à juguler le risque de toute exploitation d'un avantage informationnel réalisant la perte de confidentialité de l'information. La régulation de l'information privilégiée passe ainsi par l'instauration d'un lien nécessaire entre une démarche positive des premiers acteurs du marché et l'interdiction faite à

---

[82] Sur cette importante prémisse, *Essai sur les fonctions de l'information…*, préc., n°762-765, pp. 447-450.

[83] Obligation résultant désormais de l'article 17 du règlement (UE) n°596/2014. Sur les conséquences de l'expression utilisée, A.-C. Muller, « La diffusion « dès que possible » d'une information privilégiée - Décisions de la commission des sanctions, Sté Huis Clos, 2 avril 2015, Sté Tekka, 30 mai 2015, Sté Gaussin, 5 juin 2015 », *Rev. Soc.*, 2015, p. 476.

tous d'utiliser des informations privilégiées[84]. Cette complémentarité a été perçue par les autorités de régulation nationales, telle la COB dans les années 90, puis reprise par les institutions européennes dès la première directive abus de marché[85].

Cette publication peut être retardée, par exemple afin d'assurer le succès d'une opération, mais cédera toujours face au besoin d'information du public. Il n'est qu'un cas où la rétention d'une information privilégiée pourra être retardée par un émetteur avec l'assentiment du régulateur : si une information a pour objet un facteur de risque systémique, l'autorisation de ne pas la publier doit être demandée à l'autorité administrative compétente[86].

Cette règle, la seule dans laquelle le besoin d'information du public devient second, est un enfant de la crise financière. La crainte des réactions en chaîne justifie une privatisation de l'information aussi longtemps que nécessaire.

La seconde conséquence de la vocation d'une information privilégiée à accéder à une diffusion est la nécessité d'identifier les comportements suspects générateurs d'un risque d'utilisation illicite ou de transmission incontrôlée : tel sera l'objet de l'établissement de listes d'initiés ou encore celui des déclarations réalisées par les dirigeants des opérations qu'ils réalisent[87]. Il ne s'agit de rien de plus que d'imposer comme obligation de se mettre dans les mailles de la répression, second pilier d'encadrement de l'information privilégiée.

---

[84] Voir notre article, « Les nouvelles obligations de transparence des sociétés cotées », *Banque & droit*, n° 173, mai-juin 2017, pp. 4-8, spéc., p. 4.
[85] Directive n°2003/6/CE, préc., art. 6.
[86] Règlement n°596/2014, préc., art. 17 § 5.
[87] Règlement n°596/2014, préc., art. 18 et 19.

2. La répression

La fin dernière de l'encadrement des informations privilégiées est de rendre effective l'interdiction d'utiliser une information privilégiée comme de transmettre cette information à un tiers qui ne devrait pas la connaître avant le marché[88].

Cette répression s'est diffusée dans l'ensemble des systèmes juridiques sous des formes diverses, parfois exclusivement pénale ou administrative, parfois combinant les deux. La crise financière a cependant fait politiquement ressentir le besoin d'harmoniser et d'aggraver la répression. Pour assurer que tous les États membres marquent du stigmate de la réprobation pénale les opérations d'initiés, aux côtés d'autres infractions boursières, une directive pénale a été adoptée, sur la base d'une compétence nouvellement consacrée à l'article 83 § 2 du traité FUE[89].

Cette directive fixe des planchers aux sanctions à prévoir par les États membres. Dans la transposition de la directive réalisée par la loi du 21 juin 2016 déjà évoquée, le législateur interne est allé au-delà des planchers de 2 et 4 ans, en soumettant l'ensemble des délits financiers à des peines d'emprisonnement maximum de 5 ans[90].

À l'aggravation des peines privatives de liberté, il faut ajouter l'alignement des peines d'amende sur le plafond des

---

[88] Sur ce diptyque, D. Martin, É. Dezeuze, F. Bouaziz, *Les abus de marché…*, préc., n°136 et s., p. 100 et n°175 et s., p. 126. La double interdiction résulte désormais de l'article 14 du règlement et des articles 3 et 4 de la directive pénale.

[89] « Lorsque le rapprochement des dispositions législatives et réglementaires des États membres en matière pénale s'avère indispensable pour assurer la mise en œuvre efficace d'une politique de l'Union dans un domaine ayant fait l'objet de mesures d'harmonisation, des directives peuvent établir des règles minimales relatives à la définition des infractions pénales et des sanctions dans le domaine concerné. Ces directives sont adoptées selon une procédure législative ordinaire ou spéciale identique à celle utilisée pour l'adoption des mesures d'harmonisation en question, sans préjudice de l'article 76 ».

[90] C. mon. fin., art. L. 465-1.

sanctions pécuniaires susceptibles d'être prononcées par le régulateur, l'AMF[91]. C'est peu dire qu'avant cette importante réforme, la menace pénale faisait pâle figure à côté de la sanction administrative.

Mais ce choix de répression est ambigu, les institutions européennes ayant maintenu la sanction administrative aux côtés de la sanction pénale en ouvrant aux États une option entre le tout pénal et la coexistence des répressions pénale et administrative sous la réserve de ne pas porter atteinte au principe non-bis in idem[92].

Ce choix incertain de politique répressive nous confronte à l'immense défi actuel consistant à repenser une régulation par la sanction « en crise ».

II. Une régulation par la sanction « en crise »

Au fond, la norme substantielle peut avoir atteint le plus haut degré d'achèvement, elle n'est rien s'il n'existe pas un dispositif clair déterminant les compétences d'une autorité en charge du respect de son application. À l'heure actuelle, chacun aura en tête les incertitudes essentielles et préoccupantes qui affectent la régulation institutionnelle de l'information privilégiée.

Tandis que l'articulation des répressions administrative et pénale reste problématique (A), le contentieux indemnitaire lié

---

[91] Qui figurent à l'article L. 621-15 du Code monétaire et financier.

[92] Il s'agit l'option ouverte aux États membres de s'en tenir à une répression exclusivement pénale par l'article 38 § 1, alinéa 3 du règlement (UE) n°596/2014 et son considérant 76, aux termes duquel « conformément au droit national, les États membres ne sont pas tenus d'imposer à la fois des sanctions administratives et des sanctions pénales pour une même infraction, mais ils devraient pouvoir le faire si leur droit national le permet ».

aux opérations d'initiés est toujours inexistant (B). J'envisagerai successivement ces deux points.

A. L'articulation des répressions pénale et administrative

J'irai rapidement sur le premier, relatif à l'articulation des répressions pénale et administrative, pour deux raisons.

Ces problèmes ont été très amplement étudiés récemment et continuent de l'être. En outre, en matière financière, le problème soulevé par le cadre répressif n'est pas propre aux opérations d'initiés et s'étend à l'ensemble des infractions boursières[93]. On ne peut cependant le passer sous silence tant il pose des problèmes d'effectivité de la régulation financière et, entre autres, de l'interdiction des opérations d'initiés.

On se souvient qu'à la suite de l'arrêt *Grande Stevens* rendu par la Cour européenne des droits de l'homme le 4 mars 2014 contre l'Italie[94], le Conseil constitutionnel a, le 18 mars 2015[95], déclaré inconstitutionnelles les dispositions du Code

---

[93] Cons. const., déc. n°2016-572 QPC du 30 septembre 2016, *JCP G*, n°49, 2016, 1315, note J.-H. Robert ; J. Chacornac, « La diffusion de fausses informations à l'épreuve du principe de nécessité des peines : rétrospective et prospective autour d'une jurisprudence mal née », *Bull. Joly Bourse,* déc. 2016, p. 509.
[94] CEDH, 4 mars 2014, Grande Stevens, *Bull. Joly Bourse*, avr. 2014, p. 209, n°111h1, note J. Chacornac ; *ibid.*, mars 2015, p. 97, n°112e6, note B. de Saint-Mars *; Banque & droit*, mai 2014, n°155, p. 43, note A.-C. Rouaud ; *RTDF*, 2/2014, p. 149, note N. Rontchevsky ; *Dr. sociétés*, 2014, comm. 87, note S. Torck ; *Rev. sc. crim.*, 2014, p. 106, note F. Stasiak ; *RISF*, 2/2014, p. 53, note P. Pailler.
[95] Cons. const., déc. n° 2014/453-454 QPC et 2015-462 QPC du 18 mars 2015, *Bull. Joly Bourse*, mai 2015, p. 204, n°112j3, note Th. Bonneau ; *Banque & droit*, mars-avr. 2015, n°160, p. 35, note A.-C. Rouaud ; *Bull. Joly Sociétés*, juin 2015, p. 273, n° 113r4, note A. Gaudemet ; *JCP G*, 2015, 368, note F. Sudre ; *Dr. sociétés* 2015, comm. 94, note S. Torck ; *RLDA*, juin 2015, n°105, note F. Stasiak ; *JCP E*, 2015, 1353, spéc. n°9, note R. Salomon ; *Dr. pénal*, 2015, comm. 79, note V. Peltier ; *RD bancaire et fin.*, 2015, comm. 63, note P. Pailler. Adde, H. Le Nabasque, « L'audace du Conseil constitutionnel,

monétaire et financier qui rendaient possible l'existence de doubles poursuites et de doubles sanctions pour les mêmes faits. C'est d'ailleurs précisément dans une affaire mettant en cause l'utilisation d'informations privilégiées que la décision avait été rendue.

Le Conseil constitutionnel a réinterprété le principe de nécessité des peines tiré de l'article 8 de la Déclaration des droits de l'homme pour se mettre en conformité avec l'interprétation du principe *non bis in idem* donnée par la haute Cour qui siège dans cette ville, sans toutefois reconnaître valeur constitutionnelle au principe non-bis in idem lui-même.

La réponse du législateur est toutefois préoccupante[96]. L'objectif poursuivi a consisté à maintenir la coexistence des répressions en évitant les situations de cumul. Mais, pour ce faire, aucun critère n'a été introduit dans la loi pour séparer nettement les manquements administratifs des délits pénaux.

L'articulation se fait donc sur la base d'une concertation préalable entre l'AMF et le procureur de la République financier[97] qui, à mon sens, à défaut de tout critère de répartition, engendre un arbitraire de la répression qui pourrait conduire à une condamnation de la France sur le terrain du principe de légalité des délits et des peines[98].

à propos de la règle non bis in idem », *RD bancaire et fin.*, 2015, repère 3 ; J.-J. Daigre, « Le Conseil constitutionnel sanctionne le cumul des sanctions... », *Banque & droit*, n° 160, mars-avr. 2015, p. 3.

[96] Résultant de la Loi n° 2016-819 du 21 juin 2016 réformant le système de répression des abus de marché déjà citée.

[97] Résultant du nouvel article L. 465-3-6 du Code monétaire et financier, complété par le décret n° 2016-1121 du 11 août 2016 portant application de l'article L. 465-3-6 du Code monétaire et financier codifié aux articles R. 465-1 à R. 465-4 du même code.

[98] Pour une expression plus précise de notre inquiétude, « La répression des abus de marché à l'épreuve de la prévisibilité des peines : vers un autre Grande Stevens ? », *D.*, 2016, p. 1264 ; en ce sens, D. Schmidt et A.-V. Le Fur, « Le traitement du cumul des sanctions administratives et pénales en droit interne : entre incohérences et insécurité juridique », *D.*, 2016, p. 2126.

Peu importe que cette crainte soit réelle. Il apparaît bien que, au fond, le législateur national a voulu préserver son modèle plutôt que de le faire évoluer, avec la permission des textes européens qui, on le rappelle, n'ont pas non plus su choisir entre le pénal et l'administratif.

L'enjeu décisif de la régulation sur le terrain des sanctions se situe donc aujourd'hui dans la réponse à une double question : veut-on réellement envoyer les délinquants financiers en prison[99] ? Quelle est l'autorité la mieux à même de traiter efficacement le contentieux financier : juge pénal ou autorité administrative ?

B. La responsabilité civile

Au-delà, et j'en termine rapidement par-là, il faut envisager les répercussions sur le marché liées à une opération d'initié. L'utilisation d'une information privilégiée engendre-t-elle un préjudice ou n'est-elle qu'une pure infraction à une norme de fonctionnement du marché ?

La question reste ouverte. Le contentieux indemnitaire est très rare en matière financière.

Quelques décisions ont été rendues dans le domaine voisin de la diffusion d'informations fausses ou trompeuses, mais, en matière d'opérations d'initié, le silence est assourdissant. La chambre criminelle a pourtant admis la recevabilité de l'action

---

[99] Ainsi que le laisserait penser le recours à la menace de sanctions pénales par les institutions européennes, affichant leur volonté de stigmatiser fortement les comportements perturbateurs du marché. Ainsi, le considérant 6 de la directive pénale en matière d'abus de marché précitée : « Il est essentiel que le respect des règles relatives aux abus de marché soit renforcé par la disponibilité de sanctions pénales marquant une désapprobation sociale plus forte que les sanctions administratives. L'établissement d'infractions pénales au moins pour les formes graves d'abus de marché établit des frontières claires pour certains types de comportements qui sont considérés comme particulièrement inacceptables et adresse au public et aux auteurs potentiels le message que les autorités compétentes prennent très au sérieux ces comportements ».

civile au titre d'un délit d'initié[100], mais aucune décision des juges du fond n'est jamais venue caractériser l'existence d'un quelconque préjudice. Sans rentrer dans le détail des discussions sans fin conduites entre économistes pour détecter et quantifier la perturbation du marché[101], retenons ce constat préoccupant que, comme en avaient eu l'intuition les « dérégulateurs » des années 60 évoqués en introduction, les opérations d'initié restent bien en France, des crimes sans victime.

Si cela ne suffit pas en soi à invalider l'existence de ce dispositif de régulation, ce constat révèle bien l'artifice qu'il y a toujours à vouloir construire par le droit un modèle économique de marché. L'abstraction d'un modèle économique, tel celui des marchés efficients confronte, un peu comme on l'observe en droit de la concurrence, à la difficulté qu'il y a en déterminer le fonctionnement et les perturbations dans le tumulte des marchés financiers[102].

---

[100] Crim. 11 déc. 2002, n°01-85.176, *Bull. crim.*, n°224 ; *Rev. soc.*, 2003.145, note B. Bouloc ; *RSC*, 2004.113, obs. J. Riffault-Silk ; *Dr. pénal*, 2003, comm. 35, obs. J.-H. Robert.

[101] Renvoyons à la somme récemment écrite par notre collègue Johan Prorok sur les relations entre droit de la responsabilité civile et droit des marchés financiers, nourrie d'une remarquable analyse à la fois critique et comparative : *La responsabilité civile sur les marchés financiers*, Thèse Paris II, 2016, dir. H. Synvet, spéc. p. 563 et s.

[102] Sur l'absence de portée juridique à la justification de la régulation par l'information fondée sur l'efficience, voir *Essai sur les fonctions de l'information...*, préc., n° 55 et s., p. 35 et n°079 et s., pp. 611-613.

Information secrète et régulation bancaire

Jérôme LASSERRE CAPDEVILLE[103]

Une régulation efficace, notamment en matière bancaire, implique des communications d'informations « sensibles » et, parfois, leur propagation. C'est pour cette raison que notre droit y est nettement favorable, même s'il a veillé à prévoir quelques garde-fous.

La régulation ne saurait être effective sans échange d'informations. Le superviseur a besoin d'accéder à un certain nombre de données lorsqu'il doit prendre une décision ou opérer un contrôle. Or cet état de fait peut poser des difficultés dans un certain nombre de secteurs où la confidentialité est de mise, et notamment en matière bancaire. C'est pour cela que nous observerons ici ce que prévoit notre droit à propos des informations secrètes auxquelles doit accéder le superviseur bancaire pour pouvoir réaliser ses diverses missions.

Mais qu'est-ce qu'une information secrète ? Il s'agit, d'une façon générale, d'une information confidentielle qui doit le rester dans l'intérêt de quelqu'un ou de quelques-uns. Plus précisément, en matière de régulation bancaire, il s'agira d'informations couvertes par un secret professionnel (principalement le secret bancaire) ou par le secret des affaires. Dans la première hypothèse, nous serons en présence d'informations confidentielles et précises auxquelles a accédé le professionnel de la banque dans l'exercice de son activité

[103] Maître de conférences (HDR) de droit privé à l'Université de Strasbourg, membre du laboratoire Droit, religion, entreprise et société (DRES UMR 7354).

intéressant ses clients ou, parfois, des tiers. Dans la seconde, ce seront des informations précises et ignorées du public portant sur les affaires mêmes de la personne assujettie au contrôle du superviseur bancaire, et donc susceptibles d'être exploitées par la concurrence (technique de commercialisation, méthode de vente, projets d'investissement, liste des clients, etc.).

Dès lors, notre superviseur bancaire, c'est-à-dire l'Autorité de contrôle prudentiel et de résolution (ACPR), est amené dans l'exercice de ses missions à prendre connaissance de telles informations secrètes, notamment à l'occasion des contrôles qu'il est à même d'opérer. Que prévoit alors le droit en la matière ? Le secret doit-il lui être opposé ? La réponse à cette question est bien évidemment négative, car à défaut cela perturberait et limiterait considérablement l'activité de contrôle du superviseur.

Le droit français prévoit alors la transmission au superviseur des informations secrètes (I), mais aussi la possibilité pour l'ACPR de communiquer elle-même par la suite ce type d'information à d'autres dans l'intérêt d'une bonne régulation bancaire (II). Des limites sont néanmoins envisagées en la matière.

I. La transmission des informations secrètes au superviseur

Les transmissions requises par les textes (A) demeurent logiquement encadrées (B). Il ne saurait être question de nier radicalement le caractère secret des informations concernées.

A. Une transmission exigée

L'ACPR a besoin d'un grand nombre d'informations, parfois secrètes, pour exercer correctement ses différents pouvoirs : pouvoir de contrôle, pouvoir de prendre des mesures de police administrative, pouvoirs de prévention et de résolution des crises bancaire, ou encore pouvoir de sanction.

Prenons l'exemple du pouvoir de contrôle, et plus précisément le cas du contrôle sur place. Il est prévu que les contrôleurs peuvent demander à la personne contrôlée tout renseignement, éclaircissement ou justification nécessaires à l'exercice de leur mission. Ils sont susceptibles de se faire communiquer les documents comptables ainsi que les rapports des commissaires aux comptes qui sont tenus de répondre à leurs demandes de renseignements sur l'activité et la situation financière de l'établissement contrôlé. Plus généralement, les contrôleurs doivent disposer de tous les documents utiles à leurs vérifications et peuvent en obtenir copies. Les contrôleurs peuvent encore mener des entretiens avec les dirigeants de l'établissement contrôlé et leurs collaborateurs, lorsqu'ils sont susceptibles de leur fournir des renseignements et documents utiles aux contrôles.

Bien évidemment, dans l'ensemble de ces hypothèses, aucun secret professionnel ne saurait être opposé aux agents de l'ACPR. C'est ainsi notamment que l'article L. 511-33 du Code monétaire et financier, régissant le secret bancaire, vise, parmi les personnes bénéficiant d'une levée du principe, l'ACPR. En outre, on peut penser qu'un banquier qui se risquerait à opposer son secret au superviseur pourrait se voir poursuivi pour délit d'obstacle au contrôle des agents de l'ACPR prévu par l'article L. 571-4 du Code monétaire et financier. Ses sanctions, c'est-à-dire un an d'emprisonnement et 15 000 euros d'amende, sont loin d'être négligeables. Cette transmission d'informations secrètes fait néanmoins l'objet d'un encadrement juridique.

B. Une transmission encadrée

Plusieurs règles tendant à protéger le caractère secret des informations transmises au superviseur sont à observer ici. En premier lieu, les informations communiquées sont uniquement en lien avec les missions de l'ACPR. Cette dernière ne saurait en conséquence demander « tout et n'importe quoi » en la matière. Rappelons à ce propos que la protection du secret bancaire est constitutive d'une infraction pénale. Or, les exceptions aux incriminations sont toujours d'interprétation stricte. Il doit donc en être de la sorte dans le cas qui nous occupe.

En second lieu, les agents de l'ACPR sont eux-mêmes tenus au secret professionnel. L'article L. 612-17 du Code monétaire et financier impose plus précisément à toute personne qui participe ou a participé à l'accomplissement des missions de l'ACPR le respect du secret professionnel. Celui-ci s'applique sans limitation de durée aux collaborateurs ayant quitté le service, s'agissant des faits et des informations dont ils ont pu avoir connaissance à l'occasion de leurs fonctions. L'article L. 641-1 du code sanctionne d'un an d'emprisonnement et de 15 000 euros d'amende, la violation de ce secret.

En dernier lieu, les secrets peuvent être protégés à l'occasion de l'audience devant la commission des sanctions du superviseur. En effet, si cette dernière est en principe publique, la personne mise en cause peut demander à ce qu'il en soit différemment. Surtout, le président de la commission des sanctions, qui assure la police de l'audience, peut interdire au public l'accès de la salle pendant tout ou partie de l'audience dans l'intérêt de la moralité, de l'ordre public, de la sécurité nationale ou « lorsque la protection des secrets d'affaires ou de tout autre secret protégé par la loi l'exige ».

L'utilisation d'informations secrètes par le superviseur est donc protégée par notre droit. Toutefois, et nous le voyons, cette protection demeure somme toute assez mesurée, et ce d'autant plus que ce régulateur peut lui-même communiquer à d'autres les informations en question.

II. La communication des informations secrètes par le superviseur

Notons avant toute chose que le secret professionnel des agents de l'ACPR n'est pas absolu. Il connaît ainsi toute une série d'exceptions, comme par exemple au bénéfice de l'autorité judiciaire agissant dans le cadre d'une procédure de liquidation judiciaire concernant la personne contrôlée ou en cas de procédure pénale.

Mais c'est une autre hypothèse qui va attirer ici notre attention de par les effets qu'elle entraîne sur la communication des informations secrètes : il s'agit de l'échange d'informations. Celui-ci, assez étendu (A), connaît quelques limites (B).

A. Un échange d'informations étendu

L'ACPR peut légalement échanger des informations avec d'autres autorités publiques pour l'accomplissement de leurs missions.

C'est notamment le cas pour la cellule de renseignement financier national (TRACFIN), pour l'organisme chargé de la tenue du registre d'immatriculation des intermédiaires (ORIAS), et diverses autorités mentionnées à l'article L. 631-1 du Code monétaire et financier : Banque de France, Autorité des marchés financiers, Haut Conseil du commissariat aux comptes, Direction générale de la concurrence, de la consommation et de la répression des fraudes (DGCCRF) en matière de pratiques commerciales, Fonds de garantie des dépôts et de résolution.

La communication d'informations peut également intervenir au profit d'autres superviseurs nationaux (notamment en matière de surveillance des groupes bancaires sur base consolidée, de contrôle des établissements de crédit et des entreprises d'investissement bénéficiant de la liberté d'établissement ou de la libre prestation de services ou de la surveillance complémentaire des conglomérats financiers) ou d'une autorité européenne de surveillance (Autorité bancaire européenne, Autorité européenne des marchés financiers, Autorité européenne des assurances et des pensions professionnelles).

Enfin, l'ACPR est tenue de communiquer à l'administration fiscale tout document ou information qu'elle détient dans le cadre de ses missions et dont elle informe TRACFIN ou le parquet, dès lors qu'il s'agit de sommes ou d'opérations susceptibles de provenir d'une fraude fiscale.

Mais cela veut-il dire que les informations en question, lorsqu'elles sont par nature secrètes, perdent totalement cette nature ? Une réponse négative s'impose. Le législateur a prévu un certain nombre de limites à ces échanges d'informations.

B. Un échange d'informations encadré

Prenons ici simplement l'exemple de l'article L. 631-1 du Code monétaire et financier qui régit donc la coopération et les échanges d'information entre autorités, en l'occurrence la Banque de France, l'Institut d'émission des départements d'outre-mer, l'Institut d'émission d'outre-mer, l'ACPR, l'AMF, et d'autres autorités encore. L'article distingue plusieurs hypothèses, entre son I et son II. Les communications en question connaissent alors des limites.

Tout d'abord, l'ACPR, l'AMF et le Haut Conseil du commissariat aux comptes peuvent se communiquer les renseignements « utiles à l'exercice de leurs missions respectives ». La finalité de l'information est donc importante et de nature à limiter l'échange.

Parfois, la limitation est encore plus précise. C'est ainsi que l'ACPR, l'AMF et l'autorité administrative chargée de la concurrence et de la consommation peuvent se communiquer les « renseignements utiles à l'exercice de leurs missions respectives dans le domaine des pratiques de commercialisation ». D'autres hypothèses sont encore envisagées par l'article L. 631-1 du code, relativement long.

Enfin, et surtout, celui-ci prend soin de préciser que les renseignements ainsi recueillis « sont couverts par le secret professionnel en vigueur dans les conditions applicables à l'organisme qui les a communiqués et à l'organisme destinataire ». De même, l'utilisation des renseignements en question fait l'objet de limites légales. Tout n'est donc pas possible en la matière. Le législateur a bien veillé à ce qu'un minimum de protection soit assuré à ces informations dont le caractère secret doit être préservé un minimum.

***

Pour conclure cette brève présentation, on peut dire que l'information secrète et la régulation ne font pas « bon ménage ». Une régulation efficace, notamment en matière bancaire, implique nécessairement des communications d'informations sensibles et, parfois, leur propagation.

Doit-on s'en émouvoir ? Aucunement selon nous. D'une part, le législateur n'a pas omis de prévoir un certain nombre de « garde-fous », même si, c'est vrai, beaucoup d'entre eux laissent une importante marge de manœuvre au superviseur. D'autre part, et surtout, une recherche rapide auprès des sites Internet recensant la jurisprudence judiciaire comme administrative ne nous a pas permis de trouver un seul cas dans lequel cette « communication nécessaire » se serait retournée contre la personne contrôlée, par exemple grâce à l'exploitation de ces informations secrètes par un concurrent. Le risque de détournement de ces informations peut paraître d'ailleurs, finalement, assez marginal.

Conclusions générales

Martine LOMBARD[1]

Je remercie les organisateurs de cet excellent colloque d'avoir pris le risque de me confier le propos final, d'autant plus qu'en l'ayant intitulé « conclusions générales » plutôt que « rapport de synthèse », ils me laissent une grande liberté pour choisir certains thèmes au sein de la richesse des apports du colloque et éventuellement ouvrir à ces sujets de nouvelles pistes.

Soulignons d'abord que le colloque a tenu toutes ses promesses, tant par les réponses apportées aux questions qui se posent dans la pratique de la régulation que par le renouvellement des questionnements théoriques à propos des relations entre régulation et information. Le résultat est d'autant plus remarquable que le thème « régulation et information » présentait un redoutable défi. Les deux termes rapprochés par l'intitulé du colloque sont en effet l'un comme l'autre très vastes, voire polysémiques.

Le débat est classique à propos de la « régulation » : parlons-nous tous de la même chose lorsque nous parlons de régulation, selon qu'il s'agit de réguler la banque, les marchés financiers ou encore les services en réseaux ? Au sein même de la régulation des réseaux, de très importantes différences se constatent selon le degré de maturité concurrentielle du secteur. Pour ce qui concerne les communications électroniques, nous disons nettement, au sein de l'Autorité de régulation des communications électroniques et des postes (ARCEP), que

[1] Professeur de droit public à l'Université Paris 2 Panthéon-Assas, membre du collège de l'Autorité de régulation des communications électroniques et des postes.

l'ouverture à la concurrence est une bataille qui se situe derrière nous, tant elle est bel et bien réalisée dans les faits, même s'il reste à animer et encadrer cette concurrence. Depuis l'entrée sur le marché d'un quatrième opérateur en 2011, la guerre des prix entre les opérateurs a permis à la France d'avoir des prix parmi les plus bas d'Europe. Cette compétition par les prix reste toujours très vive, avec des opérations de « promotions » à répétition qui ont lieu en fait souvent onze mois par an, voire plus. C'est au point que la régulation vise aujourd'hui à promouvoir prioritairement l'investissement, notamment en aidant les consommateurs à mieux connaître les paramètres de choix autres que le seul prix et à les faire peser dans la balance pour qu'ils réalisent des choix mieux informés. L'une des préoccupations du régulateur est en effet de stimuler les efforts qui doivent impérativement être faits pour assurer une meilleure couverture numérique des territoires ruraux. Dans d'autres secteurs, il serait prématuré, à l'inverse, de considérer que l'ouverture à la concurrence est pleinement acquise, même si elle est beaucoup plus avancée dans l'énergie que dans le ferroviaire par exemple. Les enjeux, mais donc aussi les méthodes sont devenus fort différents ici et là.

Le mot « information » est moins polysémique, mais recouvre tout de même des réalités très diverses. Il y a l'information que les régulateurs recherchent, sinon « désespérément » du moins en ayant du mal à l'obtenir, et celle qu'ils donnent. Au sein de cette dernière, il faut distinguer celle dont les régulateurs souhaitent la diffusion le plus largement possible, mais aussi celle qu'il faut retenir parce qu'elle touche au secret des affaires ou à des données personnelles. Il y a enfin des informations privilégiées et même des informations secrètes, et il a été ouvert cet après-midi toute une série de pistes de réflexion à cet égard.

Le défi que lançait un tel colloque dans un champ aussi large n'était donc pas simple. Il a été surmonté avec brio parce que l'ensemble du colloque a été construit avec une clarté remarquable, selon une logique limpide autour de deux idées directrices : « l'information moyen de la régulation » dans un premier temps, « l'information objet de la régulation » ensuite.

Si ma mission avait été d'établir un rapport de synthèse (ce que mon propos final ne sera pas), je l'aurais bel et bien construit autour de ces deux volets, peut-être -quitte à inverser la démarche chronologique du colloque- en parlant de « régulation de l'information », d'une part, et de « régulation par l'information », d'autre part. J'aurais alors souligné dans la 1ère partie tout ce qu'ont apporté les exemples particulièrement éclairants donnés notamment en matière financière et énergétique. J'aurais peut-être marqué aussi ce que pourraient apporter à un tel thème les travaux de la CNIL en matière de protection des données personnelles, mais nous serions alors allés aux limites de la régulation économique qui est au cœur de ce colloque. Pour ce qui concerne « la régulation par l'information », si je m'étais livrée au même jeu consistant à placer systématiquement le mot de « régulation » au début plutôt qu'à la fin des intitulés, j'aurais sans doute parlé successivement de « la régulation comme produit de l'information » pour l'obtention de l'information, et de « la régulation comme partage de l'information » pour l'utilisation de l'information par le régulateur. Mais de tels intitulés auraient présenté des limites : par exemple, « la sanction par l'information », brillamment présentée par notre collègue Arnaud Sée hier, n'aurait peut-être pas, du coup, su trouver toute sa juste place, de même que je n'aurais sans doute pas pu rendre compte de toute la richesse de bien d'autres aspects des questions traitées pendant ces deux journées.

Cependant, mon propos n'est nullement ici d'essayer de résumer en quelques minutes toute la richesse des différentes interventions présentées lors du colloque. Ce serait quasiment mission impossible tant elles ont donné matière à réfléchir.

Je voudrais plutôt souligner à quel point ce colloque a montré l'acuité des questionnements qui ont présidé au choix même de son thème. Que nous parlions de régulation financière ou de régulation des réseaux, il existe en effet quelques caractéristiques communes tout à fait essentielles, qui suscitent des interrogations bien mises en évidence dès l'ouverture du colloque. Au fil des débats, il a souvent été observé, d'une façon explicite ou implicite, que l'essentiel des défis sur ces points sont encore devant nous, devant les régulateurs des réseaux comme les régulateurs financiers. Dès la rédaction de l'argumentaire scientifique réalisé sous la responsabilité des professeurs Gabriel Eckert et Jean-Philippe Kovar, ceux-ci écrivaient que « les marchés régulés se caractérisent par d'importants problèmes d'information » : « il s'agit d'abord de l'asymétrie d'information existant traditionnellement entre le régulateur et les opérateurs régulés » ; « il s'agit ensuite de l'avantage informationnel dont bénéficient certains opérateurs par rapport à leurs concurrents », et parfois, relevaient-ils, ces deux handicaps se combinent en créant une situation d'information très imparfaite.

Pour conclure ces deux journées de colloque, il me paraît d'autant plus important de revenir à ces fondamentaux qui ont irrigué l'ensemble de nos débats que, au fil de l'expérience pratique que je commence à acquérir de la régulation, je perçois de façon encore plus sensible à quel point ce sont bien là, en effet, des défis majeurs auxquels le travail du régulateur est constamment confronté sur le terrain de l'information.

Comment faire face aux défis de l'asymétrie d'information ? (I)

Comment réguler pour atténuer l'impact de « l'avantage informationnel » dont disposent certains ? (II)

Une régulation est-elle même concevable quand ces deux questions s'entremêlent de façon aiguë, avantage informationnel d'un opérateur par rapport à d'autres et aussi asymétrie d'information du régulateur par rapport aux opérateurs ? (III)

I. Les défis de l'asymétrie d'information

Les difficultés ne sont pas les mêmes selon que le régulateur intervient en quelque sorte comme arbitre entre des entreprises concurrentes, par exemple dans le cadre d'un règlement de différend ou à partir d'une plainte d'une entreprise à l'égard d'une ou de plusieurs autres, ou bien selon qu'il a pris l'initiative de se saisir lui-même, éventuellement parce que des organisations de consommateurs l'ont alerté.

Dans le premier cas, beaucoup d'informations lui viennent des entreprises. Certes, certaines sociétés en détiennent plus que d'autres, mais le régulateur peut tout de même prendre appui sur celles qui lui sont apportées pour en rechercher de nouvelles, complémentaires par rapport aux premières.

Dans le deuxième cas, la situation est beaucoup plus complexe et elle a été fort bien présentée dans la thèse réalisée par M. Julien Mouchette. Le régulateur ne dispose pas alors nécessairement d'informations substantielles venant de tiers et il ne peut compter que sur ses propres investigations, sans savoir toujours a priori où et quoi chercher.

Pour illustrer la complexité de cette problématique, je voudrais donner brièvement un exemple concret d'un des principaux chantiers à traiter par l'ARCEP dans les années qui viennent, concernant la neutralité de l'internet. Le règlement européen du 25 novembre 2015 « établissant des mesures relatives à un accès à un internet ouvert »[2] veut en effet que chaque utilisateur ait librement accès à tout contenu présent en ligne et puisse lui-même librement contribuer à diffuser des contenus sur internet. Un certain nombre de règles sont imposées à ce titre aux opérateurs, concernant en particulier leurs pratiques commerciales, la gestion du trafic et la création de « services spécialisés » bénéficiant d'une qualité garantie.

Les intérêts des opérateurs sont ici a priori convergents car tous pourraient être plus ou moins tentés d'être maîtres des

---

[2] Règlement (UE) n°2015/2120 du Parlement européen et du Conseil du 25 novembre 2015 établissant des mesures relatives à l'accès à un internet ouvert et modifiant la directive 2002/22/CE concernant le service universel et les droits des utilisateurs au regard des réseaux et services de communications électroniques et le règlement (UE) n°531/2012 concernant l'itinérance sur les réseaux publics de communications mobiles à l'intérieur de l'Union, *JOUE* L 310 du 26 novembre 2015, p. 1.

contenus qu'ils diffusent et de pouvoir alors privilégier le cas échéant l'accès à ceux des services qu'ils contrôlent tandis qu'ils pourraient être éventuellement tentés de faire payer la diffusion des autres contenus, par exemple à due concurrence de la bande passante qu'ils consomment. Ce sont essentiellement les consommateurs et les petits éditeurs de contenus qui se trouveraient vraiment pénalisés dans une telle hypothèse, mais ils manqueraient sans doute de moyens pour identifier clairement ces pratiques et surtout pour, le cas échéant, les dénoncer de façon documentée.

Certes, l'ébauche de régulateur européen qu'est l'ORECE a publié à l'été 2016 des lignes directrices de nature à aider les régulateurs. S'agissant par exemple de la pratique commerciale du « *zero-rating* » qui consiste à ne pas décompter du volume de données qui figure dans un forfait l'usage par exemple de tel site de *streaming* musical dans lequel l'opérateur télécom a une participation plus ou moins importante, ces lignes directrices indiquent qu'une offre de « *zero-rating* » bénéficiant à une ou des applications données méconnaîtrait ce règlement si cela devait impliquer que toutes les autres applications seraient bloquées ou ralenties une fois le plafond de consommation de données atteint, à l'exception du seul trafic lié à la ou les applications bénéficiant du « *zero-rating* ». Il reste cependant nécessaire à chaque opérateur national de pouvoir mesurer concrètement l'impact réel d'une telle pratique.

Pour lui permettre de mieux saisir ces pratiques dans leur réalité concrète et pour procéder d'une façon plus générale à toutes investigations utiles, la loi du 7 octobre 2016 « pour une République numérique »[3] a certes renforcé le pouvoir d'enquête de l'ARCEP, en le calquant sur le modèle de celui de l'Autorité de la concurrence. Mais encore lui faut-il savoir où et quoi chercher. Or, il pourrait arriver, ainsi qu'il vient d'être évoqué, que les consommateurs et les PME disposent de trop peu de moyens pour guider les recherches du régulateur à cet égard et

---

[3] Loi n°2016-1321 du 7 octobre 2016 pour une République numérique, *JORF* n°235 du 8 octobre 2016, texte n°1.

que l'asymétrie d'information entre le régulateur et les opérateurs puisse hélas encore poser problème. Elle risque d'ailleurs d'être accentuée par le changement de stratégie de la nouvelle administration américaine en ce domaine. Il faudra en effet s'appuyer uniquement sur des échanges d'information entre autorités de régulation au sein de l'Union européenne pour tenter d'y remédier.

Ce n'est là qu'un exemple parmi beaucoup d'autres d'une des principales difficultés auxquelles se heurte la pratique de la régulation, même si la création d'autorités indépendantes disposant d'une expertise forte a précisément pour objet de mieux surmonter les risques liés à cette asymétrie d'information.

Une autre difficulté, dont il a été beaucoup question lors de ces deux journées, concerne les conséquences négatives pour le marché d'un avantage informationnel que détiennent certains au détriment potentiellement d'autres.

II. Les défis de l'avantage informationnel

De nombreux exemples ont été évoqués, tout au long du colloque, de la façon dont les régulateurs, notamment en matière énergétique et de transport ferroviaire, tendent à limiter ou supprimer l'impact défavorable pour le secteur concerné de l'éventuel « avantage informationnel » dont dispose tel acteur économique. L'objectif est en effet d'établir les conditions d'une saine concurrence sans devoir attendre une éventuelle sanction prononcée par l'Autorité de la concurrence. C'est là un défi commun à toutes les formes de régulation, que ce soit en matière financière ou dans le domaine des services en réseau.

En matière de communications électroniques, on peut donner un exemple récent dans lequel un tel « avantage informationnel » est invoqué par certains opérateurs comme un sérieux obstacle au jeu concurrentiel. Pour le déploiement de la fibre optique jusque chez l'habitant, les équipements installés dans les immeubles (ou au pied des immeubles, dans les zones moins denses) sont en effet destinés à être mutualisés entre l'opérateur qui les a installés, dit « opérateur d'immeuble », et les autres opérateurs souhaitant faire également des offres commerciales sur ce réseau. Cependant, les opérateurs autres que « l'opérateur d'immeuble » craignent que, en pratique, la détention par ce dernier des informations relatives à la nature des équipements installés dans l'immeuble et aux processus opérationnels pour s'y connecter puisse donner un avantage informationnel décisif aux services commerciaux de « l'opérateur d'immeuble ». Or, Orange est à ce jour celui qui a le plus investi sur ces réseaux de fibre optique; il est donc le principal « opérateur d'immeuble » en France. Ses concurrents disent avec force craindre d'être irrémédiablement pénalisés par cet avantage informationnel allégué.

Les solutions pour remédier à un tel risque et à ses conséquences ne sont pas évidentes. L'une d'entre elles pourrait être d'imposer à l'opérateur puissant qu'est Orange un « remède » -au sens d'une contrainte réglementaire- dans le cadre de l'analyse des marchés à laquelle procède périodiquement l'ARCEP dans son dialogue avec la Commission européenne. D'ores et déjà, l'entreprise Orange est soumise, à l'instar des autres opérateurs d'immeuble potentiels, à une obligation qualifiée d' « équivalence des extrants ». Celle-ci implique une comparabilité des processus opérationnels et techniques en autofourniture (lorsque Orange fournit ces informations à ses propres services techniques) et en externe (lorsque, en tant qu'opérateur d'immeuble, Orange les fournit à d'autres opérateurs commerciaux qui peuvent être Bouygues télécom, Free ou SFR). La Commission considère qu'une solution pourrait consister, du moins lorsque cela est proportionné, à imposer une obligation d' « équivalence des intrants », qu'elle définit comme « la fourniture de services et d'informations aux demandeurs d'accès internes et tiers dans les mêmes conditions, en ce qui concerne.... les calendriers, les systèmes et processus utilisés et le niveau de fiabilité et de performance», alors que l'équivalence des extrants consiste seulement en « la fourniture (d'informations)... qui soient comparables ....à ceux que l'opérateur [puissant sur le marché] fournit en interne à ses propres entreprises en aval, mais en ayant potentiellement recours à des systèmes et processus différents ».

Cette obligation renforcée aurait la préférence des autres opérateurs, mais elle impliquerait un changement si important du système d'information d'Orange, c'est-à-dire de tous ses logiciels informatiques, qu'elle pourrait nécessiter un délai très long de mise en œuvre. Elle présenterait en outre quelques sérieux inconvénients collatéraux, consistant notamment à mobiliser à cette fin tant de moyens de l'opérateur puissant que cela risquerait de ralentir pendant plusieurs mois ou davantage sa capacité à investir dans le réseau lui-même.

Aussi, une solution plus créative de la part du régulateur a consisté à obtenir des engagements d'Orange de nature à limiter les risques pratiques attachés à l'avantage informationnel critiqué par ses concurrents. L'ARCEP devra cependant surveiller très attentivement la bonne exécution de ces engagements et, si ces derniers n'étaient pas parfaitement suivis, il serait alors possible, dans la mesure où cela s'avérerait nécessaire, d'imposer cette fois une obligation lourde d'« équivalence des intrants » sur ce marché. Cela reviendrait à supprimer à la source l'avantage informationnel allégué, mais obligerait l'opérateur puissant à procéder à des investissements très importants à cette fin, au risque, ainsi qu'il a été relevé, de retarder ceux qu'il effectue dans le déploiement des réseaux.

Cet exemple rappelle combien la solution juridique a priori la plus simple (imposer une obligation réglementaire) peut avoir un coût économique tel qu'elle serait inappropriée en fait et serait aussi par-là légalement contestable comme n'étant pas, précisément, proportionnée. Le régulateur doit alors rechercher les moyens de progresser vers une solution plus « agile », selon une expression souvent utilisée dans le monde de la régulation.

Il est enfin de nombreux cas où tout s'entremêle, avantage informationnel et asymétrie d'information, en démultipliant leurs effets. Il arrive que l'information soit alors à la fois l'objet de la régulation et son outil, au point que l'information et la régulation deviennent indissociables. La problématique des plateformes numériques en offre hélas un exemple pertinent.

III. Les nouveaux défis des relations entre information et régulation à l'ère des plateformes numériques

En février 2017, lors de l'anniversaire des vingt ans de l'ARCEP, l'accent a été mis moins sur tout ce qui avait été accompli au cours de cette période que sur tout ce qui restait à faire, sur les nouveaux défis auxquels un régulateur comme l'ARCEP est nécessairement confronté directement ou indirectement, sauf à ignorer la nouvelle complexité du monde dans lequel il évolue. Il a donc été beaucoup question de la régulation des plateformes et des obstacles informationnels considérables auxquels elle se heurte.

Nos invités, notamment Jean Tirole, honoré d'un prix Nobel d'économie, et Cédric Villani, titulaire de la médaille Fields pour ses travaux en mathématiques, ont souligné, pour le premier, les problèmes posés par l'avantage informationnel dont disposent les grands opérateurs de plateformes numériques et, pour l'autre, la difficulté à remédier à l'asymétrie d'information en ce domaine.

Si la notion de plateforme recouvre un large éventail de modèles (moteurs de recherche, services de l'économie du partage, etc.), ils ont en effet pour point commun de créer une mise en relation entre des utilisateurs, d'une part, et des contenus ou services développés par des tiers, d'autre part. Le propre de ces modèles est donc d'être « biface », pour employer la terminologie popularisée par Jean Tirole. Celui-ci a rappelé que le phénomène des avantages informationnels y est par là cumulatif. L'effet de réseau joue en effet à plein pour accroître mécaniquement la valeur d'un service lorsque de nouveaux utilisateurs se connectent. Lorsque, par exemple, 95 % des Français utilisent un même moteur de recherche pour les références en langue française, celui-ci devient encore plus performant, au point que plus un seul moteur de recherche ne peut plus rivaliser avec lui, sauf éventuellement dans des secteurs très spécialisés. La croissance des deux faces du marché est alors auto-entretenue, la croissance de l'un induisant mécaniquement la croissance de l'autre. Ces plateformes deviennent alors incontournables. Selon la formule classique, « *the winner takes all* ».

Comment éviter que se créent des monopoles de l'information, ou, s'il n'en est même plus temps, comment limiter leurs conséquences ? Celles-ci peuvent être en effet dramatiques car, d'ores et déjà, un « déférencement » sur Google Search peut être l'équivalent d'une mise à mort d'une entreprise.

Or, cette première difficulté est accrue par une autre, qui est l'ampleur de l'asymétrie d'information entre régulateurs potentiels et opérateurs. Pour la régulation ex-post, on mesure bien cette difficulté à travers les difficultés de la Commission européenne à aller jusqu'au bout de la procédure ouverte... dès 2010 contre Google, dans un monde où, entre temps, les évolutions sont allées très vite. Pourrait-on alors envisager en amont une régulation des algorithmes sur lesquels ces plateformes sont fondées ? Les propos de Cédric Villani laissaient perplexe, qui montraient que la plupart d'entre eux sont non seulement d'une grande complexité, mais en outre fondés sur des méthodes probabilistes, tel que même leurs concepteurs ne savent pas toujours ce qu'ils vont produire...

Dans ce contexte, le consensus sur le fait qu'une véritable régulation des plateformes numériques ne pourrait se concevoir a minima qu'au niveau européen, comme cela avait été souligné par le Conseil d'État dès son rapport de 2014 sur « le numérique et les droits fondamentaux », n'empêche pas qu'il y ait urgence à collecter et comparer un maximum d'informations, y compris au niveau national, sur leur fonctionnement. Même dans l'approche d'un traitement pragmatique des problèmes (par type de plateforme, problème par problème) préconisée par la Commission européenne dans sa communication de mai 2016, la priorité est aujourd'hui de se doter des outils nécessaires pour détecter les problèmes, les analyser, afin de pouvoir ensuite les traiter si nécessaire.

C'est d'ailleurs ce que préconisait le Conseil national du numérique dans sa réponse en 2015 à la consultation publique qui avait été lancée par la Commission européenne. Il proposait de combiner régulation par les données, qui permettrait de mieux apprécier les pratiques des plateformes, et une forme de « sunshine regulation », c'est-à-dire une information largement partagée et diffusée sur les résultats de ces analyses.

Ce serait là la première brique d'une régulation des plateformes numériques, là où l'effet de réseau donne des effets démultipliés à un « avantage informationnel » et où, en l'état, il est si mal ou si peu remédié à l'asymétrie d'information entre opérateurs et institutions publiques.

***

Si je me suis étendue un peu longuement sur le cas du numérique, c'est parce que l'information est précisément le moteur de l'économie numérique. Réguler, en ce domaine, c'est donc d'abord tenter de maîtriser l'information sur la collecte et le traitement de l'information !

Aussi, si je m'aventurais à tirer une conclusion générale à partir de tous ces exemples, ce serait pour souligner non seulement que l'information est au cœur de la régulation, comme ces deux journées l'ont montré, mais qu'elle sera plus encore demain l'enjeu d'une bataille qui reste à engager. Avoir choisi comme thème du colloque « régulation et information » est d'une actualité saisissante.

La question peut même se poser, face à ces nouveaux défis, de savoir s'il ne serait pas possible, ou en tout cas tentant, de remplacer la conjonction « et » entre les mots régulation et information, par le verbe « est ». Si l'architecture du colloque a conduit à évoquer « l'information moyen de la régulation », lors d'une première journée, et « l'information objet de la régulation », lors de la seconde journée, les défis que pose la transformation actuelle de l'économie ne conduisent-ils pas, parfois, à se demander s'il est encore possible de distinguer régulation et information, tant la première ne peut résider que dans la maîtrise de la seconde ?

Merci en tout cas aux organisateurs d'avoir eu l'excellente idée de ce colloque et de l'avoir construit de façon lumineuse. Merci à vous tous d'avoir nourri ce débat, de l'avoir enrichi, d'en avoir montré les multiples aspects.

Espérons que, dans quelques années, il soit possible de monter un colloque sur la régulation des plateformes numériques, dont le titre ou le sous-titre pourrait être alors : « l'information est une régulation (ou son début) ».

Table des matières

Questions juridiques
aux éditions L'Harmattan

Dernières parutions

QU'EST-CE QUE LE DROIT ?
Théorie syncrétique et échelle de juridicité
Barraud Boris
La définition du droit ici est d'abord lexicographique et scientifique. La théorie syncrétique réunit toutes les définitions du droit en vigueur, loin d'être concurrentes elles s'associent. Ne s'opposant plus, elles se complètent. La seconde partie interroge les dimensions du droit en mesurant le niveau de force juridique par l'application des critères de juridicité. Cette nouvelle forme de rationalité de la pensée juridique permet au juriste de s'ouvrir à tout type de normes sociales tout en sauvegardant l'autonomie conceptuelle du droit.
(Coll. Le Droit aujourd'hui, 25.50 euros, 242 p.)
ISBN : 978-2-343-13423-9, ISBN EBOOK : 978-2-14-005340-5

LA RECHERCHE DE L'ÉQUILIBRE CONTRACTUEL DANS LE CAUTIONNEMENT
Regards croisés entre le droit français et le droit OHADA
Dibangue Guy - Préface de Pascal Rubellin
Le cautionnement est actuellement la sûreté qu'exigent de préférence les banques des emprunteurs. Si le législateur français semble surprotéger la caution par rapport au créancier, c'est l'inverse qui a été retenu par le législateur OHADA. Dans les deux cas, c'est le déséquilibre entre la protection raisonnable de la caution et la préservation des intérêts des créanciers. Suivant les récentes évolutions législatives en France et en droit OHADA, cette thèse vise l'équilibre contractuel du cautionnement dans une démarche de modernisation et de rationalisation de cette sûreté.
(Coll. Droit aujourd'hui, 42.00 euros, 456 p.)
ISBN : 978-2-343-13159-7, ISBN EBOOK : 978-2-14-005369-6

LE DROIT ANIMAL
Morales Frénoy Cathy
Plus qu'un droit protecteur, le droit animal réglemente les différentes utilisations de l'animal par l'Homme. Il est un corpus juridique transversal, issu du droit international, européen et national, qui régit les rapports entre l'homme et l'animal sans toujours offrir une protection juridique souvent souhaitée. Ce guide juridique offre à tout lecteur une étude complète de cette nouvelle discipline.
(Coll. Bibliothèques de droit, 45.00 euros, 470 p.)
ISBN : 978-2-343-12873-3, ISBN EBOOK : 978-2-14-005223-1

QUESTIONS D'ACTUALITÉ EN ÉTHIQUE ANIMALE

Pelé Marie, Sueur Cédric

L'éthique animale qui désigne l'étude de notre responsabilité morale à l'égard des animaux, n'est pas une prise de position mais un questionnement en perpétuelle évolution avec notre culture et notre temps. Cet ouvrage présente plusieurs éléments de réponses aux récentes questions posées par la société sur notre rapport aux animaux. Experts et étudiants abordent onze questions d'actualité en éthique animale. Leurs échanges sont retranscrits.

(Coll. Le Droit aujourd'hui, 24.00 euros, 236 p.)

ISBN : 978-2-343-13489-5, ISBN EBOOK : 978-2-14-005382-5

JE PARLE AUX ANIMAUX

Peter Friedman

Samantha Khury écoute les animaux et leur parle. Grâce à ce dialogue, elle parvient à comprendre leur comportement et à trouver les mots qui les guérissent. Non seulement Samantha Khury comprend le langage de nos fidèles compagnons, mais, en plus, ceux-ci lui confient leurs malheurs. Des propriétaires d'animaux domestiques, des gardiens de zoo et des entraîneurs de chevaux qui l'ont consultée en sont convaincus. Nous la voyons au travail, à l'écoute d'un chat dépressif, d'un perroquet déplumé en manque d'amour ou d'une jument qui a besoin de liberté... « Dans cette Théma Arte sur les rapports entre les hommes et les animaux, *Je parle aux animaux* est le plus intéressant. Sans doute parce qu'il pose la question de la communication avec nos compagnons à quatre pattes. Peter Friedman livre des séquences étonnantes. » (*TéléObs*). « Ce documentaire étonnant parvient à nous convaincre que la frontière entre les espèces est bien mince. Quand on dit que l'homme n'est qu'un animal ! » (*Le Figaro*)

(20 euros)

ISBN : 978-2-336-31591-1

TRAITÉ DE DROIT CONSTITUTIONNEL CONGOLAIS

Esambo Kangashe Jean-Louis

Préface de El hadj Mbodji - Postface de Dodzi Kokoroko

Dans sa conception, son évolution et sa pratique, le droit constitutionnel a toujours eu du mal à s'affranchir de crises politiques. Droit de crises ou de gestion de crise, le droit constitutionnel est avant tout au service des normes, dont le respect par tous contribue au fonctionnement régulier des institutions. Placés dans le contexte congolais, les trois versants du droit constitutionnel, à savoir le droit normatif, celui institutionnel et la branche consacrée aux libertés n'ont pas toujours été en cohérence avec le constitutionnalisme.

(Coll. Études africaines, 39.00 euros, 410 p.)

ISBN : 978-2-343-12352-3, ISBN EBOOK : 978-2-14-005341-2

SUR LE CHEMIN DES SAISIES

L'huissier de justice d'hier à demain

Berthé Ibrahim

Qu'est-ce qu'un huissier de justice ? D'où vient-il ? À quoi sert-il ? Cet ouvrage tente de répondre à ces interrogations et, à travers l'histoire, de peindre les

différentes facettes de ce personnage spécifique du rouage de l'appareil judiciaire dans le temps et dans l'espace, des rives de la Seine en France jusqu'au bord du fleuve Djoliba au Mali.
(25.00 euros, 270 p.)
ISBN : 978-2-343-13501-4, ISBN EBOOK : 978-2-14-005261-3

LES TECHNIQUES D'ENQUÊTE CRIMINELLE
Typologie des crimes et constatations médico-légales
Moutassi Jean-Pierre
L'adoption de la loi de Juillet 2005 portant sur la procédure pénale démontre la volonté du gouvernement camerounais à promouvoir un état de droit. Voici un outil fondamental pour les praticiens du droit criminel : un outil de formation pour les jeunes fonctionnaires, ainsi que pour leurs aînés qui n'auraient pas eu l'occasion de vivre l'expérience des enquêtes judiciaires.
(Harmattan Cameroun, 45.00 euros, 498 p.)
ISBN : 978-2-343-13126-9, ISBN EBOOK : 978-2-14-005224-8

LES CLÉS DES ENJEUX FINANCIERS DU DIVORCE
Rond Patrice - Préface de Laurent Hincker
L'amour s'est consumé, l'argent part en fumée ! À une époque où toujours plus de couples se séparent, la finance du divorce inquiète. Comprendre ses arcanes financières, c'est pouvoir anticiper en cas de conflit au sein du couple. Comment rétablir un budget ou encore évaluer une prestation compensatoire ? À l'aide d'exemples chiffrés, l'auteur indique comment recenser et évaluer les revenus et patrimoines, et présente des méthodologies pratiques pour établir les droits respectifs des époux. L'ouvrage rend compréhensibles les procédures financières qui ont lieu dans le divorce.
(17.00 euros, 156 p.)
ISBN : 978-2-343-11633-4, ISBN EBOOK : 978-2-14-004942-2

LUTTER EFFICACEMENT CONTRE LA FRAUDE
Enjeux stratégiques et opérationnels
Sous la direction de Catherine Véret Jost et Nicolas Dufour
Lutter efficacement contre la fraude pour recycler 50 à 100 milliards d'euros par an dans la croissance économique en France, voici l'enjeu de cet ouvrage qui explicite les leviers d'actions pour y parvenir, avec des retours d'expériences de professionnels et d'académiques. Il s'adresse à tous ceux qui ont la volonté de relever ce défi.
(Coll. Perspectives organisationnelles, 38.50 euros, 392 p.)
ISBN : 978-2-343-13167-2, ISBN EBOOK : 978-2-14-005143-2

L'ENFANT EN PRISON
Sous la direction de Catherine Ménabé et Mathieu Martinelle
Depuis 1946, les femmes détenues ont la possibilité de garder à leurs côtés, en prison, leur enfant jusqu'à ses 18 mois, voire 2 ans. Si la situation est peu étudiée, et souvent méconnue, elle mérite de profondes réflexions. Quelles sont les conditions de vie de ces jeunes enfants au sein du milieu pénitentiaire ? Comment

est assuré leur développement psychomoteur et affectif malgré les contraintes carcérales ? Comment l'univers carcéral s'adapte à la présence d'enfants, non écroués mais, de fait, privés de liberté ?
(Coll. Bibliothèques de droit, 27.00 euros, 274 p.)
ISBN : 978-2-343-13051-4, ISBN EBOOK : 978-2-14-005015-2

LES TRENTE ANS DE LA LOI LITTORAL
Sous la direction de Jean-Luc Pissaloux et Anne Rainaud
La loi Littoral a maintenant plus de trente ans. Loi d'avant-garde, elle vise à concilier la protection du littoral avec le développement économique. Souvent contestée comme trop protectrice, empêchant l'urbanisation, elle est aussi considérée comme un « laisser-construire » dans les zones saturées. Ses concepts sont difficiles à interpréter et appliquer. Les défis climatiques auxquels est confronté le littoral ont impliqué la participation de géographes. La protection des cordons littoraux s'avère aujourd'hui une nécessité.
(Coll. Grale, 39.00 euros, 418 p.)
ISBN : 978-2-343-13140-5, ISBN EBOOK : 978-2-14-004988-0

CICÉRON, PÈRE DE LA CODIFICATION DU DROIT CIVIL
Gilardeau Eric
Confronté à la crise subie par la République, Cicéron cherchait une réponse au chaos des lois et aux contradictions du droit civil. Il en élabora une véritable codification. Du «De oratore» au «De officiis», il critiqua la science du droit et la soumit à la loi naturelle, avant d'instituer une méthode de codification protectrice des droits civils, dont se rapprocheront les codes civils français et autrichien. Il faut attendre les réformes du Code civil allemand de 2001 et du Code civil français de 2016 pour rejoindre Cicéron sur le rôle de la bonne foi et de l'imprévision en matière contractuelle.
(Coll. Logiques Juridiques, 26.00 euros, 248 p.)
ISBN : 978-2-343-13327-0, ISBN EBOOK : 978-2-14-004994-1

DROIT DES SOCIÉTÉS COMMERCIALES OHADA
Akam Akam André, Voudwe Bakreo
Ce livre vise à exposer, expliquer, systématiser et critiquer les règles qui régissent la constitution, le fonctionnement et la disparition des sociétés commerciales. Il montre que le droit des sociétés commerciales OHADA vise la promotion, la protection et la société judiciaire des investissements, autant qu'il tend à protéger les intérêts particuliers. En outre, il met en exergue la richesse, la variété et la modernité du droit des sociétés de l'OHADA, ainsi que l'abondance et la qualité des travaux de recherche des auteurs africains et d'ailleurs qui s'intéressent au droit OHADA.
(Coll. Dynamiques du droit OHADA, 55.00 euros, 752 p.)
ISBN : 978-2-343-12819-1, ISBN EBOOK : 978-2-14-005077-0

Structures éditoriales du groupe L'Harmattan

L'Harmattan Italie
Via degli Artisti, 15
10124 Torino
harmattan.italia@gmail.com

L'Harmattan Hongrie
Kossuth l. u. 14-16.
1053 Budapest
harmattan@harmattan.hu

L'Harmattan Sénégal
10 VDN en face Mermoz
BP 45034 Dakar-Fann
senharmattan@gmail.com

L'Harmattan Cameroun
TSINGA/FECAFOOT
BP 11486 Yaoundé
inkoukam@gmail.com

L'Harmattan Burkina Faso
Achille Somé – tengnule@hotmail.fr

L'Harmattan Guinée
Almamya, rue KA 028 OKB Agency
BP 3470 Conakry
harmattanguinee@yahoo.fr

L'Harmattan RDC
185, avenue Nyangwe
Commune de Lingwala – Kinshasa
matangilamusadila@yahoo.fr

L'Harmattan Congo
67, boulevard Denis-Sassou-N'Guesso
BP 2874 Brazzaville
harmattan.congo@yahoo.fr

L'Harmattan Mali
Sirakoro-Meguetana V31
Bamako
syllaka@yahoo.fr

L'Harmattan Togo
Djidjole – Lomé
Maison Amela
face EPP BATOME
ddamela@aol.com

L'Harmattan Côte d'Ivoire
Résidence Karl – Cité des Arts
Abidjan-Cocody
03 BP 1588 Abidjan
espace_harmattan.ci@hotmail.fr

L'Harmattan Algérie
22, rue Moulay-Mohamed
31000 Oran
info2@harmattan-algerie.com

L'Harmattan Maroc
5, rue Ferrane-Kouicha, Talaâ-Elkbira
Chrableyine, Fès-Médine
30000 Fès
harmattan.maroc@gmail.com

Nos librairies en France

Librairie internationale
16, rue des Écoles – 75005 Paris
librairie.internationale@harmattan.fr
01 40 46 79 11
www.librairieharmattan.com

Lib. sciences humaines & histoire
21, rue des Écoles – 75005 Paris
librairie.sh@harmattan.fr
01 46 34 13 71
www.librairieharmattansh.com

Librairie l'Espace Harmattan
21 bis, rue des Écoles – 75005 Paris
librairie.espace@harmattan.fr
01 43 29 49 42

Lib. Méditerranée & Moyen-Orient
7, rue des Carmes – 75005 Paris
librairie.mediterranee@harmattan.fr
01 43 29 71 15

Librairie Le Lucernaire
53, rue Notre-Dame-des-Champs – 75006 Paris
librairie@lucernaire.fr
01 42 22 67 13

www.ingramcontent.com/pod-product-compliance
Lightning Source LLC
LaVergne TN
LVHW011304061026
849535LV00005B/1396
9782343151458